Am Bodi!

Huw John Hughes

Gyda phob dymuniad da

Gorffennaf 2004

CYHOEDDIADAU'R GAIR

ⓑ Cyhoeddiadau'r Gair 2004

Testun : Huw John Hughes

Dymuna'r cyhoeddwyr gydnabod cymorth
Adran Olygyddol Cyngor Llyfrau Cymru

Golygydd Cyffredinol: Aled Davies

ISBN 1 85994 482 5
Argraffwyd yng Nghymru.

Cyhoeddwyd gan:
Cyhoeddiadau'r Gair, Cyngor Ysgolion Sul Cymru,
Ysgol Addysg, PCB, Safle'r Normal,
Bangor, Gwynedd, LL57 2PX.

Printed by Bell & Bain Ltd., Glasgow

Am Bobl!

Huw John Hughes

RHAGARWEINIAD

Llyfr i'w ddefnyddio ydi hwn ac i'w ddefnyddio'n aml. Gellir ei ddefnyddio yn yr ysgol bob dydd, yn yr Ysgol Sul ac yng ngwasanaethau'r capel a'r eglwys. Mae'n llyfr i'w ddarllen gyda'r plant ac i'w ddarllen gan y plant eu hunain. Mae'n fan cychwyn ar wers, trafodaeth, neu ymchwil, neu i'w ddefnyddio, un stori ar y tro, mewn gwasanaeth crefyddol.

Gellir defnyddio'r storïau fel y mynnir. Cofier bod yr adnod, y weddi a phwyntiau'r drafodaeth yn bwysig. Dylid mynd ati i esbonio'r adnodau ac efallai eu rhoi yn eu cyd-destun. Gellir defnyddio'r gweddïau fel rhan o addoliad, a'r pwyntiau trafod yn yr un modd, neu fel man cychwyn i fwy o drafodaeth ar lawr y dosbarth.

Gyda phob stori rhoddir dau neu dri o gysyniadau sy'n dod yn amlwg yng nghorff y stori. Gellir defnyddio'r rhain fel penawdau i gyfres o wersi neu gyfres o wasanaethau crefyddol.

Fy unig obaith yw y bydd hanes y bobl yma'n tanio dychymyg y plant a'r bobl ifanc ac yn rhoi sylfaen gadarn i'w bywydau.

Gyda phob dymuniad da,

Huw John Hughes
Dydd Gŵyl Andreas
30 Tachwedd 2003

CYNNWYS

CYFNOD ALLWEDDOL 1

Nawddsant Cymru

Dyfalbarhad/ gosod esiampl/ dewrder

Mawrth 1 ydi'r diwrnod i gofio am ein prif sant neu nawddsant. Yn yr ysgolion, bydd y plant yn cynnal cyngerdd neu wasanaeth arbennig. Bydd y bobl yn dod at ei gilydd i gael pryd o fwyd. Dyma'r diwrnod i wisgo cennin Pedr neu wisg Gymreig. Ond pwy oedd Dewi?

Mab i frenin Ceredigion, sef Sant, oedd Dewi. Roedd ei fam, Non, yn lleian. Pan oedd Dewi yn cael ei eni fe ddaeth storm fawr. Trawodd un o'r mellt garreg anferth oedd wrth ymyl Non. Neidiodd un darn o'r garreg i'r awyr a syrthio wrth draed ei fam. Roedd hyn yn arwydd pendant fod rhywun arbennig wedi cael ei eni. Pan oedd Dewi yn cael ei fedyddio fe gododd ffynnon yn y fan honno. Roedd yr offeiriad oedd yn cario Dewi yn faban bach, yn ddyn dall. Ar ôl bedyddio Dewi fe olchodd ei wyneb â dŵr y bedydd. Yn sydyn, cafodd ei olwg yn ôl.

Pan oedd Dewi yn fachgen bach yn yr ysgol fe ofynnodd ei athro iddo, "Dewi, fel rwyt ti'n gwybod, rydw i yn ddall. Dydw i ddim yn gweld dim. Rho dy ddwylo ar fy llygaid."

Rhoddodd Dewi ei ddwy law ar lygaid Peulin, ei athro. Yn sydyn, roedd Peulin yn gweld unwaith eto. Roedd Dewi yn fachgen da yn yr ysgol a buan iawn y daeth yn enwog drwy'r wlad i gyd. Un diwrnod clywodd lais angel yn galw arno, "Dewi, Dewi, rwyf am i ti fynd i Lyn Rhosyn. Yno rwyf am i ti godi mynachlog."

Aeth Dewi i Lyn Rhosyn, ac ar ôl iddo gynnau tân yno, daeth perchennog y tir ato. "Beth wyt ti'n wneud ar fy nhir i?" gofynnodd Boia, y perchennog, iddo. "Dos oddi yma i rywle arall."

Ond roedd Boia a'i fyddin yn gwybod fod Dewi yn ddyn arbennig iawn. Pan gyrhaeddodd Boia a'i fyddin adref fe welson nhw fod yr holl anifeiliaid wedi marw. Aeth yn ôl i weld Dewi i ddweud wrtho beth oedd wedi digwydd.

"Dewi, mae fy anifeiliaid i gyd wedi marw. Mae'n ddrwg gen i fy mod wedi dod yma i ofyn i ti adael y tir. Wnei di faddau i mi?"

"Wrth gwrs y gwnaf," atebodd Dewi.

Pan aeth Boia adref yn ôl roedd yr anifeiliaid i gyd yn fyw ac

Dewi Sant – 6ed ganrif

yn pori'n dawel yn y caeau. Rhoddodd Boia y tir i Dewi i godi mynachlog. Bywyd anodd iawn oedd bywyd yn y fynachlog. Byddai Dewi a'r mynaich eraill yn gweithio'n galed bob dydd. Roedden nhw hefyd yn gweddïo a darllen y Beibl. Roedd y bwyd yn syml iawn. Bara, dŵr, llysiau a physgod o'r môr – dyna i gyd. Roedd dillad y mynaich yn syml hefyd. Dillad o grwyn anifeiliaid, heb ddim am eu pennau na'u traed.

Gelwid Dewi yn Dewi Ddyfrwr. Efallai fod tri rheswm am hyn. Roedd wedi agor llawer iawn o ffynhonnau drwy'r wlad. Dim ond dŵr roedd yn ei yfed. A hefyd byddai'r mynaich yn arfer sefyll am gyfnodau hir mewn dŵr oer.

"Paid ag ofni, yr wyf fi gyda Thi."
Eseia 41:10

Diolch i Ti, O Dduw,
am bobl fel Dewi Sant.
Pobl oedden nhw yn mynd
o gwmpas y wlad i sôn amdanat Ti.
Yr adeg hynny doedd
hi ddim yn hawdd
i fynd o gwmpas y wlad.
Doedd yna ddim traffyrdd
na ffyrdd, na llwybrau hyd yn oed.
Diolch i Ti am yr hyn
wnaethon nhw yn eu cyfnod.
Amen.

Beth oedd yn arbennig am seintiau fel Dewi?

Dewi Sant – 6ed ganrif

Y brenin doeth

Caredigrwydd / dyfalbarhad / doethineb

Solomon: c.971-931 cc

Brenin oedd Solomon. Brenin ar Israel. Cyn i Solomon ddod yn frenin, roedd ei dad Dafydd wedi bod yn teyrnasu. Roedd pawb yn hoff o'r brenin Dafydd.

Bu farw'r brenin Dafydd. Brenin da oedd Dafydd. Roedd wedi cael gwared â'r holl elynion oedd wedi ymosod ar ei wlad. Daeth ei fab Solomon yn frenin. Daeth yn ffrindiau â brenin yr Aifft. Priododd â merch brenin yr Aifft.

Un noson cafodd Solomon freuddwyd. Clywodd lais Duw yn gofyn iddo, "Solomon, fe gei di ofyn am rywbeth rwyt ti eisiau."

Atebodd Solomon, "Rwyt ti wedi fy ngwneud yn frenin ar y wlad. Roedd fy nhad yn frenin da. Rwyf innau hefyd eisiau bod yn frenin da. Ond alla i ddim bod yn frenin da heb dy help di. Helpa fi i wybod y gwahaniaeth rhwng da a drwg."

"Da iawn, Solomon," meddai Duw. "Gan dy fod wedi gofyn am hyn yn hytrach na gofyn am fod yn gyfoethog, rwyf am dy wneud yn ddyn doeth."

Un diwrnod daeth dwy wraig i weld y brenin Solomon. Roedd gan y gwragedd fabi bach bob un. Ond roedd un babi bach wedi marw. Roedd y ddwy wraig eisiau'r babi bach oedd yn fyw. Meddai un wraig wrth y llall,

"Y fi biau'r babi bach."

"Na," meddai'r llall, "y fi biau'r babi bach."

Doedd y ddwy ddim yn gallu cytuno. Felly, fe aeth y ddwy i weld y brenin Solomon.

Galwodd y brenin ar un o'r milwyr, "Filwr, tyrd â chleddyf miniog i mi." Daeth y milwr â'r cleddyf i'r brenin.

"Fe dorraf y babi bach yn ddau hanner," meddai'r brenin.

Gwaeddodd un o'r gwragedd, "O! Frenin, paid â gwneud dim niwed i'r babi bach. Rho fo iddi hi."

Dywedodd y wraig arall, "Rhanna fo, paid â gadael i mi na hi gael y babi bach." Rhoddodd Solomon y babi bach i'r wraig oedd am iddo fyw. Roedd o'n gwybod mai hi oedd mam y plentyn bach.

Byddai llawer iawn o bobl yn dod at y brenin doeth. Un diwrnod, penderfynodd Solomon fod rhaid adeiladu teml i Dduw.

Anfonodd ei weision i wledydd eraill i chwilio am goed, cerrig, aur ac efydd i adeiladu'r deml. Rhoddodd Solomon wenith ac olew i bobl y gwledydd eraill. Dyma oedd ei ffordd ef o ddweud diolch wrthyn nhw.

Am saith mlynedd bu'r gweithwyr wrthi'n adeiladu'r deml. Byddai'r bobl yn dod i weld y gweithwyr wrth eu gwaith.

"Edrychwch ar y colofnau aur," meddai un o'r bobl.

"Mae'r coed gorau wedi eu defnyddio i wneud y drysau," meddai un arall. Roedd pawb wedi dotio at y deml hardd. Ar ôl i'r gwaith gael ei orffen galwodd y brenin Solomon ar y bobl,

"Mae'r deml wedi gorffen cael ei hadeiladu. Bydd rhaid i ni gael gwasanaeth arbennig i ddiolch i Dduw."

Daeth y bobl o bob cwr o'r wlad i'r gwasanaeth. Solomon ei hun ddywedodd y weddi yn y gwasanaeth. Ar ôl i'r gwasanaeth orffen, roedd gwledd fawr ar gyfer y bobl i gyd.

"Yr oedd Solomon yn caru'r Arglwydd."
1 Brenhinoedd 3:3

O Dduw, Ein Tad
diolch i Ti am bobl ddoeth.
Gwna fi yn berson doeth, bob amser.
Amen.

Pam ydyn ni'n dweud fod Solomon yn ddyn doeth? Oni fyddai'r gair "cyfrwys" yn well gair i'w ddisgrifio?

Solomon: c.971–931 cc

Santes y cariadon

Cymwynasgar / ufudd / parod i rannu

Pan oedd Dwynwen yn ferch ifanc roedd pawb yn edrych arni. Roedd hi mor hardd. Byddai'r bechgyn i gyd yn dweud, "Buaswn wrth fy modd yn cael Dwynwen yn gariad i mi." Byddai Dwynwen wrth ei bodd yn clywed hyn.

Un noson bu gwledd fawr ym mhalas tad Dwynwen. Ar y byrddau roedd pob math o ddanteithion. Cigoedd, llysiau, ffrwythau, bara, gwin a chawl poeth. Ar ôl i bob un gael llond ei fol, aeth pawb i ddawnsio. Yn y gornel roedd dau grythor. Nhw oedd yn gyfrifol am y gerddoriaeth. Yn ystod y dawnsio roedd pawb eisiau dawnsio efo Dwynwen.

"Wnei di ddawnsio efo mi?" oedd cyfarchiad y bechgyn. Cytunodd Dwynwen.

Yn ystod y wledd roedd Maelon, tywysog ifanc, yn gwylio Dwynwen.

"Mi faswn i'n hoffi dawnsio efo'r ferch ifanc acw," meddai wrth ei ffrindiau gan bwyntio at Dwynwen.

"Hi ydi merch y palas," oedd ateb un o'i ffrindiau.

"Edrychwch ar ei gwallt melyn cyrliog a'i gŵn llaes coch. Mae'n rhaid i mi ddawnsio efo hi."

Cerddodd ati a gofynnodd, "Wnei di ddawnsio efo mi?"

"Wrth gwrs," meddai hithau. A bu'r ddau'n dawnsio am weddill y noson. Erbyn diwedd y noson roedd y ddau wedi syrthio mewn cariad. Yn ystod y dyddiau oedd yn dilyn roedd Dwynwen a Maelon yn gweld ei gilydd yn aml. Bron iawn nad oedden nhw'n gweld ei gilydd bob dydd o'r wythnos.

Un diwrnod aeth at ei thad a dweud wrtho, "Mae Maelon a minnau am briodi."

"Beth?" meddai'r tad yn wyllt. "Chei di ddim priodi'r tywysog yna. Rwyf am i ti gael tywysog arall yn ŵr i ti."

Rhedodd Dwynwen o'r ystafell dan feichio crio. Am ddyddiau bu yn ei hystafell yn wylo'n hidl.

Un noson aeth am dro i'r goedwig. Syrthiodd i gysgu o dan hen goeden dderw. Cafodd freuddwyd. Yn ystod y freuddwyd rhoddodd angel gwpan o ddiod felys iddi gan ddweud, "Dwynwen, y dywysoges hardd, mae gen ti ddau ddymuniad." Meddyliodd hithau'n galed am ychydig. Yna meddai wrth yr angel,

"Gan na chefais i briodi fy nghariad, Maelon y tywysog, rwyf am wneud un dymuniad arbennig. Dydw i ddim eisiau i enethod eraill fyw fel rydw i wedi byw y misoedd diwethaf yma. Dydw i ddim eisiau i neb fynd trwy'r hyn rydw i wedi mynd drwyddo. Fe hoffwn i helpu'r cariadon. Felly, un dymuniad ydi cael bod yn nawddsant y cariadon."

Do, fe gafodd ei dymuniad. Aeth i fyw wedyn ar Ynys Llanddwyn ar lannau Ynys Môn. Ar yr ynys hon adeiladodd eglwys. Byddai llawer o bobl yn tyrru at yr ynys. Byddai pob un oedd mewn cariad yn cario carreg fechan wen efo nhw. Yna fe fydden nhw'n gosod y garreg wrth groes yr eglwys. Ar ôl gwneud dymuniad wrth y groes, fe fydden nhw'n mynd yn ôl i'r tir mawr.

Yn nyddiau olaf Dwynwen ar Ynys Llanddwyn gofynnodd i Dduw am ei dymuniad olaf, "O Dduw," meddai, "fe hoffwn i gael fy nghario at y graig acw sydd draw wrth ymyl y môr. Fe hoffwn i am y tro olaf weld yr haul yn machlud dros Ynys Môn."

Y noson honno daeth llawer o'i ffrindiau i'w gweld ac meddai wrthyn nhw, "Rwyf wedi gofyn i Dduw am fy nymuniad olaf. Wnewch chi fy helpu at y graig acw i mi gael gweld yr haul yn machlud dros Ynys Môn?"

Helpodd ei ffrindiau hi tua'r graig. Fel roedd hi'n cyrraedd, dyma'r graig yn hollti'n ddwy a thrwy'r agen gwelodd Dwynwen yr haul yn machlud yn goch dros Ynys Môn. Hwn oedd y machlud olaf i santes y cariadon ei weld. Erbyn y bore roedd hi wedi marw.

Mae pobl Cymru yn dal i gofio am Santes Dwynwen. Ar ddydd Gŵyl Santes Dwynwen, Ionawr 25, bydd llawer o gariadon yn anfon cardiau at ei gilydd. Ar ôl i chi dyfu i fyny, efallai y byddwch chi yn anfon cerdyn at yr un rydych chi yn ei garu.

"Cariad yw Duw..."
1 Ioan 4:16.

O Dduw,
helpa fi, bob amser,
i garu pawb,
yn enwedig y rhai
nad ydw i yn eu hoffi.
Amen.

Gwnewch restr o'r bobl y dylech eu caru.
Ydi'r rhestr yn un faith?

Santes Dwynwen – 6ed ganrif

Pawen ddolurus

Caredigrwydd / diolchgarwch

Gerasimus

Petai llew yn dod i mewn i'r ystafell, beth fuasech chi yn ei wneud? Gweiddi, sgrechian, rhedeg i ffwrdd? Ydi, mae gweld llew yn codi braw ac ofn arnom ni. Yn y stori hon cawn hanes un a ddaeth yn ffrind mawr i'r llew.

Ar gwr dinas Jericho roedd Gerasimus yn byw. Byw mewn mynachlog gyda mynaich eraill. Byddai'n treulio llawer o'i amser yn meddwl am Dduw. Bob dydd byddai'n crwydro o gwmpas y tir anial oedd o gwmpas y fynachlog. Pan fyddai'n dod yn ôl i'r fynachlog byddai wedi blino'n lân.

"Dydw i ddim am fynd am dro byth eto," meddai wrth y mynaich eraill.

Chwerthin am ei ben fyddai'r lleill. "Dyna beth mae Gerasimus yn ddweud bob tro ar ôl dod adref," meddai un o'r mynaich.

Ond dal i fynd am dro fyddai Gerasimus. Byddai'n cerdded milltiroedd bob dydd. Un diwrnod, wrth fynd ar ei deithiau, clywodd sŵn cwynfanus yn dod o ganol y creigiau. Stopiodd i wrando. Clywodd y sŵn unwaith eto.

"Mae yna rywun mewn poen yng nghanol y creigiau acw," meddai wrtho'i hun. "Efallai bod rhywun wedi syrthio ac wedi anafu."

Dringodd y creigiau'n ofalus rhag ofn iddo yntau anafu ei hun. Pan edrychodd dros ymyl y graig cafodd fraw. Yno'n gorwedd roedd llew mawr anferth. Trodd y llew ei ben ac fe welodd Gerasimus. Dechreuodd wneud sŵn cwynfanus unwaith yn rhagor. Roedd Gerasimus mewn tipyn o ofn.

"Beth sydd, yr hen lew?" gofynnodd Gerasimus yn bryderus.

Cododd y llew ei bawen. Gwelodd Gerasimus fod draenen ddu yn ei bawen.

"Wyt ti am adael i mi dy helpu?" gofynnodd y mynach.

Dechreuodd y llew gwynfanu unwaith yn rhagor, gan ddal ei bawen yn uwch ac yn uwch. Cerddodd y mynach yn araf tuag ato.

"Dal dy droed yn uwch i mi gael ei gweld hi'n well," meddai'r mynach wrtho.

Yna'n araf ac yn ofnus cydiodd ym mhawen y llew. Agorodd y llew ei geg. Daeth braw mawr dros y mynach. "Beth petai'n ymosod arna i?" meddyliodd. Edrychodd ar ei ddannedd melyn miniog a'i dafod fawr goch.

"Dwyt ti ddim am wneud drwg i mi, nag wyt ti'r hen lew?" sibrydodd y mynach.

Daliai'r llew i gwyno. Plygodd y mynach ar ei liniau. Yn araf deg ceisiodd dynnu'r ddraenen ddu o'i bawen. Ymhen dim roedd wedi llwyddo. Cododd y llew ar ei draed ac edrych ar y mynach. Doedd Gerasimus ddim yn gwybod beth i'w wneud. Dechreuodd gerdded yn araf gan edrych yn ôl i weld beth oedd y llew yn ei wneud. Yn sydyn, dyma'r llew yn ei ddilyn. Roedd braidd yn gloff. Roedd ei bawen yn ddolurus. Daliai Gerasimus i gerdded a'r llew cloff yn ei ddilyn. Dechreuodd y mynach redeg. Dechreuodd y llew redeg hefyd. Pan gyrhaeddodd y fynachlog, roedd y llew wrth ei sodlau. Roedd ar y mynaich i gyd ofn y llew.

"Dwyt ti ddim yn dod â'r anifail yna i mewn i'r fynachlog," gwaeddodd un o'r mynaich. Ond ar ôl dyddiau, daeth y llew yn gyfeillgar iawn gyda'r mynaich i gyd. I ble bynnag y byddai Gerasimus yn mynd, byddai'r llew yn siŵr o'i ddilyn. Dyma ffordd y llew o ddweud wrth Gerasimus 'diolch yn fawr am fy helpu'.

"...bod yn barod i wneud unrhyw weithred dda..."

Titus 3:1

O Dduw,
diolch am anifeiliaid o bob math.
Gwna fi yn ffrind i bob anifail.
Amen.

Ydi o'n beth da ceisio dofi anifeiliaid gwyllt?
Beth am gadw adar neu anifeiliaid gwyllt mewn cawell?
Ydi hyn yn beth caredig i'w wneud?

Gerasimus

Bwrw glaw am ddeugain niwrnod

> **Parchu dymuniadau eraill / gostyngeiddrwydd**

"Dydw i ddim eisiau cael fy nghladdu yn yr Eglwys Gadeiriol. Mae'n well gen i, pan ddaw y dydd, gael fy nghladdu yn y fynwent y tu allan. Byddaf yn teimlo wedyn fy mod yn un â'r bobl."

Roedd Esgob Caer-wynt wedi trafod hyn droeon. Ond roedd awdurdodau'r eglwys yn bendant mai yn y Gadeirlan roedd gwŷr amlwg fel fo i gael eu claddu.

"Cofiwch chi, pan fydda i farw, yn y fynwent yng nghanol y bobl gyffredin rydw i eisiau cael fy nghladdu."

Flynyddoedd wedyn, bu farw'r Esgob Swithin. Aethpwyd ati i'w gladdu yn y fynwent yn ôl ei ddymuniad. Ond roedd yr Esgob newydd yn filain iawn.

"Nid yn y fynwent yng nghanol y bobl dlawd y mae'r Esgob i gael ei gladdu. Yn y Gadeirlan mae lle pobl fel hyn. Cofiwch chi, roedd yn Esgob Caer-wynt!"

Doedd dim troi ar yr Esgob newydd.

"Fe fydd rhaid i ni godi ei gorff o'r bedd yn y fynwent a'i gladdu yn yr Eglwys Gadeiriol." Dyna oedd ei orchymyn.

Felly, aethpwyd ati i godi corff yr Esgob i'w gladdu mewn bedd arbennig. Ond ar y diwrnod y penderfynwyd mynd ati i godi'r corff fe ddechreuodd fwrw glaw yn drwm.

"Fe arhoswn ni tan 'fory," meddai'r gweithwyr.

Ond y diwrnod wedyn roedd hi'n bwrw'n waeth o lawer. Bwrw at eich croen!

"Mi fydd wedi stopio erbyn 'fory," meddai un o'r gweithwyr.

Ond y diwrnod wedyn roedd hi'n waeth o lawer. Roedd y glaw fel llygaid ych ar y llawr.

"Yfory," meddai'r gweithwyr.

Ond roedd hi'n dal i fwrw glaw. Roedd y gweithwyr yn cadw cofnod o'r dyddiau y bu hi'n bwrw glaw: 35, 36, 37, 38, 39 o ddyddiau.

"Pa bryd mae hi am stopio?" oedd cwestiwn pawb.

Meddai un o'r gweithwyr, "Mi wnaiff hi stopio pan fyddwn ni'n ailfeddwl am symud corff yr Esgob o'r fynwent. Rydyn ni yn mynd yn groes i'w ddymuniad. Fel y cofiwch, ei ddymuniad oedd

Sant Swithin: c.800-862

18

cael ei gladdu efo'r bobl gyffredin yn y fynwent."

"Rwyt ti'n iawn," meddai un arall o'r gweithwyr. "Mae'n rhaid i ni geisio gwneud yr hyn roedd Esgob Swithin eisiau."

Aethant i weld yr Esgob newydd.

"Efallai eich bod yn iawn," meddai yntau. "Mae'n rhaid i ni ailfeddwl am hyn i gyd. Gwell fyddai gadael y corff yn y bedd yn y fynwent."

Ac felly y bu. Ar y deugeinfed diwrnod fe beidiodd y glaw. Yn araf deg daeth yr haul allan.

"Roeddan ni eisiau symud ei gorff yn erbyn ei ddymuniad," meddai'r Esgob newydd. "Dyna pam y gwnaeth hi fwrw am bron i ddeugain niwrnod. Gadawn ei gorff i orwedd efo'r bobl gyffredin yn y fynwent."

Bwriwch fod dyn â modrwy aur a dillad crand yn dod i'r cwrdd, a bod dyn tlawd mewn dillad carpiog yn dod hefyd. A bwriwch eich bod chwi'n talu sylw i'r un sy'n gwisgo dillad crand ac yn dweud wrtho ef, "Eisteddwch yma, os gwelwch yn dda;" ond eich bod yn dweud wrth y dyn tlawd, "Saf di ar dy draed fan draw..." Onid ydych yn anghyson eich agwedd..."   Iago 2:1

Ein Tad,
beth ydi dy ddymuniad Di?
Beth wyt ti eisiau i mi ei wneud?
Trwy fy mywyd helpa fi i
barchu dy ddymuniadau Di,
bob tro.
Amen.

Pa mor bwysig ydi parchu dymuniadau pobl eraill?
Beth am barchu dymuniadau Duw?

Sant Swithin: c.800–862

Nawddsant y teithwyr

Gostyngeiddrwydd / dyfalbarhad / amynedd

Cawr mawr oedd Offero. Gallai godi tŷ mawr ar gledr ei law. Gallai gario dwy goeden fawr ar ei ysgwyddau. Weithiau byddai'n cario deg o blant ar ei gefn. Er ei fod yn gawr o ddyn, eto i gyd, roedd yn ddyn tyner iawn. Fuasai o byth yn gwneud drwg i neb.

Un diwrnod penderfynodd ei fod eisiau gweithio i frenin mwya'r byd. Daeth ar draws byddin o filwyr.

"Rydw i eisiau gweithio i frenin mwya'r byd," meddai wrth y milwyr. "Ydych chi'n gwybod ble mae'n byw?"

Pwyntiodd un o'r milwyr tua'r palas oedd ar ben y mynydd. Brasgamodd Offero i fyny'r mynydd.

"Ga i weithio i ti? Ti, meddai'r milwyr, ydi'r brenin mwyaf yn y byd."

"Cei, wir," atebodd y brenin.

Ond yn fuan sylwodd Offero fod ar y brenin ofn un oedd yn cael ei alw'n Frenin Drwg, Drwg. "Pwy ydi'r Brenin Drwg, Drwg?" gofynnodd Offero i'r brenin un diwrnod.

"Y fo ydi'r dyn mwyaf drwg yn y byd i gyd. Mae arna i ei ofn o am fy mywyd," atebodd y brenin.

"Yna," meddai Offero, "mae'n rhaid i mi fynd i weithio iddo fo." Ac i ffwrdd ag ef i chwilio am balas y Brenin Drwg, Drwg.

Yno, yng nghrombil y mynyddoedd, roedd palas y Brenin Drwg, Drwg. Curodd Offero ar ddrws y palas. Cafodd groeso mawr.

"Mae gen i ddigon o waith i ti ei wneud," meddai'r Brenin Drwg, Drwg. Ond yn fuan sylwodd Offero fod y Brenin Drwg, Drwg yn dechrau crynu pan fyddai'n mynd heibio'r groes bren oedd ar ochr y mynydd.

Gofynnodd Offero iddo, "Pam ydych chi'n crynu mewn ofn wrth basio'r groes bren?"

"Nid ofni'r groes ydw i, ond ofni Crist fu farw ar y groes," oedd ateb y Brenin Drwg, Drwg.

"Wel," meddai Offero, "mae'n rhaid i mi fynd i weithio i Grist fu farw ar y groes." Bu'n chwilio a chwilio am Iesu Grist. Un diwrnod daeth ar draws dyn oedd yn gweddïo ar lan afon. "Wyt ti'n adnabod Iesu Grist?" gofynnodd iddo. "Ydw," oedd ateb y dyn.

"Ble mae o felly?" gofynnodd Offero.

"Mae o ymhobman," oedd yr ateb. "Fe ddoi di o hyd iddo wrth i ti weddïo."

"Dydw i ddim yn gwybod sut i weddïo," meddai Offero. "Yr

unig beth fedra i wneud ydi gweithio."

"Gweithia di yn y fan yma," meddai'r dyn wrtho. "Fel y gweli, does yna ddim pont yma i groesi'r dŵr. Felly gan dy fod yn ddyn cryf, fe gei di gario pobl a phlant ar dy gefn." Cytunodd Offero.

Un noson daeth storm enbyd. "Fydd yna neb eisiau croesi'r dŵr heno, mi af i'r tŷ ac eistedd wrth y tân," meddai Offero wrtho'i hun.

Clywodd sŵn crio y tu allan. Aeth i'r drws. Gwelodd fachgen bychan yn beichio crio, "Rydw i eisiau croesi'r afon a does yna neb yma i'm helpu," meddai'r bachgen yn drist.

"Dim problem o gwbl," atebodd Offero. "Tyrd i fyny ar fy nghefn," a chychwynnodd y ddau ar draws yr afon. Ond gwaethygodd y storm ac roedd y bachgen yn mynd yn drymach ac yn drymach. Roedd Offero yn ofni am ei fywyd. Beth petai'n boddi a'r bachgen bach ar ei gefn? Rywsut, rywfodd cyrhaeddodd yr ochr draw. Gofynnodd Offero, "Pwy wyt ti? Rydw i wedi cario cannoedd o bobl ar fy nghefn ond ti ydi'r person trymaf rwyf wedi'i gario erioed."

"Y fi ydi Crist," meddai'r plentyn. "Rwyf yn drwm gan fy mod yn gorfod cario drygioni'r byd i gyd. Mae holl ddrygau'r byd i gyd ar fy nghefn i. Gan dy fod wedi dod â fi'n saff dros yr afon, mi rydw i am roi enw newydd i ti. O hyn ymlaen, Christopher fyddi di. Fe wyddost ti beth yw ystyr Christopher?"

"Na," meddai Offero.

"Ystyr Christopher ydi un sydd wedi cario Crist."

"Felly, chi ydi Iesu Grist?" meddai Offero.

"Ie," meddai'r plentyn. "Fe gei di weithio i'r brenin mwyaf yn y byd o hyn allan."

"... y mae'n rhaid cynorthwyo'r rhai gwan..."
Actau 20:35

O Dduw,
mi rydw i eisiau bod yn gryf,
yn gryf iawn.
Ond mi rydw i eisiau bod
yn gryf i wneud pethau da
ac nid pethau drwg.
Amen.

Fedrwch chi restru pethau drwg sy'n hawdd i'w gwneud a phethau da sy'n anodd i'w gwneud?

Christopher: 3edd ganrif

Yr alarch a gafodd ei ddofi

Dewrder / caredigrwydd

Pwy sydd efo ci fel anifail anwes? Fyddwch chi yn mynd â fo am dro? Bydd y ci fel arfer yn eich dilyn i bob man. Yn y stori hon cawn hanes alarch oedd yn dilyn Sant Huw i bob man. Ond cofiwch, nid felly roedd hi ar y dechrau.

Bob bore byddai Sant Huw yn mynd am dro o gwmpas y llyn. Byddai'r adar yn nofio'n braf ar wyneb y dŵr. Byddai'r anifeiliaid bach yn chwarae ar y dorlan. Yn y gwanwyn a'r haf byddai blodau yn tyfu o gwmpas y llyn.

Un diwrnod daeth alarch mawr gwyn a glanio ar y dŵr. Aderyn cas, ffyrnig oedd yr alarch. Byddai'n hisian ar bawb. Dechreuodd ymosod ar yr adar oedd ar y llyn. Pan fyddai un o'r anifeiliaid bach yn ymddangos byddai'r alarch yn ymosod arnyn nhw.

"Dydw i ddim am aros yma," meddai'r draenog.

"Na finnau chwaith," meddai llygoden y maes mewn llais main.

"Rydw i'n mynd oddi yma y munud yma," meddai'r llwynog coch. Ac i ffwrdd ag o a'r anifeiliaid bach yn ei ddilyn.

Roedd y carw a'r mochyn daear wedi cael digon ar yr alarch hefyd. Erbyn hyn, doedd yna ddim un anifail ar dir y fynachlog. Roedd pob un ohonyn nhw wedi symud i'r goedwig gerllaw.

"Fedrith yr alarch ffyrnig yna ddim dod i'r fan hyn," meddai'r llwynog cyfrwys, "mae ei adenydd yn rhy hir o lawer."

Roedd Sant Huw wedi sylwi bod yr adar a'r anifeiliaid wedi diflannu o'r fynachlog. Roedd y mynaich eraill wedi sylwi hefyd.

"Mae'n rhaid i ni wneud rhywbeth ar frys," meddai un o'r mynaich.

"Pam nad ewch chi i weld yr alarch," meddai un arall o'r mynaich wrth Huw.

Cerddodd Huw yn hamddenol tua'r llyn. Daeth yr alarch ffyrnig yn syth amdano. Dechreuodd ysgwyd ei adenydd hirion. Bu'n rhaid i Sant Huw guddio ei wyneb. Roedd yr alarch yn dechrau ymosod yn ffyrnig arno. Ond doedd ar Huw ddim ofn yr aderyn.

Arhosodd yr alarch wrth ei ochr. Aeth Huw i'w boced a thynnu darn o grystyn allan.

"Dyna ti, ychydig o fwyd. Does dim rhaid i ti fod mor ffyrnig. Fe gei di aros yma ond paid ti â dychryn yr adar a'r anifeiliaid eraill."

O dipyn i beth daeth yr alarch yn ffrindiau efo'r Sant. Byddai'n ei ddilyn i bob man. Un diwrnod dilynodd yr alarch Sant Huw i ddrws y fynachlog. "Tyrd i mewn, paid ag ofni, wnawn ni ddim drwg i ti." Dilynodd yr alarch y sant i mewn i'w ystafell. Roedd y mynaich eraill wedi rhyfeddu.

Pan fyddai Huw yn mynd i ffwrdd byddai'r alarch yn mynd yn ôl i'r llyn. Roedd yr adar eraill yn cael llonydd i nofio ar wyneb y dŵr. Daeth yr anifeiliaid yn ôl o'r goedwig. Roedd yr alarch yn byw'n hapus efo'r adar a'r anifeiliaid i gyd. Pan fyddai Huw yn dod adref ar ôl bod yn crwydro, byddai'r alarch yn gadael y llyn a'i ddilyn fel ci i'w ystafell. Daeth y ddau yn ffrindiau mawr.

"Gwyn eu byd y rhai addfwyn."

Mathew 5:5

O Dduw,
diolch am bobl garedig
pobl sy'n mynd allan o'u ffordd i helpu eraill.
Helpa fi i fod yn garedig
wrth bobl ac anifeiliaid.
Helpa fi i fod yn garedig wrth bawb.
Amen.

Sut oedd yr anifeiliaid eraill yn teimlo pan ddaeth yr alarch i fyw ar y llyn?
Ydych chi'n meddwl fod yr anifeiliaid eraill wedi dod yn ôl?

Sant Huw: 1140-1200

Cerdded milltiroedd i chwilio am Feibl

Dyfalbarhad / dewrder / ymddiriedaeth

Mari Jones: c.1784-1864

Doedd Mari Jones ddim yn hoffi bore dydd Sul. Byddai'n cymryd ei hamser i fwyta'i brecwast. "Brysia, Mari fach," meddai ei mam, "neu mi fyddwn ni'n hwyr yn y capel."

"Mam, dydw i ddim eisiau mynd i'r capel. Mae'r pregethwr yn siarad am amser hir ac mae'r …"

Torrodd ei mam ar ei thraws. "Mari, os nad wyt ti'n barod mewn pum munud, mi fydda i yn dweud wrth dy dad."

Rhedodd Mari ar ei hunion i ymolchi ac i wisgo ei dillad capel. Cyn pen dim roedd wedi cyrraedd y capel. Eisteddodd i wrando ar y pregethwr. Ond doedd hi ddim yn deall yr un gair. Ar ôl iddo orffen siarad a phawb yn canu emyn, fe ddywedodd y pregethwr, "Bydd ysgol newydd yn agor yn y pentref yr wythnos nesaf. Fe gaiff pob plentyn yn yr ardal fynd i'r ysgol i ddysgu darllen a sgwennu."

Ar ei ffordd adref, roedd Mari yn meddwl am yr hyn a ddywedodd y pregethwr. Roedd hi am fynd i'r ysgol newydd, "Mi fydda i wedyn yn medru dysgu darllen. Mi fedra i ddarllen fel y pregethwr wedyn."

Roedd Mari mor hapus!

Daeth criw o blant i'r ysgol ar y bore cyntaf. Yn eu plith roedd Mari Jones. Un peth roedd hi eisiau ei wneud. Ie – dysgu darllen. Yn fuan iawn, roedd hi'n medru darllen straeon o'r Beibl. Straeon am bobl fel Moses, Samuel, Samson a Iesu Grist. Pan ddaeth hi adref o'r ysgol un noson dywedodd wrth ei mam, "Mam, mi ydw i am gasglu arian i brynu Beibl."

"Ond Mari annwyl, mae Beiblau yn ddrud iawn. Mi fydd rhaid i ti fod wrthi'n casglu am flynyddoedd," meddai'i mam.

Am bron i chwe blynedd bu wrthi'n casglu ei harian i brynu Beibl. Droeon roedd hi wedi meddwl gwario'r arian ar bethau eraill – dillad newydd, anrheg i'w rhieni, ond dal ati wnaeth Mari. Erbyn hyn, roedd hi'n bymtheg oed.

Aeth at y pregethwr a dweud wrtho ei bod wedi casglu arian i brynu Beibl. Dywedodd y pregethwr wrthi fod pobl y pentref wedi clywed am hyn. "Maen nhwthe wedi casglu ychydig bach i ti," meddai'r pregethwr. Roedd Mari mor falch. Roedd ganddi ddigon o arian i brynu Beibl. Yn ôl y pregethwr, y lle agosaf i brynu Beibl oedd y Bala. Roedd y Bala tua phum milltir ar hugain o gartref Mari. Doedd dim troi arni. Cychwynnodd ar ei thaith i chwilio am Feibl. Taith hir oedd y daith i'r Bala.

Cyrhaeddodd dŷ Thomas Charles. Curodd ar y drws. Daeth Thomas Charles i'r drws. "Mr Charles?" gofynnodd Mari.

"Ie," meddai yntau, "pwy wyt ti?"

"Mari Jones ydi f'enw i. Mi ydw i wedi dod yma i brynu Beibl."

Edrychodd Thomas Charles arni, "Wel, wyddost ti, rydw i wedi gwerthu'r olaf ddoe."

Dechreuodd Mari grio. "Yli," meddai Thomas Charles wrthi, "mae gen i un Beibl yn fan 'ma i ffrind i mi sydd wedi gofyn amdano, ond fe gei di hwn."

Goleuodd wyneb Mari. Cydiodd yn y Beibl mawr. "Cofia di ei ddarllen," meddai Thomas Charles wrthi.

Doedd y ffordd yn ôl i'w chartref ddim mor hir â hynny. Dawnsiai o lawenydd. Roedd ganddi Feibl a byddai'n gallu darllen am Iesu Grist. Cyrhaeddodd adref a rhedodd i mewn i'r tŷ gan weiddi, "Mam, Mam, mi ydw i wedi cael Beibl gan Thomas Charles o'r Bala."

Gafaelodd ei mam ynddi, "Wyt ti'n hapus rŵan, Mari fach?" meddai. "Fe gei di ddysgu darllen yn yr ysgol yn ystod y dydd ac yna gyda'r nos fe gei di ddarllen y Beibl mawr yma yn y tŷ."

Roedd Mari mor hapus. Hi oedd biau'r Beibl. Ei Beibl hi oedd o.

Mari Jones: c.1784–1864

"Gofynnwch, ac fe roddir i chwi; chwiliwch ac fe gewch; curwch ac fe agorir i chwi."

Mathew 7:7

Diolch i Ti, O Dduw,
am bobl benderfynol.
Roedd Mari'n benderfynol ei bod am gael Beibl.
Fe gasglodd arian,
Fe gerddodd yr holl ffordd i'r Bala.
Helpa finnau i fod yn benderfynol yn y pethau gorau.
Amen.

I beth fuasech chi'n casglu eich arian?
Gwnewch restr o'r prif bethau.

Ffrind y pryfed cop

Caredigrwydd / dewrder / gostyngeiddrwydd / ffyddlondeb

Oes arnoch chi ofn pryfed cop? Yn enwedig y rhai mawr yna sydd yn y tŷ. Beth am y rhai sydd yn y báth? Mae'r stori hon yn sôn am ddyn gafodd ei achub am fod y pry copyn wedi creu gwe ar draws crac yn wal y tŷ.

Roedd Felix yn byw mewn cyfnod pan oedd Cristnogion yn cael eu lladd. Penderfynodd yr Ymerawdwr garcharu Esgob Nola. Aeth y milwyr i gyrchu'r Esgob a'i roi mewn carchar tywyll a llaith. Er fod yr Esgob yn hen ŵr, roedd yn ddyn cyfrwys iawn. Cyn pen dim, roedd wedi dianc o'r carchar.

"Fedrwn ni ddim dweud wrth yr Ymerawdwr fod yna Gristion wedi dianc. Bydd rhaid i ni chwilio am Gristion arall i'w garcharu," meddai un o'r milwyr.

Felly daliwyd Felix, ffrind yr Esgob, a'i garcharu. Ymhen dim roedd yntau hefyd wedi dianc o'r carchar. Aeth i chwilio am ei ffrind yr Esgob. Cafodd hyd iddo yn wan ac yn fregus. Curodd ar ddrws y tŷ cyfagos a gofynnodd am help.

"Dyma i chi ychydig o arian i ofalu am yr Esgob. A diolch i chi am bopeth," meddai Felix wrth y gŵr a'r wraig. Ar ôl iddo ddweud hyn, rhedodd i guddio i'r creigiau rhag ofn i filwyr yr Ymerawdwr ei ddal. Pan oedd yn ymlwybro i fyny o graig i graig clywodd garnau ceffylau'r milwyr yn agosáu. Rhedodd tuag at hen furddun. Aeth i mewn a gwelodd grac yn un o'r waliau. Gwthiodd ei hun drwyddo a daeth i ystafell fawr dywyll. Cuddiodd yno. Roedd ei galon yn dal i guro. Clywodd leisiau'n agosáu,

"Dowch i ni edrych yn yr hen furddun yma. Mae hwn yn lle da i guddio ynddo," meddai pennaeth y milwyr. Roedd tua dau ddwsin o filwyr yn chwilio ymhob twll a chornel yn y murddun.

Meddai un o'r milwyr, "Edrychwch ar y crac yma'n y wal. Efallai ei fod wedi gwthio i mewn…"

Ond cyn iddo orffen ei frawddeg, meddai pennaeth y milwyr, "Na, wrth gwrs, edrych, mae yna we pry cop ar hyd ac ar draws y crac. Does yna neb wedi bod yma ers blynyddoedd lawer. Mae'r pryfed cop wedi cael amser da yn fan 'ma." Chwarddodd y pennaeth.

"Ymlaen â ni, neu mi fydd wedi cael dipyn mwy o amser i ddianc o'n blaenau ni," meddai'r pennaeth unwaith yn rhagor.

Roedd calon Felix yn dal i guro'n gyflym. Ond fel yr âi'r munudau heibio, clywai swn y ceffylau'n pellhau. "O! diolch i'r pryfed cop am fy helpu," meddai'n llawen.

Ymhen rhai dyddiau, daeth Felix allan o'r ystafell fawr drwy'r crac yn y wal. Daeth allan i'r awyr iach. Aeth i chwilio am rywbeth i'w fwyta. Gwelodd dŷ bychan ar y gorwel. Cerddodd yn araf tua'r bwthyn. Curodd wrth y drws a chafodd groeso mawr. Bob bore byddai'n cerdded i'r bwthyn i gael tamaid o fwyd. Bob nos byddai'n mynd yn ôl i'r hen furddun i gysgu yn yr ystafell fawr. Ar ôl chwe mis o fynd a dod fel hyn, dywedwyd wrtho un bore.'

"Fydd dim rhaid i ti ddianc i'r murddun fel hyn bob nos. Mae'r Ymerawdwr wedi penderfynu nad ydi o ddim am ymosod ar Gristnogion o hyn ymlaen. Fe gei di fynd i ble bynnag y mynni. Wnaiff o ddim niwed i ti."

Erbyn iddo gyrraedd adref, roedd yr hen Esgob wedi marw. Gofynnodd y bobl iddo a fyddai ef yn dod yn Esgob arnyn nhw, ond ateb Felix oedd,

"Na, mae'n well gen i fyw bywyd syml. Mi ydw i eisiau byw mewn tŷ bychan ac fe hoffwn i rannu'r tŷ gyda phob math o bryfed cop. Dyma'r unig ffordd fedra i ddiolch iddyn nhw am achub fy mywyd."

"Paid ag ofni, yr wyf fi gyda thi; paid â dychryn, myfi yw dy Dduw."

Eseia 41:10

Diolch i Ti, O Dduw,
am y creaduriaid bach sydd o'n cwmpas ni.
Mae yna rai ohonyn nhw sy'n codi ofn arna i,
Ond helpa fi i gofio eu bod nhw yn rhan o dy
greadigaeth di.
Amen.

Oes yna bwrpas i fân greaduriaid fel y pry copyn?
Ydyn nhw'n rhan o gadwyn fwyd?

Felix o Nola

Y ceirw'n cario'r coed tân

> Tynerwch / ffyddlondeb

Yn y llyfr hwn fe ddowch ar draws hanes Sant Ffransis. Ef oedd sant yr anifeiliaid. Mae yna lawer o hanesion am seintiau ac anifeiliaid. Dyma i chi stori am sant o Gymru a'r ddau garw.

Roedd Teilo wedi bod yn eistedd yn y berllan. Roedd ar ei ffordd i'r fynachlog pan ddaeth un o'r mynaich eraill ato a dweud, "Does yna ddim digon o goed tân yn y gegin. Felly, fydd yna ddim tanwydd ar gyfer coginio brecwast bore fory. Tybed fedri di fynd i dorri coed i'r goedwig?"

Trodd Teilo ar ei sawdl y munud hwnnw a mynd yn fân ac fuan tua'r goedwig. Dilynodd dau fynach arall ef i'w helpu i dorri'r coed. Ar ôl iddyn nhw gyrraedd y goedwig gwelsant ddau garw yn cerdded yn urddasol o gwmpas. Dechreuodd Teilo a'i ffrindiau dorri coed i'w cario'n ôl i'r fynachlog.

Daeth y ddau garw atynt a dechrau prancio o gwmpas. Dyma un o'r ceirw yn dechrau torri brigau oddi ar y coed efo'i gyrn. A dyma'r llall yn gwneud yr un peth. Ymhen rhai munudau, roedd llwyth o goed tân yn barod.

"Wel," meddai Teilo, "fedra i ddim cario'r llwyth yma, mae o'n rhy drwm o lawer."

"Mi fydd rhaid i ni gario'r coed fesul tipyn," meddai un o'r mynaich eraill.

Pan oedd y mynaich yn dechrau codi'r brigau fesul un, dyma'r ddau garw yn codi gweddill y brigau ar eu cyrn a cherdded o gwmpas y goedwig.

"Wn i beth wnawn ni," meddai Teilo, "mi gerdda i o'u blaenau nhw i gyfeiriad y fynachlog. Gobeithio y byddan nhw'n fy nilyn i tua'r fynachlog."

Ac felly y bu. Y mynaich ar y blaen a'r ddau garw'n cario'r coed tân ar eu cyrn. Fuon nhw fawr o dro cyn cyrraedd porth y fynachlog. Daeth y mynaich eraill at y drws i weld beth oedd yn digwydd.

"Dyma olygfa ddigri," meddai un o'r mynaich.

"Gweld mynaich diog ydw i," meddai un arall.

"Mi fyddwn ni'n sicr o gael brecwast i'w gofio," meddai un arall o'r mynaich.

Rhedodd un o'r mynaich i'r gegin i ddweud wrth y lleill bod y tanwydd wedi cyrraedd.

"Mae'r tanwydd wedi cyrraedd ar gyrn dau garw," meddai â llais uchel.

Doedd y cogyddion ddim yn gwybod beth oedd yn digwydd. Daeth y cogyddion allan at borth y fynachlog i weld yr olygfa ryfedd hon. Plygodd y ceirw a dechreuodd y mynaich dynnu'r brigau fesul un a'u cario i'r gegin, yn danwydd ar gyfer y bore. Diolchodd Teilo i'r ddau garw am eu helpu. Pranciodd y ddau garw cyn llamu'n ôl i gyfeiriad y goedwig.

Byth er hynny, pan fyddai'r mynaich angen coed tân, byddai Teilo yn mynd draw i'r goedwig i chwilio am y ddau garw. Ac yn ddi-feth, byddai'r ceirw yn cario'r coed tân i borth y fynachlog. Fel rhodd iddyn nhw, byddai Teilo'n mynd â sachaid o wenith efo fo. Roedd Teilo a'r ceirw wedi dod yn ffrindiau agos iawn.

"Byddwch yn dirion wrth eich gilydd; yn dyner eich calon…"

Effesiaid 4:32

Helpa fi, O Dduw,
i fod yn ffrind i bawb.
Amen.

Beth ydi ystyr bod yn dyner tuag at bobl eraill?

Sant Teilo: 6ed ganrif

Y dall yn gweld

Dyfalbarhad / amynedd / ymddiriedaeth

Beth am i chi gau eich llygaid yn dynn? Ydi pob man yn edrych yn ddu ac yn dywyll? Codwch ar eich traed. Dechreuwch gerdded o gwmpas yr ystafell. Byddwch chi'n ofalus rhag ofn i chi syrthio. Ydych chi'n cofio'r lliwiau yn yr ystafell? Ydych chi'n cofio sut un oedd eich ffrind gorau? Cofiwch, chewch chi ddim sbecian! Beth am edrych ar y teledu? Neu fwyta neu chwarae allan yn y buarth! Ydi, mae hi'n anodd iawn, iawn. Mae'r stori hon yn sôn am ddyn dall oedd yn begera ar ochr y stryd.

Eistedd ar gongl y stryd oedd Bartimeus drwy'r dydd. Byddai'n galw ar y bobl oedd yn mynd heibio. Galw am arian roedd o. Byddai rhai pobl yn mynd heibio heb roi dim, byddai eraill yn taflu ychydig o arian i'r bowlen oedd wrth ei ochr. Un diwrnod clywodd fod Iesu yn dod heibio. Clywai sŵn llawer iawn o bobl o'i gwmpas. Roedd ei glyw yn fain iawn. Roedd rhaid i'w glustiau wneud gwaith ei glustiau a'i lygaid. Dyn dall oedd Bartimeus. Doedd o erioed wedi gweld yn ei fywyd.

"Mae Iesu yn dod i'r ddinas heddiw," gwaeddodd un o'r bobl yn ddigon uchel i bawb glywed.

Meddai Bartimeus wrtho'i hun, "Mae'n rhaid i mi wneud rhywbeth i dynnu ei sylw. Dyma fy unig obaith. Rwy'n siŵr y gall o fy helpu."

Dechreuodd weiddi ar dop ei lais, "Iesu, Fab Dafydd, helpa fi."

Gwaeddodd un o'r dorf arno, "Taw, a bydd ddistaw."

Roedd llawer iawn o'r dorf yn dweud wrth Bartimeus am fod yn ddistaw. Ond dal i weiddi'n uchel, "Iesu, Fab Dafydd, helpa fi", a wnaeth Bartimeus.

Dyma oedd ei unig gyfle i gyfarfod â Iesu. Roedd yn dal i weiddi'n uchel ond, yn sydyn, tawelodd pawb. Roedd pob man yn ddistaw bach. Yn sydyn clywodd Bartimeus lais yn galw, "Galwch arno." Tybed ai llais Iesu oedd y llais?

Rhedodd un o'r dyrfa at Bartimeus, "Gwranda, mae Iesu yn galw arnat ti."

"Tyrd yn dy flaen," meddai un arall. Roedd pawb yn awyddus

i Bartimeus godi ar ei draed a mynd at Iesu. Cafodd help i godi ar ei draed. Am funud credai Bartimeus mai breuddwyd ydoedd.

"Bartimeus, mae Iesu yn galw arnat ti," bloeddiodd un arall o'r dorf.

Taflodd ei fantell oddi amdano a dechreuodd gerdded gyda help un neu ddau tuag at Iesu. Yna clywodd lais Iesu yn agos iawn ato. Gofynnodd Iesu iddo mewn llais mwyn,

"Beth yr wyt ti am i mi ei wneud i ti?"

Yn grynedig iawn fe ddywedodd wrth Iesu, "Athro, y mae arnaf eisiau cael fy ngolwg yn ôl."

Roedd y dorf i gyd yn ddistaw bach. Doedd yna ddim siw na miw yn unman. Edrychodd Iesu o'i gwmpas ac meddai wrth Bartimeus, "Gan dy fod ti wedi credu y buaswn yn gallu rhoi dy olwg yn ôl i ti, yna mi fyddi di'n gallu gweld."

Y munud hwnnw, roedd Bartimeus yn syllu ar wyneb Iesu. Edrychodd o'i gwmpas. Y fath liwiau. Y fath bobl. Doedd o erioed wedi gweld pobl o'r blaen. Roedd pob man yn edrych mor lliwgar. Gafaelodd yn ei fantell fudr a dilyn Iesu a'i ddisgyblion o'r ddinas. Hwn oedd diwrnod mwyaf ei fywyd. Roedd yn gweld, a hynny am y tro cyntaf erioed.

"Iesu, Fab Dafydd, trugarha wrthyf."
Marc 10:47

O Dduw,
diolch am bobl fel Bartimeus
oedd yn barod i roi cyfle i Iesu ei helpu.
Amen.

Fedrwch chi feddwl am enghreifftiau lle mae'r dall yn gweld heddiw?

Bartimeus: y ganrif gyntaf

Arwr y bobl dlawd

Gosod esiampl / gofal / dewrder / ufudd-dod

Petaech chi'n cael cynnig llawer iawn o arian, beth fuasech chi'n wneud efo'r arian hwnnw? Prynu pob math o deganau? Mae'r stori hon yn sôn am ddyn a gafodd gynnig llawer iawn o arian. Ond wnaeth o ddim derbyn yr arian. Gwell oedd ganddo helpu pobl dlawd.

Bachgen anhapus iawn oedd Toyohiko. Roedd ei fam a'i dad wedi marw pan oedd o'n bedair oed. Bu'n rhaid iddo symud i fyw i bentref mawr. Yn y pentref roedd pawb yn dlawd iawn. Byddai'r plant yn chwarae ar y strydoedd. Pan symudodd Toyohiko i'r pentref doedd neb eisiau chwarae efo fo. Ar ochr y stryd, ar ei ben ei hun, y byddai Toyohiko bob amser. Weithiau byddai'n siarad efo'r adar, dro arall byddai'n siarad efo'r anifeiliaid. Nhw oedd ei ffrindiau. Wrth ymyl yr adeilad lle byddai Toyohiko'n cysgu bob nos roedd fferm. Yn y bore byddai'n siarad efo'r gwartheg, y defaid a'r geifr.

Un diwrnod daeth gŵr cyfoethog i'r pentref. Y gŵr cyfoethog hwn oedd ewythr Toyohiko. Bu'n chwilio amdano ar hyd y strydoedd, yn yr adeiladau ac yn y fferm. Daeth o hyd iddo ryw fore yn siarad efo'r gwyddau gwylltion.

"Rwyf am i ti ddod efo mi," meddai ei ewythr, "mae gen i ddigon o arian i ti fedru mynd i'r ysgol i ddysgu darllen a sgwennu."

Ar ôl iddo ddechrau yn yr ysgol, fe ddaeth yn ffrind mawr ag un o'r athrawon. Fe ddysgodd hwn iddo ddarllen y Beibl. Pan glywodd ei ewythr ei fod yn darllen y Beibl roedd yn ddig ac yn flin iawn. Doedd ei ewythr ddim yn credu yn Iesu Grist.

"Chei di ddim aros efo mi," meddai'i ewythr. "Ffwrdd â ti, does yna ddim croeso i ti yma. A chofia fydd yna ddim mwy o arian i ti."

Gadawodd Toyohiko gartref ei ewythr a mynd yn ôl i'r ysgol i ddysgu bod yn weinidog i Iesu Grist. Bob bore byddai'n dysgu am Iesu Grist, ac yn y pnawn byddai'n mynd allan i helpu'r bobl dlawd. Bob cyfle a gâi fe fyddai'n sôn am "Yaso" sef y gair Japanaeg am Iesu. Aeth i fyw i blith y bobl dlawd. Cafodd dŷ syml yng nghanol y pentref. Roedd y tŷ yn agored i bawb. Byddai lladron,

Toyohiko Kagawa: 1888–1960

pobl wael, pobl heb gartrefi a phlant bach yn mynd i'r tŷ. Roedd croeso mawr i bob un yn nhŷ Toyohiko.

Un diwrnod, pan gododd, fe deimlodd boen yn ei lygaid. Pan aeth i weld y meddyg fe ddywedodd hwnnw ei fod yn mynd i golli ei olwg. Roedd bron yn ddall, ond dal ati wnaeth o i helpu'r bobl dlawd. "Rwy'n caru pawb," meddai, "mae'n rhaid i mi eu helpu."

Am amser maith bu'n helpu'r bobl dlawd. Roedd rhaid cael gwaith i'r bobl. Bu'n darllen llyfrau am bobl mewn gwledydd eraill. Dysgodd lawer oddi wrth y llyfrau hyn. Aeth yr hanes amdano drwy Japan i gyd. Roedd pawb yn gwybod am Toyohiko Kagawa.

Ym 1923 bu daeargryn mawr yn y wlad. Roedd yr adeiladau yn y brifddinas Tokyo wedi dymchwel i'r llawr. Roedd dros filiwn o bobl wedi colli eu cartrefi. Roedd hwn yn gyfle newydd i Toyohiko helpu ei bobl.

"Yma rydw i am aros efo fy mhobl fy hun. Er fy mod yn hen erbyn hyn a bron yn ddall, mi rydw i am ddal i weithio'n galed i helpu pawb." Dyma oedd neges Toyohiko bob amser. Trwy ei fywyd bu'n sôn am Iesu Grist, ysgrifennu llyfrau a gweld bod pawb yn cael chwarae teg. Un felly oedd Toyohiko Kagawa.

"Nid yw cariad yn darfod byth."

1 Corinthiaid 13:8

O Dduw,
gwna fi fel Iesu Grist.
Amen.
(Gweddi Kagawa)

Fyddech chi'n dweud fod Kagawa yn ddyn ffôl yn agor ei dŷ i bawb?
Beth petai rhywun wedi ymosod arno?

Toyohiko Kagawa: 1888–1960

Gweddïau yn helpu Cormac

> **Dyfalbarhad / ymddiriedaeth / cyfeillgarwch**

Yn y gwasanaeth yn yr ysgol fyddwch chi'n gweddïo? Fel arfer fe fyddwch chi'n cau eich llygaid a rhoi eich dwylo efo'i gilydd. Yna fe fyddwch chi'n siarad efo Duw. Mae'r stori hon yn sôn am bobl a fu'n gweddïo dros ffrind.

Flynyddoedd yn ôl ar ynys Iona ar arfordir yr Alban roedd Columba yn byw. Ef oedd Abad y fynachlog. Un diwrnod fe aeth yr Abad a'r mynaich eraill i lawr at lan y môr. Roedd Cormac, un o'r mynaich, yn ffarwelio â'r mynaich eraill. Roedd wedi penderfynu mynd i ran arall o'r byd i sôn am Iesu Grist.

"Mae Cormac yn mynd yn y cwch bach ar draws y môr. Felly gawn ni weddïo drosto?" meddai Columba. A dyma'r mynaich yn penlinio ar lan y môr a gweddïo dros Cormac. Camodd Cormac i'r cwch bach a dechrau rhwyfo ar draws y môr. Ffarweliodd â'i ffrindiau.

Y noson honno bu'r mynaich yn gweddïo drosto. "Cofiwch," meddai Columba, "mae'n rhaid i chi weddïo pan fyddwch chi'n gweithio hefyd. Felly, pan oedd rhai o'r mynaich yn ysgrifennu rhannau o'r Beibl roedden nhw'n aros i gofio am Cormac. Roedd mynaich eraill yn gweithio yn y caeau. "Mae hi'n amser i ni gofio am Cormac," meddai un ohonyn nhw. Penliniodd pob un ohonyn nhw i weddïo. Wrth baratoi bwyd yn y gegin, roedd y mynaich eraill yn aros i weddïo dros Cormac. Wrth i'r wythnosau fynd heibio, roedd y mynaich yn dechrau anghofio am Cormac. Roedd pob un ohonyn nhw'n brysur iawn. Roedd yna gymaint o bethau i'w gwneud cyn y gaeaf. Pan ddaeth y gaeaf roedd pob man yn oer a gwlyb. Roedd tonnau'r môr yn cael eu lluchio ar y creigiau.

"Mae'n braf iawn arnom ni yma," meddai un o'r mynaich un noson stormus.

"Mae hi'n glyd iawn a chynnes yn y fynachlog," meddai un arall.

Doedd neb yn meddwl am Cormac.

Dechreuodd cloch yr eglwys ganu. Ond doedd hi ddim yn amser i fynd i weddïo i'r eglwys. Cododd pob un o'r mynaich a cherdded yn ddistaw tua'r eglwys. Er syndod iddyn nhw, fe welson nhw Columba yn canu'r gloch.

Ar ôl cyrraedd yr eglwys a phawb wedi tawelu, fe ddywedodd Columba, "Mae hi'n storm enbyd heno. Ydych chi wedi meddwl am bobl sydd allan ar noson fel hyn? Ydych chi wedi meddwl am Cormac? Efallai ei fod allan ar y môr heno. Cofiwch, fe wnaethon ni addo gweddïo trosto."

Roedd pob un o'r mynaich yn teimlo'n euog iawn. Roedden nhw wedi addo gweddïo ond roedden nhw wedi anghofio. Fesul un, dyma nhw'n mynd ar eu gliniau a gweddïo dros Cormac. Ymhen rhai dyddiau, roedd un o'r mynaich yn sefyll ar graig yn edrych dros y môr. Yn y pellter gwelai rywbeth tywyll. Cwch bach efallai. Ie, cwch bach oedd yno. Wrth i'r cwch nesáu at y lan fe welai mai cwch Cormac oedd hwn. Rhedodd i ddweud wrth y lleill yn y fynachlog. Fe ddaethon nhw i gyd i lawr i'r traeth i groesawu Cormac.

"Wyddoch chi, ddiwrnodau yn ôl mi roedd yna storm enbyd, a minnau'n ofni am fy mywyd. Ac yna fe gofiais eich bod yn gweddïo drosta i. Yn wir, yng nghanol y storm mi roeddwn i'n teimlo'n gryf ac yn ddewr. Fe wnaeth eich gweddïau fy helpu yn y storm. Edrychodd y mynaich ar ei gilydd. Mor falch oedden nhw bod Columba wedi eu galw i'r eglwys i weddïo drosto.

"...daliwch ati i weddïo."
Rhufeiniaid 12:12

Ein Tad,
yr hwn sydd yn y nefoedd,
dysga fi i weddïo.
Amen.

Fyddwch chi'n gweddïo?
Cyn pryd bwyd? Ar ddiwedd y dydd yn yr ysgol?
Cyn mynd i'r gwely?
Pa mor bwysig ydi gweddïo?

Sant Columba: 521–597

Roche a'i gi

Caredigrwydd / gofal / tynerwch

Oes gynnoch chi anifail anwes? Ci, cath, bwji, cwningen neu fochdew? Neu tybed oes gennych chi anifail anwes egsotig fel neidr, neu bry copyn mawr blewog? Rwy'n siŵr bod gennych feddwl y byd o'ch anifail anwes. Dyma i chi stori am gi bach yn mynd ar goll.

Roedd yr hen gi bach wedi mynd ymhell bell o'i gartref. Rhedai yma a thraw i chwilio am ei ffordd adref. Ond roedd yn mynd ymhellach ac ymhellach o'i gartref. Erbyn hyn roedd arno eisiau bwyd a diod. Pan welai rywun yn mynd heibio, rhedai atyn nhw a dechrau ysgwyd ei gynffon. Ond doedd neb o gwbl yn cymryd dim sylw ohono. Roedd arno eisiau diod o ddŵr, a'i dafod goch yn hongian, ond doedd neb yn cynnig diferyn iddo.

Daeth dyn da o'r enw Roche ar hyd y ffordd. Rhedodd y ci bach ato a dechrau ysgwyd ei gynffon. Tynnodd botel o ddŵr o hen fag budr ar ei gefn a rhoddodd ddiod i'r ci bach. "Ar goll wyt ti?" meddai wrtho. "Tyrd efo mi."

Aeth y ddau efo'i gilydd i'r pentref cyfagos. Roedd yr hen gi bach wrth ei fodd. Roedd y rhan fwyaf o bobl y pentref yn wael. Roedd y pla wedi taro'r pentref. Roedd rhywun ym mhob un o'r tai yn wael gan fod y pla wedi taro'r ardal. Aeth yr hen ŵr a'r ci bach i'r ysbyty i geisio helpu'r bobl wael.

Gofynnodd un o'r meddygon i'r dyn da, "Ydych chi ddim ofn dal y salwch sy'n mynd drwy'r pentref?"

"Na," meddai Roche, "fe fydd Duw yn siŵr o ofalu amdanaf."

Roedd y cleifion yn falch o weld Roche, ac yn arbennig y ci bach. Byddai'n dilyn Roche i bob man; weithiau byddai'n neidio o wely i wely gan ysgwyd ei gynffon. Ond un bore roedd Roche yn teimlo'n sâl. Roedd ef ei hun wedi dal y salwch oedd yn mynd drwy'r pentref. Penderfynodd adael yr ysbyty rhag iddo roi mwy o waith i'r meddygon. Cerddodd gyda'r ci bach tua'r goedwig. Ond roedd yn rhy wan. Syrthiodd i gysgu o dan goeden fawr. Pan ddeffrodd yn y bore roedd y ci yn sefyll wrth ei ochr a thorth o fara yn ei geg. Roedd wedi mynd i dŷ'r coedwigwr i chwilio am fwyd

Roche

i'w feistr. Ond roedd nid yn unig wedi dod â bwyd iddo ond hefyd wedi arwain y coedwigwr i weld ei feistr. Cododd y coedwigwr Roche yn ei freichiau a'i gario i'w dŷ.

Bu Roche a'r ci bach yno am ddyddiau a'r coedwigwr a'i wraig yn gofalu amdanyn nhw. Erbyn diwedd yr wythnos roedd Roche yn well o lawer a chychwynnodd unwaith eto ar ei daith efo'r ci bach. Roedd yn benderfynol iawn o fynd yn ôl i'r pentref i ofalu am bobl oedd yn wael.

"Gan fy mod i wedi gwella, rwyf am helpu pobl eraill i wella hefyd," meddai. Treuliodd weddill ei oes yn helpu pobl mewn angen.

"Iachaodd ef lawer oedd yn glaf dan amrywiol afiechydon."

Marc 1:34

O Dduw,
bydd yn garedig at bawb sy'n sâl.
Amen.

Pan oedd Iesu yn dod ar draws pobl wael roedd yn eu gwella. Pwy sy'n gwella'r cleifion heddiw?

Roche

Adeiladwr Duw

Dyfalbarhad / ufudd-dod

Oes yna eglwys neu gapel yn eich ardal chi? Ys gwn i pwy fu wrthi'n codi'r adeiladau hyn? Dyma i chi stori am Nehemeia a fu wrthi'n adeiladu'r deml yn ninas Jeriwsalem.

Byw mewn gwlad bell, bell o'i gartref oedd Nehemeia. Roedd llawer o'i bobl wedi mynd yn ôl i fyw i'w gwlad eu hunain. Ond roedd Nehemeia wedi ei adael ar ôl yn y wlad bell. Gweithio ym mhalas y brenin roedd Nehemeia. Ef oedd yn gyfrifol am weini gwin i'r brenin. Gofynnodd y brenin iddo un diwrnod, "Nehemeia, rwyt ti'n edrych yn drist iawn. Beth sy'n bod?"

"Meddwl ydw i, Eich Mawrhydi, am fy ngwlad. Mae gen i hiraeth am fy ngwlad a'm pobl."

Yn fuan iawn ar ôl cael sgwrs efo'r brenin, fe ddaeth brawd Nehemeia a'i ffrindiau i'w weld i'r wlad bell.

"Beth sy'n digwydd yn ein gwlad?" meddai Nehemeia.

"Dim llawer," atebodd ei frawd. "Dydi'r tai ddim wedi'u hadeiladu. Mae'r deml wedi ei dinistrio i'r llawr. Does yna neb wedi cychwyn ailadeiladu'r deml. Mae'r lle yn edrych yn flêr a hagr."

Roedd hyn yn poeni Nehemeia'n fawr iawn. Gweddïodd ar Dduw. "O Dduw, gwrando ar fy ngweddi. Wnei di wrando a chadw at dy air? Rydym i gyd eisiau mynd adref yn ôl i'n gwlad ein hunain."

Y bore wedyn, aeth Nehemeia i'w waith ym mhalas y brenin. Roedd y brenin yn dal i sylwi bod Nehemeia yn drist.

"Beth wyt ti eisiau i mi wneud?" holodd y brenin.

"Os gweli di'n dda ga i fynd yn ôl i'm gwlad fy hun i ddechrau ailadeiladu'r ddinas?" gofynnodd Nehemeia.

Ymhen dim roedd ar ei ffordd adref. Ar ôl iddo gyrraedd, aeth am dro ar gefn ebol asyn o gwmpas y ddinas. Gwelodd fod yna lawer iawn o waith i'w wneud. Galwodd ar ei bobl a dywedodd wrthyn nhw, "Mae Duw wedi rhoi tasg arbennig i ni. Mae'n rhaid i ni ailadeiladu'r ddinas. Ond cofiwch, mi fydd Duw yn barod i'n helpu."

Dechreuodd y bobl adeiladu yn agos i'w cartrefi eu hunain. Ond roedd yn waith anodd iawn. Roedd y gelynion yn gwneud hwyl am eu pennau. Ond, pan welsant y muriau'n cael eu codi, roedd y gelynion yn troi'n gas iawn. Roedden nhw'n ceisio dymchwel y muriau. Roedd rhai o'r gweithwyr yn codi'r muriau a'r lleill yn gwylio'r gelynion. Roedd y gweithwyr yn cario cleddyfau gyda nhw.

Ar ôl i'r adeiladau gael eu gorffen, galwodd Nehemeia yr holl bobl at ei gilydd. Roedd y deml hefyd wedi ei hailadeiladu. Roedd y bobl i gyd yn hapus. "Mae'r ddinas a'r deml yn barod," meddai Nehemeia. "Fe allwn ni droi yn ôl at Dduw yn awr. Fe allwn ni addoli Duw yn y deml."

Cerddodd y bobl i fyny'r grisiau ar hyd muriau'r ddinas. Roedd pob un yn chwythu ei utgorn. Roedden nhw'n cerdded o gwmpas y ddinas. Roedd pob un ohonyn nhw'n hapus. Erbyn hyn roedden nhw wedi cyrraedd yn ôl i'w dinas eu hunain. Roedd Duw yn garedig iawn wrth ei bobl.

"Ti yn unig wyt Arglwydd."
Nehemeia 9:6

O Dduw,
diolch am bobl ym mhob oes,
sy'n gweld ymhell.
Amen.

Oes ganddoch chi weledigaeth? Sut y gallwn ni wella'r ysgol, a'r ardal rydym ni'n byw ynddi?

Nehemeia: 464–424 cc

Y ffrind sy'n ymweld dros y Nadolig

Caredigrwydd / gostyngeiddrwydd

"Pwy sy'n dŵad dros y bryn,
Yn ddistaw, ddistaw, bach?"

Ys gwn i pwy sy'n dŵad dros y bryn? Wel, mi ydych yn iawn. Siôn Corn. Dyn caredig iawn ydi Siôn Corn. Mae ganddo anrheg i bawb. Rwy'n siŵr eich bod wedi gweld Siôn Corn yn y siopau. Mae ganddo wisg goch a barf wen. Fel arfer, bydd yn chwerthin yn braf. Erbyn bore Nadolig bydd wedi gadael anrhegion i bawb. Dyma i chi stori am Sant Nicolas. Roedd ef yn debyg iawn i Siôn Corn.

Roedd teulu tlawd iawn yn byw yn y pentref. Un diwrnod, pan oedd Sant Nicolas yn mynd heibio'r tŷ clywodd sŵn crio. Roedd un o'r genethod bach yn crio.

"Dad," meddai hi, "gawn ni fynd i'r stryd i chwilio am fwyd?"

"Na," meddai'r tad, "mi wnawn ni aros am un noson arall ac fe wna i weddïo ar Dduw. Mi fydd yn siŵr o'n helpu."

Clywodd Sant Nicolas y sgwrs rhwng y tad a'i dair merch. Rhedodd adref. Yn ei gist roedd ganddo dri bag yn llawn o aur.

"Fe roddaf un bag i bob un o'r genethod bach," meddai.

Pan oedd pawb yn cysgu a'r eira yn disgyn aeth Sant Nicolas heibio'r tŷ. Gwelodd dwll yn wal y tŷ. Rhoddodd y bag yn y twll ac aeth adref drwy'r eira.

Pan gododd y tad yn y bore fe welodd fag o aur ar y llawr. "Dyma ni, mae Duw wedi ateb fy ngweddi," meddai yn llawen wrth ei ferched.

Y noson wedyn, digwyddodd yr un peth. Erbyn y bore, roedd bag arall o aur ar lawr yr ystafell. Roedd y tad yn sicr bod Duw wedi ateb ei weddi y tro hwn.

Y drydedd noson, er bod yr eira'n drwchus, cerddodd Sant Nicolas a'i glogyn coch ar hyd y stryd.

Roedd tad y genethod wedi dweud, "Mi rydw i am guddio tu allan i'r tŷ heno i mi gael gweld pwy sydd yn rhoi'r bagiau aur i ni."

Sant Nicolas: y bedwaredd ganrif

Ar ôl iddi dywyllu, clywodd y tad sŵn traed yn dod yn nes ac yn nes at y tŷ. Gwelodd ddyn â chlogyn coch yn cerdded yn gyflym ar hyd y stryd. Rhoddodd y trydydd bag o aur drwy'r twll. Cerddodd yn gyflym ar hyd y stryd yn ôl at ei gartref.

Rhedodd y tad ar ôl Sant Nicolas. Penliniodd o'i flaen a dywedodd, "Pam yr wyt ti'n mynnu cuddio dy hun?"

Atebodd Sant Nicolas, "Dydw i ddim eisiau i neb wybod am hyn. Dyma fy ffordd i o wneud pobl yn hapus, ond," meddai'r Sant, "cofia di ddiolch i Dduw. Duw a'm hanfonodd i'th helpu."

Roedd Sant Nicolas yn barod i helpu pawb, ond doedd o ddim eisiau i neb wybod. Dyma pam mae plant yn hongian hosan bob noswyl Nadolig er mwyn i Sant Nicolas ddod heibio a llenwi'r hosan ag anrhegion. Ond does neb yn gweld Sant Nicolas yn dod. Mae o'n dod ar ôl iddi dywyllu pan fydd pawb yn cysgu.

"... ac wedi agor eu trysorau offrymasant iddo anrhegion, aur, thus a myrr."

Mathew 2:11

Diolch i Ti, O Dduw,
am anrhegion y Nadolig
ond yn fwy na dim,
diolch i Ti am dy rodd fawr,
Iesu Grist.
Amen.

Pa mor bwysig ydi rhoi a derbyn anrhegion?

Sant Nicolas: y bedwaredd ganrif

Achub naw o bobl

Dewrder / dyfalbarhad

Grace Darling: 1815-1841

Fyddwch chi weithiau'n gweld injan dân neu ambiwlans yn mynd ar frys? Neu hyd yn oed yr hofrennydd felen yn hofran yn yr awyr? Mynd maen nhw i achub pobl sydd mewn angen. Efallai bod tŷ ar dân, neu ddamwain ar y ffordd neu fod rhywun wedi syrthio ar y mynydd neu mewn perygl ar y môr.

Os bydd rhywun mewn trybini ar y môr, yna bydd y bad achub yn cael ei lansio. Dyma hanes am ferch ifanc oedd yn byw gyda'i rhieni mewn goleudy.

Roedd y storm wedi cilio erbyn y bore ond roedd hi wedi bod yn chwythu'n enbyd drwy'r nos. Doedd Grace na'i rhieni ddim wedi cysgu ryw lawer drwy'r nos. Pan edrychodd Grace drwy'r ffenest yn y bore fe welai ddynion ar graig islaw. Yna fe welodd gwch wedi'i hyrddio yn erbyn y creigiau.

Gwaeddodd ar ei thad, "Dad, dowch yma ar frys, edrychwch, mae yna ddynion ar y graig acw."

"Wel ar fy ngwir," meddai'r tad, "mae'n amlwg eu bod nhw wedi dod allan o'r llong acw ar y creigiau."

"Nhad," meddai Grace, "mae'n rhaid i ni fynd allan rŵan i'w hachub nhw."

"Fedrwn ni ddim, Grace bach, mae'r gwynt yn rhy gryf ac mi fasa'n cwch bach ni yn cael ei hyrddio yn erbyn y creigiau," meddai'r tad.

"Ond mae'n rhaid i ni fynd neu mi fydd y bobl yna wedi boddi. Mae'n rhaid i ni fynd y munud yma," meddai Grace yn benderfynol. Doedd yna ddim troi arni. Er bod ei thad yn amheus iawn, mynd fu raid.

Roedd hi'n fore erchyll. Roedd y tonnau yn chwipio'r dŵr dros eu cwch rhwyfo a Grace yn dal yn dynn yn yr ochrau. O'r diwedd, dyma gyrraedd y graig. Roedd naw o bobl arni – wyth o ddynion ac un wraig. Doedd dim gobaith i gael y naw ar fwrdd y cwch. Doedd dim amdani ond mynd â rhai ohonyn nhw i ddechrau a dod yn ôl at y lleill.

Roedd yn waith anodd iawn. Roedd y tonnau yn taflu'r bobl yn ôl ar y graig. Ymhen ychydig, roedd pump ar fwrdd y cwch, pedwar o ddynion ac un wraig. Ond roedd rhaid mynd yn ôl i achub y lleill. Roedd y cwch fel corcyn ar wyneb y tonnau. Am ran helaeth o'r bore bu Grace a'i thad wrthi'n brysur ac erbyn hanner dydd roedd y naw yn ddiogel yn y goleudy.

Ar ôl hynny bu Grace a'i mam yn brysur yn gwneud bwyd a diod cynnes iddyn nhw. Fe gawson nhw gysgu yn y goleudy y noson honno ac erbyn bore drannoeth roedd y storm wedi hen gilio.

"Y mae angen dyfalbarhad arnoch i gyflawni ewyllys Duw."

Hebreaid 10:36

O Dduw,
helpa fi i ddal ati bob amser,
hyd yn oed pan fo pethau'n anodd.
Amen.

Ydych chi'n credu bod Grace Darling yn ferch ddewr?
Beth petai hi a'i thad wedi boddi wrth fynd i achub y bobl ar y graig?

Grace Darling: 1815-1841

Merch y barnwr yn cael ei golwg yn ôl

Dewrder / ymddiriedaeth

Ydych chi yn gwybod am rywun sy'n ddall? Sut maen nhw'n teimlo tybed? Efallai nad ydyn nhw erioed wedi gweld o gwbl. Neu efallai eu bod nhw wedi mynd yn ddall yn ystod eu bywyd. Ydych chi wedi meddwl sut maen nhw'n cerdded, bwyta, chwarae, darllen? Rydym ni yn gallu gwneud y rhain i gyd, ond i rywun sy'n ddall mae'n anodd iawn, iawn. Dyma stori am Ffolant, sant y cariadon, a'r ferch ifanc ddall.

Amser maith yn ôl yn ninas Rhufain roedd yna farnwr yn byw. Roedd ei ferch fach yn ddall. Cafodd y barnwr ei alw o flaen yr Ymerawdwr. Eisteddai'r Ymerawdwr ar ei orsedd a'i filwyr o'i gwmpas. Ar y llawr o'i flaen roedd y carcharor. Ei enw oedd Ffolant.

Meddai'r Ymerawdwr wrth y barnwr, "Rwyf am i ti fynd â'r carcharor hwn i'th dŷ dy hun. Paid â gadael iddo ddianc. Mae o'n dilyn Iesu Grist a dydi o byth yn tewi. Mae'n sôn amdano o fore gwyn tan nos."

"Iawn, f'Arglwydd," meddai'r barnwr.

Roedd merch y barnwr yn disgwyl am ei thad. Roedd hi'n adnabod sŵn ei gerddediad. Ond, y tro hwn, roedd hi'n gwybod fod yna rywun arall efo'i thad.

Wrth fynd i mewn i'r tŷ efo'r barnwr fe glywodd y ferch fach lais y gŵr dieithr yn dweud, "Bendith i bawb sy'n byw yn y tŷ hwn, yn enw Iesu Grist."

Meddai'r barnwr wrth Ffolant, "Os wyt ti'n dweud fod Iesu Grist yn oleuni'r byd, yna mi ydw i eisiau prawf o hynny. Mae fy merch fach yn ddall ac os medri di roi ei golwg yn ôl iddi, yna mi gredaf i a'r teulu i gyd yn Iesu Grist."

"Tyrd yma, fy merch," galwodd y barnwr.

Dechreuodd gerdded tuag at lais ei thad. Roedd hi'n defnyddio ei dwylo i gerdded yn ofalus tuag ato. Yna wrth iddi nesáu at lais ei thad, clywodd lais arall, llais y gŵr dieithr.

Dywedodd y gŵr dieithr, "Iesu Grist, Ti yw goleuni'r byd,

rho oleuni i'r ferch hon. Yn enw Iesu, boed i'r ferch hon gael ei golwg yn ôl."

Ac yn wir, fe agorodd ei llygaid. Gwelodd yr awyr las a goleuni'r haul a'r tŷ mawr yr oedd yn byw ynddo. Y diwrnod hwnnw roedd pawb yn y tŷ yn hapus. Cafodd y gŵr dieithr groeso mawr gan bawb oedd yn byw yn y tŷ. Arhosodd gyda'r barnwr a'i ferch am amser maith.

"Mae'r deillion yn cael eu golwg yn ôl."
Mathew 11:5

O Dduw,
bydd yn llaw ac yn droed,
i bawb sy'n ddall.
Amen.

Petaech chi'n ddall, beth fyddai'r pethau y byddech chi'n eu colli fwyaf?

Sant Ffolant: y drydedd ganrif

Sant Jerôm a'r llew

> Dewrder / caredigrwydd

Pan fyddwch chi'n mynd i'r sŵ, pa anifeiliaid fyddwch chi'n hoffi eu gweld? Eliffant, cangarŵ, nadroedd neu'r adar lliwgar? Ond beth am y llew? Hwn ydi brenin y jyngl.

Ydych chi wedi'i weld o yn cerdded o gwmpas gan edrych o'r naill ochr i'r llall? Weithiau bydd yn agor ei geg yn llydan, a dyna gael cipolwg ar ei ddannedd miniog. Dyma hanes am sant yn dofi llew gwyllt.

Roedd Jerôm yn eistedd tu allan i'r fynachlog. Yn sydyn, gwelodd lew yn dod i fyny'r llwybr tuag ato. Eisteddodd Jerôm yn llonydd. Gwelodd fod y llew yn gloff. Cododd y llew ei bawen fawr ar lin y sant. Gwelodd Jerôm fod yna bigyn mawr yn ei bawen. Tynnodd y pigyn o'i bawen.

"Wel dyna ti, yr hen lew, i ffwrdd â ti rŵan yn ôl i'r goedwig," meddai'r sant.

Ond, na, doedd y llew ddim am fynd yn ôl i'r goedwig. Eisteddodd wrth ochr y sant â'i ben ar ei lin.

"Wel," meddai Jerôm, "os wyt ti am aros yn y fynachlog, mae'n rhaid i ti weithio fel pob un ohonom ni. Fe gei di, yr hen lew, fynd efo'r gweithwyr i'r goedwig i dorri coed. Dy waith di fydd gwarchod y mul bach a'r gweithwyr rhag ofn i ladron ddod yno i ddwyn y coed," meddai'r sant.

Ac felly y bu. Am wythnos roedd y llew yn dilyn y mul a'r gweithwyr i'r goedwig. Ond, un diwrnod, a hithau'n ddiwrnod poeth, fe syrthiodd y llew i gysgu ar y dail cynnes o'i gwmpas. Pan ddeffrodd roedd y mul wedi diflannu.

Cerddodd yn benisel yn ôl i'r fynachlog. Roedd y sant yn flin iawn.

"Fe fydd rhaid i ti gario'r coed ar dy gefn dy hun, gan dy fod wedi bod mor esgeulus yn syrthio i gysgu a thithau i fod i gadw llygad ar y mul bach," meddai'r sant.

Un diwrnod pan oedd y llew yn cario'r coed ar ei gefn, gwelodd fintai o gamelod yn mynd heibio. Roedd mul bychan yn eu harwain. Hwn oedd mul bach y fynachlog. Penderfynodd y llew dywys y camelod a'u perchnogion i'r fynachlog.

Dywedodd meistri'r camelod mai nhw oedd wedi dwyn y mul a'r coed.

"Ewch," meddai Jerôm wrthyn nhw, "ond peidiwch byth â gwneud peth fel hyn eto."

Ar ôl iddyn nhw fynd i ffwrdd, dechreuodd y llew a'r mul ar eu gwaith unwaith eto. Bob nos, ar ôl diwrnod caled o waith, byddai'r llew yn cysgu'n braf wrth draed y sant.

Ymhen blynyddoedd, bu'r llew farw a chafodd ei gladdu ym mynwent y fynachlog.

"Dangos dy ffyddlondeb..."
                                        Salm 17:7

O Dduw,
gwna fi yn fwy ffyddlon
tuag at Mam a Dad,
brawd a chwaer,
Taid a Nain,
a'm teulu i gyd.
Amen.

Pa mor bwysig ydi bod yn ffyddlon i'r teulu, ysgol, tîm a gwlad?

Sant Jerôm: 347-419

Y sant a'r llygoden

Cydweithio / ymddiriedaeth / gofal

Sant Cadog: y chweched ganrif

Pan fyddwch chi'n dod adref o'r ysgol, beth ydi'r peth cyntaf fyddwch chi'n ei wneud? Rhedeg i'r gegin am rywbeth i'w fwyta? Creision, bisgedi, siocled a rhywbeth i'w yfed! Oes, mae digon o bethau i'w bwyta yn y gegin. Ond beth petai'r gegin yn wag a dim bwyd yno o gwbl? Amser maith yn ôl roedd bwyd yn brin a phobl yn marw o newyn. Dyma stori am sant a ddaeth o hyd i neuadd yn llawn o dywysennau gwenith.

Roedd Cadog yn byw ar ei ben ei hun mewn ystafell yn y fynachlog. Un gyda'r nos clywai sŵn crafu yng nghor   el yr ystafell. Yn dawel bach cerddodd i gyfeiriad y sŵn. Gwelodd lygoden fach yn cario tywysen o wenith yn ei cheg. Pan welodd hi Cadog rhedodd i mewn i'r twll yn y wal. Ymhen rhai munudau daeth allan o'r twll a rhedeg o dan y drws. Arhosodd Cadog i'w gwylio. Daeth yn ôl a thywysen o wenith yn ei cheg a rhedeg unwaith eto i'r twll yn y wal. Pan ddaeth allan o'r twll y tro hwn, daliodd Cadog hi a chlymodd ddarn o linyn am ei choes. Dechreuodd y llygoden fach chwarae o gwmpas yr ystafell. Neidiodd i fyny ar wely Cadog.

Yn ystod oriau'r nos, pan fyddai Cadog yn cysgu, fe fyddai'r llygoden fach yn mynd i gysgu i'w thwll yn y wal. Ond drwy'r amser, roedd y llinyn tenau hir am ei choes. Yn ystod oriau'r dydd byddai'r llygoden fach yn crwydro allan i'r caeau o gwmpas y fynachlog. Yn aml iawn, byddai Cadog yn gwylio'r llygoden fach yn casglu'r tywysennau gwenith ac yn eu cario fesul un i'w thwll yn y wal.

Un diwrnod penderfynodd Cadog ei fod am fynd i weld ble'n union roedd y llygoden fach yn byw. Efallai bod ganddi deulu o lygod bach, bach. Mae'n siŵr ei bod yn cario'r tywysennau gwenith i'w theulu yn y wal, meddyliodd Cadog. Bu wrthi'n cloddio a chloddio am rai oriau, ond heb ddarganfod dim. Bu wrthi am ddyddiau. Bob nos byddai'n cloddio'n ddyfnach ac yn ddyfnach.

Yna, un noson, ar ôl bod wrthi'n galed, cloddiodd drwodd i ystafell fawr. Nid ystafell oedd hi mewn difri ond neuadd fawr. Yno, yn y neuadd, roedd storfa fawr o fwyd. Yn ei fraw, rhedodd

Cadog i ddweud wrth y mynaich eraill oedd yn byw yn y fynachlog.

"Dewch efo mi," meddai wrth y mynaich eraill, "i chi gael gweld beth sydd yr ochr arall i'r ystafell lle rydw i'n byw."

Dilynodd y mynaich eraill ef yn araf. Fesul un dyma nhw'n cyrraedd y neuadd fawr. Roedd digon o wenith yn y neuadd i fwydo'r mynaich oedd yn byw yn y fynachlog. Roedd digon o wenith i fwydo'r holl bobl oedd yn byw yn y fro i gyd. Roedd tomenni ar domenni o wenith yn y neuadd. Roedd yr Abad, sef y prif fynach, yn falch iawn o glywed am y llygoden fach.

"Meddyliwch," meddai'r Abad, "fod llygoden fach wedi helpu'r mynaich a phobl yr ardal i gyd." Diolchodd yr Abad i Cadog hefyd am sylwi mor fanwl.

"Ym mhob dim rhowch ddiolch..."

1 Thes. 5:18

O Dduw,
gwna fi yn berson sy'n sylwi
ar yr hyn sy'n digwydd o'm cwmpas.
Amen.

Ydych chi yn berson sy'n sylwi ar bethau o'ch cwmpas?
Pa mor bwysig ydi dysgu sylwi?

Sant Cadog: y chweched ganrif

Y wraig a gollodd y ffordd

Dyfalbarhad / colli cyfle / cadw at eich gair

Babwshca: y ganrif gyntaf

Ydych chi'n cofio ym mha dref y cafodd Iesu Grist ei eni? Ie, dyna chi, ym Methlehem. Mae'n stori ni yn mynd â ni ymhell, bell o Fethlehem. Mae'r stori yn mynd â ni i wlad oer iawn. Yn y wlad oer, oer roedd hen wreigan o'r enw Babwshca'n byw.

Hen wraig, hen, hen oedd Babwshca. Roedd hi'n byw mewn bwthyn ar gwr y goedwig. Roedd hi'n noson oer iawn a'r eira'n lluwchio'r tu allan.

"Diolch byth, does dim rhaid i mi fynd allan heno a hithau'n bwrw eira," meddai Babwshca. Closiodd at y tân i gynhesu. Yn sydyn clywodd gnoc ar y drws.

"Pwy sydd yna ar noson oer fel hon?" meddyliodd. Cerddodd yn araf at y drws a'i channwyll ynghynn. Pan agorodd y drws, gwelodd dri gŵr mewn dillad lliwgar yn sefyll yn yr eira. Yn eu dwylo roedd anrhegion gwerthfawr.

"Melchior ydw i," meddai'r dyn tywyll ei groen, "ac mi rydw i'n mynd ag aur i'r baban sydd wedi ei eni ym Methlehem. Ddoi di efo ni i weld y babi bach, Babwshca?" Ysgydwodd yr hen wraig ei phen. "Na, dim heno."

"Balthasar ydw i," meddai'r ail. Roedd ef yn cario blwch o bersawr drud. "Ddoi di efo ni, Babwshca, i weld y babi bach ym Methlehem dref?"

"Na," oedd yr ateb y tro hwn hefyd.

"Caspar ydw i," meddai'r trydydd gŵr. "Rydw innau hefyd yn mynd i Fethlehem i weld y babi bach sydd wedi ei eni yno. Mae gen innau anrheg drud i'r babi bach. Ddoi di, Babwshca?"

"Na" oedd yr ateb unwaith eto.

"Fedra i ddim dod, rydw i'n rhy hen ac mae hi'n oer iawn, iawn heno. Aeth yn ôl i'r tŷ ac eistedd wrth y tân. Dyma hi'n dechrau meddwl am yr hyn roedd y tri gŵr wedi ei ddweud wrthi. Meddyliodd am y seren oedd wedi eu harwain at y babi bach ym Methlehem.

"Bore fory," meddai wrthi'i hun, "mi af i chwilio am y babi bach. Mi fydd y tywydd wedi gwella, mae'n siŵr, ac fe fydd yn olau dydd."

Casglodd deganau oedd yn y tŷ a llenwodd ei basged. Ar ôl i'r wawr dorri, cychwynnodd Babwshca drwy'r eira i chwilio am y babi bach. Ond doedd yna ddim seren i'w harwain at grud y babi bach. Roedd hi hefyd wedi anghofio gofyn y ffordd i Fethlehem. Bu'n chwilio a chwilio drwy'r dydd. Bu'n chwilio am ddyddiau. Ond wnaeth hi ddim cyrraedd Bethlehem.

Maen nhw'n dweud fod Babwshca'n dal i chwilio am y babi bach. Bob Nadolig mae hi'n gadael anrheg bychan wrth ddrws y tai rhag ofn bod y babi bach yno. Mae hi'n dal i chwilio am fabi bach Bethlehem.

"Daliwch ar eich cyfle..."
Effesiaid 5:16

Tybed, fydda i'n colli cyfle weithiau?
Colli cyfle i wneud cymwynas i rywun arall.
Colli cyfle i helpu rhywun arall.
Helpa fi, O Dduw, i ddefnyddio fy mywyd
i helpu pobl eraill.
Amen.

Pa mor hawdd ydi colli cyfle?

Babwshca: y ganrif gyntaf

Telynor a ddaeth yn frenin

Cenfigen / dyfalbarhad / cyfeillgarwch

Brenin Dafydd: 1000 cc

Dyn cas iawn oedd Saul. Roedd o'n ddyn cenfigennus. Roedd o yn awyddus iawn i Jonathan ei fab fod yn frenin ar ôl iddo ef farw. Ond roedd pawb yn awyddus i Dafydd, y telynor, ddod yn frenin. Mae'r stori hon yn sôn am Saul ac fel y bu'n gas tuag at Dafydd.

Ym mhalas y brenin Saul roedd Dafydd yn byw. Ef oedd wedi lladd y cawr Goliath. Roedd gan bawb yn y palas feddwl y byd o Dafydd. Byddai'n chwarae'r delyn i ddiddori pawb yn y palas. Yn y palas roedd gan Dafydd ffrind da. Jonathan, mab y brenin Saul, oedd hwn. Erbyn hyn roedd Dafydd yn enwog drwy'r wlad. Roedd yn ddyn dewr. Doedd y brenin Saul ddim yn hapus fod pawb yn hoffi Dafydd.

"Mae'n rhaid i mi wneud rhywbeth," meddai Saul. "Efallai rhyw ddydd y bydd hwn yn dod yn frenin yn fy lle. Mae gan Jonathan fy mab feddwl y byd ohono. Mae'n rhaid i mi gael gwared â Dafydd."

Pan oedd Dafydd yn chwarae ei delyn un diwrnod taflodd Saul waywffon tuag ato. Rhedodd Dafydd o'r palas am ei fywyd. Roedd Jonathan yn drist iawn fod Dafydd wedi gadael y palas. Aeth Jonathan i chwilio am Dafydd. Cafodd hyd iddo yn cuddio ar gwr y ddinas.

"Mae'n rhaid i ti fod yn ofalus iawn, Dafydd. Mae fy nhad yn genfigennus iawn. Mae o'n ceisio dy ladd," meddai Jonathan wrtho.

Un noson, gwnaeth y brenin Saul wledd fawr yn y palas. Edrychodd o'i gwmpas i weld a oedd Dafydd yn y wledd. Galwodd ar ei fab Jonathan a holodd, "Ble mae Dafydd heno?"

"Mae o wedi mynd i weld ei deulu," atebodd Jonathan.

Gwylltiodd Saul, "Pam wyt ti'n cadw ar Dafydd drwy'r amser? Rwyf eisiau dy weld ti yn dod yn frenin ar ôl i mi farw."

Aeth Jonathan yn syth o'r wledd i weld Dafydd.

"Paid byth â dod yn ôl i'r palas tra bydd fy nhad fyw. Mi fydd yn sicr o dy ladd."

Doedd Dafydd ddim yn gwybod ble i droi. Aeth i'r mynydd-dir. Yno bu'n byw yn yr ogofâu. Roedd y brenin Saul yn dal i chwilio amdano.

Un dydd daeth y brenin heibio'r ogofâu. Roedd wedi blino'n

arw erbyn hyn. Eisteddodd y tu allan i'r ogof lle roedd Dafydd yn byw. Gwelodd Dafydd fod y brenin wedi syrthio i gysgu. Daeth allan yn araf o'r ogof. Gyda'i gyllell torrodd ddarn o fantell y brenin. Cododd y brenin a dechrau cerdded. Roedd wedi dadflino erbyn hyn.

Gwaeddodd Dafydd ar ei ôl, "Pam wyt ti'n ceisio fy lladd? Fe ddois i yn agos iawn atat ti pan oeddet ti'n cysgu tu allan i'r ogof. Wnes i ddim drwg i ti."

Gwelodd y brenin fod Dafydd yn dal darn o'i fantell yn ei law. Roedd Dafydd wedi bod yn agos iawn ato. Doedd o ddim wedi gwneud niwed i'r brenin. Ond yn fuan iawn roedd y brenin wedi anghofio hyn.

Pan oedd Dafydd yn mynd am dro un diwrnod, rhedodd negesydd ato, "Wyt ti wedi clywed y newydd drwg?" meddai.

"Pa newydd drwg?" gofynnodd Dafydd.

"Mae'r brenin a'i fab Jonathan wedi'u lladd mewn brwydr yn erbyn y Philistiaid."

Roedd hwn yn ddiwrnod trist iawn i Dafydd. Roedd ei ffrind gorau wedi'i ladd. Ymhen dim cafodd Dafydd ei wneud yn frenin Israel. Am flynyddoedd bu Dafydd yn arwain ei bobl. Roedd pawb yn hoff ohono.

"...yr oedd Jonathan fab Saul wedi mynd yn hoff iawn o Ddafydd..."

1 Samuel 19:2

Diolch i Ti, O Dduw,
bod gen i ffrindiau da.
Gwna fi yn ffrind i bawb.
Amen.

Ydych chi'n credu y dylai rhywun fynd i'r eithaf dros ei ffrind?
Beth fuasech chi'n ei wneud dros eich ffrind gorau?

Brenin Dafydd: 1000 cc

Cysgu efo'r llewod

Dyfalbarhad / gostyngeiddrwydd / sefyll dros yr hyn rydym yn ei gredu / dewrder

Daniel: y seithfed ganrif cc

Rwy'n siŵr eich bod wedi gweld llewod yn y sŵ. Maen nhw'n anifeiliaid cryf iawn. Beth petaech chi'n gorfod mynd i mewn i gawell y llewod? Mae'r stori hon yn sôn am ddyn a gafodd ei daflu i ffau'r llewod.

Roedd Daniel yn byw mewn gwlad ddieithr. Gan ei fod yn ddyn arbennig roedd yn gweithio ym mhalas y brenin. Ond doedd o ddim yn hoffi byw yn y wlad ddieithr. Buasai wrth ei fodd cael bod gartref yn ei wlad ei hun. Bob dydd byddai'n gweddïo ar Dduw, "O Dduw, buaswn wrth fy modd cael mynd adref yn ôl i'm gwlad fy hun."

Daeth brenin newydd i'r wlad ddieithr. Darius oedd ei enw. Roedd wrth ei fodd efo Daniel. Bob tro byddai'r brenin eisiau help byddai'n galw ar Daniel. Doedd y gweithwyr eraill ddim yn hoffi hyn.

"Pam na wnaiff y brenin alw arnom ni?" medden nhw wrth ei gilydd. Un diwrnod dyma'r gweithwyr eraill yn dod at ei gilydd. "Mae'n rhaid i ni wneud rhywbeth i gael gwared â Daniel."

"Y drwg ydi," meddai un o'r gweithwyr, "mae o'n ddyn da a fydd o byth yn gwneud drwg i neb."

"Mae o'n ddyn sy'n caru Duw," meddai un arall o'r gweithwyr. Gyda'r nos dyma'r gweithwyr yn mynd i weld y brenin.

"Y Brenin Darius," medden nhw, "rwyt ti yn frenin da. Rwyt ti yn gallu gwneud pob dim." Roedd y brenin yn teimlo'n falch iawn o glywed hyn.

"Pam na wnei di ddweud wrth bawb yn y wlad bod rhaid iddyn nhw ofyn am bopeth gennyt ti? Yna, mi fydd y bobl i gyd yn gwybod brenin mor fawr wyt ti."

"Dyna syniad da," meddai'r brenin.

Cododd y brenin ar ei draed. Roedd pawb yn y palas yn ddistaw bach. Dechreuodd y bobl siarad, "O hyn allan, bydd yn rhaid i bob un ohonoch ofyn am bopeth gennyf fi. Y fi ydi'r brenin wedi'r cwbl."

Yna, meddai'r brenin, "Bydd pwy bynnag sydd yn gofyn i rywun arall yn cael ei daflu i'r llewod."

Roedd pawb yn y palas wedi dychryn clywed geiriau'r brenin. Ar ei ffordd adref o'r palas, roedd Daniel yn dal i feddwl am eiriau'r brenin. Bob nos byddai'n mynd ar ei liniau i weddïo ac i ddiolch i Dduw. Ond roedd hefyd yn gofyn i Dduw ei helpu. Roedd y brenin Darius wedi dweud nad oedd ganddo hawl i wneud hynny. Aeth Daniel i'w ystafell. Dechreuodd weddïo ar Dduw.

Yn yr ardd roedd rhai o'r gweithwyr wedi dilyn Daniel i'w dŷ. Roedden nhw'n cuddio tu ôl i'r gwrych. Fe glywson nhw Daniel yn gweddïo. Roedd o hefyd yn gofyn i Dduw am help. Dyma nhw'n mynd ar unwaith i balas y brenin.

"Mae Daniel wedi gofyn i Dduw am help," medden nhw wrth y brenin. Roedd y brenin yn drist. Doedd o ddim eisiau gwneud drwg i Daniel.

"Dyma hen reol wirion," meddai'r brenin wrtho'i hun. "Mi fydd rhaid i mi daflu Daniel o bawb i ffau'r llewod."

Yn y bore daeth milwyr y brenin i dŷ Daniel. Dyma fynd â fo i ffau'r llewod. Roedd y llewod yn cerdded yn araf gan edrych i fyny ac i lawr.

"Dyna ti, i ffwrdd â thi at y llewod." A dyma ei daflu at y llewod. Y noson honno wnaeth y brenin ddim cysgu winc. Roedd o'n troi a throsi trwy'r nos.

"Dwi'n gobeithio bod Daniel yn saff. Rwy'n siŵr y bydd ei Dduw yn gofalu amdano."

Yn gynnar yn y bore cododd y brenin Darius. Aeth yn syth i weld beth oedd wedi digwydd i Daniel.

Gwaeddodd y brenin, "Daniel, Daniel, wyt ti'n iawn?"

"Ydw," meddai Daniel, "rydw i wedi cysgu efo'r llewod drwy'r nos."

Dywedodd y brenin wrth ei bobl, "Mae'n rhaid i ni gredu yn y Duw y mae Daniel yn ei addoli. Mae o wedi helpu Daniel. Mae'n rhaid i ninnau ei addoli."

"Ef yw'r Duw byw..."
Daniel 6:26

Diolch, O Dduw,
am bobl ddewr,
pobl sy'n barod i sefyll yn gadarn,
beth bynnag ddaw i'w rhan.
Amen.

Pa gryfderau y mae stori Daniel yn eu dangos i ni?

Daniel: y seithfed ganrif cc

Yr hwyaden fach fethedig

Gostyngeiddrwydd / cyfeillgarwch / dyfalbarhad

Ydych chi wedi gweld cywion hwyaid? Maen nhw'n bethau bach del iawn. Pan fydd y cywion yn deor o'r wyau byddan nhw'n gallu cerdded yn syth o'r nyth. Dyma hanes am gywion bach oedd yn ffrindiau efo sant.

Erbyn y bore roedd yr wyau i gyd wedi deor. Yn y nyth roedd deg o gywion bach melyn. Cododd yr hwyaden oddi ar y nyth. Galwodd ar y cywion bach, "Cwac, cwac." Yn araf, dechreuodd y cywion bach gerdded o'r nyth. Aeth y fam hwyaden o'u blaenau. Roedd hi'n awyddus iawn i ddangos ei theulu i Sant Bartholomeus. Roedd yn gwybod y câi groeso mawr gan y sant.

Newydd godi oedd Bartholomeus pan glywodd yr hwyaden yn galw, "Cwac, cwac, cwac." Bob bore byddai'n dod am frecwast at y sant. Edrychodd y sant trwy ffenest ei gaban,

"Wel ar fy ngwir," meddai, "fedra i ddim coelio fy llygaid. Deg o gywion bach. Y petha dela welais i erioed."

Agorodd Bartholomeus ddrws ei gaban. Roedd y fam hwyaden yn falch iawn o'i theulu bach. Bob bore ar ôl hynny byddai'n arwain y cywion o lan y dŵr at gaban y sant.

Sylwodd y sant fod un o'r cywion yn wahanol i'r lleill. Doedd o ddim yn gallu cerdded yn gyflym fel y lleill. Pan ddechreuodd y lleill hedfan, doedd y cyw bach hwn ddim yn gallu hedfan. Y fo oedd yr olaf i gyrraedd pob man.

Un bore daeth yr hwyaden a'i chywion yn ôl eu harfer. Roedd y cywion wedi tyfu erbyn hyn. Roedden nhw bron yr un maint â'u mam. Dod i ffarwelio oedden nhw. Roedden nhw'n cychwyn ar eu taith i wlad arall. Roedd y sant yn teimlo'n drist iawn o'u gweld yn gadael ac aeth yn ôl i'w gaban. Diolchodd i Dduw am yr hwyaid.

Ymhen ychydig ddyddiau roedd y sant allan yn yr ardd. Roedd yn fore braf heulog. Pwy welai'r sant yn hedfan drwy'r awyr? Y fam. Roedd hi wedi dod yn ôl. Beth oedd yn bod tybed? "Cwac, cwac," meddai wrth y sant a gafael yn ei wisg â'i phig. Dilynodd y sant hi dros y creigiau. Roedd yr hwyaden yn dal i dynnu ar wisg y sant. Roedd wedi blino'n lân erbyn hyn. Eisteddodd am ychydig ar y glaswellt. Ond dal i dynnu ar ei wisg roedd yr hwyaden. Ymlaen â fo dros y creigiau. Erbyn hyn roedd wedi cyrraedd glan y dŵr. Stopiodd yr hwyaden wrth hollt yn y graig. Edrychodd Bartholomeus yn fanwl i mewn i'r hollt. Gwelai fod un o'r cywion wedi mynd yn sownd yno. Aeth ar ei fol ar y graig a thynnodd yr hwyaden fach o'r hollt.

"Wel," meddai wrtho'i hunan, "dyma'r hwyaden fach oedd ddim yn gallu cerdded na hedfan."

Safodd yr hwyaden fach ar y graig. Edrychodd o'i chwmpas. Roedd y cywion eraill wedi mynd. Dim ond y fam hwyaden oedd ar ôl. Aeth y fam hwyaden i fyny at y cyw oedd yn sefyll ar y graig. Cododd y cyw ar ei adain. Dilynodd y fam ef. Edrychodd Bartholomeus ar y ddau yn hedfan dros y dŵr.

"Gobeithio," meddai'r sant, "y byddan nhw'n cyrraedd yn saff. Gobeithio y byddan nhw'n dod yn ôl y flwyddyn nesaf." Cerddodd y sant yn araf deg dros y creigiau yn ôl i'w gaban. Roedd o'n teimlo'n hapusach y tro hwn. Roedd o'n hapus am ei fod wedi helpu'r cyw bach.

"Gofala'r Arglwydd am bawb sy'n ei garu."
Salm 145:20

O Dduw,
helpa fi i ofalu am bawb
sydd o'm cwmpas.
Amen.

Os ydych yn gweld cywion bach yn ystod y gwanwyn a'r rheiny wedi syrthio o'r nyth, beth ydych i fod i wneud efo nhw?

Sant Bartholomeus: y ganrif gyntaf

Y sant yn tawelu'r cŵn

Dyfalbarhad / caredigrwydd

Sant Padrig: y bumed ganrif

Oes gennych chi gi? Pa fath o gi ydi o? Fydd o weithiau yn cyfarth? Ydi o'n un chwareus? Mae'r stori hon yn sôn am gŵn gwyllt a swnllyd. Ond fe dawelodd y sant gyfarthiad y cŵn.

Drwy'r dydd byddai Padrig yn gofalu am y defaid a'r moch. Byddai'n rhedeg i lawr y llethrau ar ôl y defaid. Byddai'r ffermwr yn dod heibio o dro i dro. Fyddai o byth yn dweud gair wrth Padrig. Un diwrnod, pan oedd Padrig yn eistedd ar y graig yn gwylio'r defaid yn pori, teimlai fod Duw yn galw arno. Roedd ef eisiau dweud wrth y bobl i gyd am Dduw. Roedd rhaid gadael y moch a'r defaid.

Un noson, a'r lleuad wedi codi dros y bryn, cychwynnodd Padrig ar ei daith tua'r môr. Doedd yna ddim ffyrdd na llwybrau bryd hynny. Rhaid oedd croesi'r tir a dringo'r mynyddoedd. Cerddodd Padrig drwy'r nos dan olau'r lleuad. Pan dorrodd y wawr, gwelai Padrig fod yna dŷ bychan yn ymyl. Roedd mwg glas-ddu yn codi i'r awyr. Curodd y drws. Daeth hen wreigan i'r drws.

"Rwyt ti ar dy daith yn fore iawn," meddai wrtho. "Tyrd i mewn i gael tamaid i'w fwyta. Dyma i ti ddarn o fara a llymaid o laeth enwyn."

Eisteddodd Padrig wrth ochr yr hen wreigan. Dechreuodd yr hen wreigan holi, "I ble'r wyt ti'n mynd yr adeg yma o'r bore?"

"Rwy'n mynd i lawr tua'r môr. Mae yna long yn hwylio oddi yno," meddai Padrig.

"O! mae'r daith yn hir ac mae hi'n beryglus iawn dros y tir," meddai, " a chofia, bydd di'n ofalus pan ddoi at y tir corslyd."

"Rwyf wedi arfer efo'r math yna o dir. Bugeilio defaid a moch roeddwn i'n arfer ei wneud. Rwy'n cofio tynnu ambell ddafad oedd wedi mynd i drafferthion yn y gors," meddai Padrig wrth yr hen wraig.

"Pan ddoi di at y gors," sibrydodd yr hen wreigan, "fe weli eneth a'i gwallt yn ddu fel y frân, a mantell goch amdani. Bydd hi yn sicr o dy arwain yn saff ar draws y gors."

Cychwynnodd Padrig ar ei daith. Cyrhaeddodd y gors. Ni

welai neb yn unman. Edrychodd i bob cyfeiriad a phwy a welai yn sefyll wrth graig fechan ond y ferch roedd yr hen wraig wedi sôn amdani. Helpodd Padrig i groesi'r gors yn saff. Tynnodd Padrig groes arian o'i boced a'i rhoi i'r ferch ifanc.

"Fe gei di hon i gofio amdana i," meddai Padrig. Ffarweliodd â'r ferch. Ymhen rhai dyddiau cyrhaeddodd y porthladd. Yno, roedd llong yn barod i hwylio. Ond fe gododd storm enbyd. Roedd capten y llong yn barod i gychwyn gyda chŵn hela ar fwrdd y llong. Roedd y cŵn yn anodd i'w trin. Roedd Padrig wedi arfer efo anifeiliaid. Gofynnodd i'r capten, "Ga i helpu i roi trefn ar y cŵn?"

"Na chei," meddai'r capten yn flin. Ond roedd Padrig yn dal i anwesu'r cŵn. Beth oedd yn mynd i ddigwydd os na châi fynd ar y llong. Dechreuodd weddïo, "O Dduw, beth a wnaf yn awr? Agor y ffordd i mi."

Daeth un o'r llongwyr at Padrig, "Mae'r capten yn gofyn fuaset ti'n hoffi dod i'n helpu efo'r cŵn?"

"Wrth gwrs," meddai Padrig. Rhedodd ar fwrdd y llong ac yn syth at y cŵn. Roedden nhw'n cyfarth ac yn udo bob yn ail. Pan ddaeth Padrig i'w plith distawodd y cŵn. Eisteddodd Padrig yn eu canol. Er bod y storm yn dal i guro, penderfynodd y capten gychwyn ar ei daith. Roedd Padrig wedi tawelu'r cŵn beth bynnag.

"Gwyn eu byd y rhai addfwyn."
Mathew 5:5

O Dduw, gwna fi yn berson
caredig a ffeind.
Amen.

Ydych chi'n credu fod yna berthynas arbennig rhwng anifeiliaid a rhai pobl?

Sant Padrig: y bumed ganrif

Gwraig i'r ffermwr

Caredigrwydd / diolchgarwch / dyfalbarhad

Ruth: 1000 cc

Yn ystod mis Hydref, bob blwyddyn, bydd plant yn yr ysgolion yn cynnal gŵyl o ddiolchgarwch am y cynhaeaf. Fyddwch chi'n gwneud hynny yn eich ysgol chi? Fyddwch chi'n dod â ffrwythau a llysiau i'r ysgol? Gŵyl ydi hon i ddiolch i Dduw am y cynhaeaf. Mae'r stori hon yn sôn am gyfnod yn Israel pan nad oedd cynhaeaf. Roedd hi wedi bod mor sych, doedd y ddaear ddim wedi dwyn ffrwyth.

Doedd hi ddim wedi bwrw glaw ers misoedd. Roedd y ddaear yn sych. Doedd dim yn tyfu yn unman. Pan ddaeth y cynhaeaf doedd dim cnwd. Roedd rhaid i'r teuluoedd symud o'r wlad i chwilio am fwyd. Aeth un teulu i fyw i Moab, sef Elimelech, Naomi a'u dau fab. Byddai'n well ganddyn nhw fyw yn Israel, ond roedd rhaid mynd i chwilio am fwyd.

Ar ôl i'r ddau fab dyfu i fyny, priododd y ddau. Orpa a Ruth oedd enwau eu gwragedd. Yna, digwyddodd rhywbeth dychrynllyd. Bu farw Elimelech a'i ddau fab. Roedd Naomi, gwraig Elimelech, yn drist iawn.

"Paid â phoeni," meddai Orpa a Ruth wrthi, "fe wnawn ni ofalu amdanat ti."

Un diwrnod daeth newydd da o Fethlehem, cartref Naomi. Roedd digonedd o fwyd yno erbyn hyn. Roedd hi am fynd yn ôl i'w gwlad ei hun. Dywedodd Ruth ac Orpa y bydden nhw'n mynd efo hi. Doedd Naomi ddim yn hapus i'r genethod ei dilyn i'w gwlad hi.

"Arhoswch chi yma, gwlad Moab ydi'ch gwlad chi," meddai.

Arhosodd Orpa yn ei gwlad ei hun. Aeth Ruth efo Naomi i'w gwlad ac i Fethlehem. Cawsant groeso mawr gan bawb. Roedd pobl Bethlehem yn falch iawn o weld Naomi yn ôl yn ei gwlad ei hun. Cafodd Ruth groeso hefyd. Roedd pawb yn holi sut amser roedden nhw wedi'i gael yng ngwlad Moab.

Bu'r ddwy yn byw mewn tŷ bychan ym Methlehem. Doedd gan y ddwy ddim arian. Roedd Ruth yn poeni.

"Paid â phoeni, Ruth bach," meddai Naomi, "mi fydd Duw

yn siŵr o'n helpu."

"Yn ein gwlad ni," meddai Naomi, "mae'r ffermwyr yn garedig iawn. Maen nhw'n helpu'r bobl dlawd. Ar ôl torri'r ŷd, maen nhw'n gadael ychydig o gwmpas y caeau i'r bobl dlawd. Mae'n nhw'n gwneud yr un fath efo'r ffrwythau ar y coed. Maen nhw'n gadael ychydig ar ôl i'r bobl dlawd."

Bob dydd, byddai Ruth yn y caeau yn casglu'r ŷd. Gyda'r nos byddai'n mynd o gwmpas i gasglu'r ffrwythau oddi ar y coed. Daeth Boas y ffermwr heibio un bore.

Gofynnodd i'w weision, "Pwy ydi'r ferch yna sy'n casglu'r ŷd?"

"Ruth, y ferch ddaeth o Moab gyda Naomi," meddai un o'r gweision. "Mae hi yma bob dydd yn casglu ŷd a gyda'r nos mae hi'n casglu'r ffrwythau."

"Mae hi angen gŵr," meddai Boas. "Fe gaf air gyda'm cefnder. Ac os na wnaiff ef ei phriodi, yna fe wnaf i."

Ar ôl sgwrsio efo'i gefnder, penderfynodd Boas y buasai ef ei hun yn ei phriodi. Yna byddai Boas a Ruth yn gofalu am Naomi. Priododd y ddau. Ganed bachgen bach iddyn nhw. Roedd pawb yn hapus iawn. Obed oedd enw'r bachgen bach. Bu'r teulu bach fyw yn hapus iawn ym Methlehem.

"...oherwydd i ble bynnag yr ei di, fe af finnau."
Ruth 1:16

Diolch i Ti, O Dduw,
am gyfeillgarwch teulu a ffrindiau.
Amen.

Pa eiriau byddech chi yn eu defnyddio
i ddisgrifio Ruth?

Ruth: 1000 cc

Paratoi'r ffordd ar gyfer Iesu Grist

Ufudd-dod / gostyngeiddrwydd / dyfalbarhad

Cyn i Iesu Grist gael ei eni, aeth Mair ei fam i weld Elisabeth. Roedd hi hefyd yn disgwyl babi bach. Bu Mair yn aros efo hi am ychydig o amser. Mae'r stori hon yn sôn am Elisabeth a'i gŵr Sachareias. Offeiriad yn y deml oedd Sachareias.

Ble roedd Sachareias? Roedd Elisabeth, ei wraig, wedi bod yn y drws sawl tro. Ond doedd yna ddim golwg ohono. Bu'n gwylio'r plant yn chwarae ar y stryd.

"Mi fuaswn i wrth fy modd petawn i wedi cael plant," meddai wrthi'i hunan. Roedd hi a'i gŵr Sachareias wedi bod yn ddigon trist. Ond, yn awr, roedden nhw mewn gwth o oedran. Edrychodd drwy'r drws unwaith yn rhagor. Yn y pellter fe'i gwelai yn dod. "O'r diwedd," meddai. "Ble mae o wedi bod?"

Offeiriad yn y deml oedd Sachareias. Rhedodd i'w gyfarfod. "Lle'r wyt ti wedi bod? Rwyt ti'n hwyr iawn heddiw."

Ond doedd Sachareias ddim yn gallu dweud gair o'i ben. Brysiodd Sachareias i'r tŷ a dechreuodd ysgrifennu. "Elisabeth," ysgrifennodd, "fedra i ddim siarad. Pan oeddwn i yn y deml fe ddaeth angel Duw ataf. Fe ddywedodd wrthyf ein bod am gael babi bach. Wnes i mo'i gredu. Am hynny, fedra i ddim siarad nes bydd y babi bach wedi cael ei eni."

Doedd Elisabeth ddim yn gwybod beth i'w ddweud. Ond roedd hi'n credu yr hyn roedd yr angel wedi ei ddweud. Roedd hi, droeon, wedi gofyn i Dduw a fyddai hi'n cael babi bach. Yn awr, roedd Duw wedi ateb ei gweddïau.

Roedd yna waith mawr i'w wneud. Aeth i weld y saer. Gofynnodd i'r saer wneud crud i'r babi bach. Aeth i weld y wniadwraig. Gofynnodd iddi hi wnïo dillad i'r babi bach. Roedd pobl y pentref yn falch iawn o glywed y newydd da. Yr unig ateb oedd gan Elisabeth bob tro,

"Mae Duw wedi bod yn dda efo ni."

Daeth y diwrnod mawr. Rhoddodd Elisabeth enedigaeth i fachgen bach. Daeth pobl y pentref i'w weld ac i roi anrhegion iddo. Pan oedd y babi bach yn wythnos oed, cafwyd parti mawr yn nhŷ Elisabeth a

Sachareias: y ganrif gyntaf

Sachareias. Daeth pawb yn y pentref i'r parti. Cafodd y bachgen bach lawer iawn o anrhegion. Holodd rhai o'r pentrefwyr,

"Ydych chi wedi meddwl am enw i'r bachgen?"

"Sachareias, wrth gwrs," meddai un arall o'r pentrefwyr.

Ond roedd yr angel wedi dweud wrth Sachareias beth fyddai enw'r bachgen.

Dywedodd Elisabeth wrth y bobl, "Ioan fydd ei enw, oherwydd dyna ddywedodd yr angel wrth Sachareias."

"Beth mae'r tad yn ei ddweud?" gofynnodd un arall o'r pentrefwyr.

Ysgrifennodd Sachareias, "Ioan fydd enw'r bachgen bach."

Yna'n sydyn dechreuodd Sachareias siarad unwaith eto. Dechreuodd siarad efo'r pentrefwyr. Dywedodd mor dda oedd Duw wedi bod wrth ei wraig ac ef. Roedd pawb yn hapus iawn. Ond roedd gan Sachareias rywbeth arall i'w ddweud wrthyn nhw.

"Mae'r angel wedi dweud y bydd y babi yma'n dod yn ddyn pwysig iawn ar ôl iddo dyfu. Mae Duw wedi ei ddewis i wneud popeth yn barod ar gyfer Mab Duw. Bydd Ioan yn sôn wrth y bobl am Fab Duw. Bydd yn dysgu'r bobl sut i fyw yn dda."

Roedd y bobl i gyd wedi rhyfeddu. Roedd Elisabeth a Sachareias yn hapus iawn.

"Paid ag ofni, Sachareias...bydd dy wraig Elisabeth yn esgor ar fab i ti, a gelwi ef yn Ioan."

Luc 1:13

Diolch i ti, O Dduw,
am Ioan Fedyddiwr.
Ef oedd yn paratoi'r ffordd
ar gyfer Iesu Grist.
Amen.

Ydych chi'n meddwl fod Elisabeth a Sachareias yn hapus gyda'r newydd?

Sachareias: y ganrif gyntaf

Ffrind yr anifeiliaid i gyd

Gostyngeiddrwydd / gofal / dewrder

Sant Ffransis: 1181-1226

Pa fath o anifail sydd gennych chi? Oes gennych chi gi, cath, cwningen, bwji neu bysgodyn aur? Mae rhai pobl yn cadw anifeiliaid gwahanol iawn. Mae rhai pobl yn cadw neidr neu bry cop mawr blewog. Roedd Sant Ffransis yn ffrind i'r anifeiliaid i gyd. Roedd ef yn hoffi pob anifail, hyd yn oed y rhai roedd pobl yn eu casáu. Dyma hanes Sant Ffransis a'r blaidd.

Ar ei ffordd i'r farchnad gwelodd Sant Ffransis ddyn yn cario cawell. Yn y cawell roedd nifer o adar lliwgar.

"Peidiwch â'u gadael mewn cawell," meddai Ffransis wrth y perchennog. "Gollyngwch nhw'n rhydd." Ac fe wnaeth y perchennog ar ei union. Ar ôl iddyn nhw gael eu gollwng, dyma'r adar yn hedfan a glanio ar ysgwydd ac ar ben Sant Ffransis. Pan fyddai'r Sant yn gorffwyso o dan goeden byddai'r adar yn dod a hedfan ar ganghennau'r goeden. Yna, mi fydden nhw'n canu'n swynol. Byddai'r Sant wrth ei fodd yn eu clywed yn canu.

Yna gyda'r nos byddai'n dweud wrth yr adar bach, "Byddwch ddistaw, ewch i gysgu." Ac ymhen dim byddai'r adar i gyd wedi tawelu ac wedi mynd i gysgu'n ddistaw bach ym mrigau'r coed.

Un diwrnod, daeth Sant Ffransis i bentref bychan lle roedd pawb yn byw mewn ofn. Ar gwr y pentref, yn y goedwig dywyll, roedd blaidd peryglus yn byw. Gyda'r nos, pan fyddai'n dechrau tywyllu, byddai'r blaidd yn dod i mewn i'r pentref. Pan glywai'r pentrefwyr fod y blaidd yn dod fe fydden nhw'n rhedeg i mewn i'w tai a chloi'r drysau'n dynn. Gofynnodd y pentrefwyr i Sant Ffransis eu helpu nhw.

"Fe wnawn ni dy helpu," meddai'r dynion. Cychwynnodd y dynion gyda ffyn a phastynau, ond meddai Ffransis wrthyn nhw,

"Does dim angen ffyn a phastynau, gadewch i mi fynd i siarad efo fy mrawd, y blaidd."

Cerddodd Ffransis yn araf tua'r goedwig.

"Cymer di bwyll," meddai un o'r pentrefwyr wrtho.

"Fe fydd o'n siŵr o dy ladd di," meddai un arall.

Ond ymlaen yr aeth Ffransis. Pan gyrhaeddodd y goedwig,

daeth y blaidd yn syth amdano.

"Ara deg, rŵan," meddai'r Sant. "Paid ti â gwneud dim drwg i mi." Ac yn sydyn, dyma'r blaidd yn gorwedd wrth draed Ffransis.

"Tyrd efo fi i'r pentref," meddai wrth y blaidd. Dilynodd y blaidd ef i'r pentref. Roedd y pentrefwyr i gyd wedi synnu. Roedd y blaidd mor ufudd. Ar ôl hynny, bu'r blaidd yn mynd a dod rhwng y pentref a'r goedwig. Byddai'r pentrefwyr yn gadael bwyd iddo yn eu gerddi. Byddai yntau'n bwyta'n awchus ac yna'n mynd yn ôl i'r goedwig. Fe ddaeth y pentrefwyr a'r blaidd yn ffrindiau mawr.

"...yn Nuw yr wyf yn ymddiried heb ofni."
Salm 56:11

Roedd yr adar a'r anifeiliaid
yn ymddiried yn y Sant.
Helpa fi i ymddiried ynot ti, O Dduw.
Amen.

Ydych chi'n meddwl ei bod yn bwysig ymddiried mewn pobl eraill?
Ydi o'n bwysig ymddiried yn Nuw?

Sant Ffransis: 1181–1226

Y proffwyd ym mol y morfil

Anufudd-dod / ymddiriedaeth

Pan fydd mam neu dad yn dweud bod rhaid gwneud rhywbeth, beth fyddwch chi yn ei wneud? Gwneud yn hollol groes! Mae'n amser gwely. Na, dydw i ddim eisiau mynd i'r gwely. Mae'r stori hon yn sôn am ddyn a wnaeth yn hollol groes i'r hyn roedd Duw eisiau iddo fo ei wneud.

Un diwrnod dywedodd Duw wrth y proffwyd Jona, "Rwyf eisiau i ti fynd i ddinas Ninefe. Mae'n ddinas fawr. Rwyf am i ti ddweud wrthyn nhw am newid eu ffyrdd a byw yn dda."

Roedd pobl Ninefe yn elynion i Dduw. Roedd Jona am i Dduw eu lladd. Doedd ef ddim eisiau mynd i ddinas Ninefe.

"Yr unig beth fydd yn digwydd," meddai Jona wrtho'i hun, "fe fydd y bobl yn dweud bod yn ddrwg ganddyn nhw ac yna bydd Duw yn maddau iddyn nhw. Dydw i ddim eisiau mynd i Ninefe."

Felly, aeth Jona i'r cyfeiriad arall. Aeth cyn belled ag y medrai o Ninefe. Aeth i lan y môr. Yno roedd llong yn barod i hwylio. Hwyliodd y llong ar y môr. Roedd Jona'n teimlo'n hapusach. Doedd Duw ddim wedi siarad efo fo ers amser. Efallai bod Duw wedi anghofio amdano! Ac yn sicr, doedd o ddim yn mynd i Ninefe.

Cododd storm enbyd. Roedd ar y morwyr i gyd ofn. Aeth Jona i gysgu ar waelod y llong, "Mi fydd y storm wedi tawelu pan wna i ddeffro," meddai.

Roedd capten y llong yn flin efo Jona. Aeth i ddeffro Jona a gofyn iddo pam roedd yn cysgu. "Pam na wnei di weddïo ar Dduw i'th helpu?"

"Arna i mae'r bai i gyd. Y fi sydd wedi gwrthod gwrando ar Dduw. Os taflwch fi dros ochr y llong i'r môr, efallai y bydd y storm yn tawelu," sibrydodd Jona wrth y capten.

Y munud hwnnw, ar ôl taflu Jona i'r môr, fe dawelodd y storm. Roedd y capten a'r criw wedi synnu. Meddai'r capten wrth y criw,

"Mae'n rhaid bod gan Jona Dduw arbennig iawn. Mae hyd yn oed y storm wedi gwrando ar ei lais." Roedd rhai o griw'r llong yn dal mewn ofn.

Ar ôl i Jona gael ei daflu i'r môr, daeth pysgodyn mawr a'i lyncu'n fyw. Roedd ar Jona ofn ym mol y pysgodyn. Roedd hi'n wlyb ac yn dywyll yno.

Dechreuodd Jona weddïo ym mol y pysgodyn mawr, "O Dduw," meddai, "rwyf yn gwybod fy mod wedi bod yn ddyn ffôl. Doeddwn i ddim eisiau mynd i Ninefe. Doeddwn i ddim eisiau gwrando arna ti."

Ar ôl tri diwrnod, dyma'r pysgodyn yn poeri Jona ar draeth o dywod braf.

"Yn awr," meddai Duw, "paid â bod yn wirion. Dos i Ninefe fel y dywedais wrthyt yn y lle cyntaf."

Ufuddhaodd Jona.

Ar ôl cyrraedd Ninefe, dywedodd Jona wrth bobl y ddinas fod Duw yn ddig iawn wrthyn nhw. "Os na fyddwch chi'n ufuddhau, yna bydd Duw yn troi arnoch."

Gwrandawodd y bobl ar y proffwyd. Felly doedd dim rhaid i Dduw ddisgyblu'r bobl. Eisteddodd Jona ar gwr y ddinas a phwdu. Roedd hi'n chwilboeth a chododd Duw goeden i roi cysgod i Jona. Erbyn y bore, roedd y goeden wedi marw. Doedd yna ddim cysgod i Jona wedyn.

"Pam wyt ti'n pwdu unwaith eto?" gofynnodd Duw.

"Rwy'n flin am fod y goeden wedi marw," atebodd Jona.

Meddai Duw wrtho, "Fi wnaeth y goeden ac rwyt ti wedi pwdu am ei bod hi wedi marw. Fi wnaeth bobl Ninefe hefyd. Os wyt ti yn teimlo'n ddig am fod y goeden wedi marw, wyt ti'n meddwl y dylwn innau fod yn drist am fy mhobl? Maen nhw'n fyw ac fe ddylet ti fod yn hapus, Jona."

"Gelwais ar yr Arglwydd yn fy nghyfyngder, ac atebodd fi."

Jona 2:2

O Dduw, os gweli'n dda,
paid â gadael i mi gael fy ffordd fy hun
bob tro.
Amen.

Pam oedd Jona'n gwrthod gwrando ar Dduw?

Jona: wythfed ganrif cc

CYFNOD ALLWEDDOL 2

Siaced achub i arall

Cryfder / gofal

John Harper: 1872–1912

Am hanner dydd, Ebrill 10, 1912, hwyliodd y *Titanic* o borthladd Southampton ar ei thaith i Efrog Newydd. Ar ei bwrdd roedd John Harper, gweinidog o'r Alban a'i ferch chwech oed, Nan. Roedd pawb ar fwrdd y llong yn edrych ymlaen yn eiddgar am y daith. Pawb? Roedd rhai o griw y llong braidd yn anhapus. Roedd dau beth yn eu poeni. Roedd sbienddrych wedi ei ddwyn o'r *crow's nest*, sef y man syllu ar y llong. A hefyd dim ond digon o fadau achub ar gyfer mil a dau gant o bobl oedd yna. Ar fwrdd y llong roedd dwy fil a dau gant! Ond roedd yna un peth arall na wyddai neb, hyd yn oed y capten ei hun. Y mynyddoedd rhew oedd yng nghanol y môr!

Pan oedd John Harper yn 13 oed aeth i wrando, yn ôl ei arfer, ar bregethwr yn ei gapel. Darllenodd y pregethwr o Efengyl Ioan, "Do, carodd Duw y byd gymaint nes iddo roi ei unig Fab, er mwyn i bob un sy'n credu ynddo ef beidio â mynd i ddistryw..." Y munud hwnnw roedd John yn gwybod bod Duw'n ei alw i fod yn bregethwr. Bu'n gweithio yn ardal Glasgow yn yr Alban a daeth yr alwad iddo fynd i America i sôn am Iesu Grist. Dyma pam roedd ar y *Titanic*.

Mae hi bron yn hanner nos, Ebrill 14. Mae hi'n noson dywyll, dim golwg o'r lleuad yn unman. Yn sydyn, mae'r llong yn taro yn erbyn rhywbeth. Mae yna sŵn rhygnu – dim ond am ychydig eiliadau. Mae darnau o rew yn taro ar ddec y *Titanic*. Mae rhywbeth yn digwydd i'r llong – mae hi wedi taro mynydd iâ! Mae'r alwad yn dod i bawb roi ei siaced achub amdano a mynd yn gyflym tua'r badau achub.

"Y gwragedd a'r plant gyntaf," oedd y neges. Ar ôl i'w thad roi cusan i'w ferch Nan, mae hi'n cael ei harwain i'r bad achub gan griw y *Titanic*.

Mae'n banig llwyr ar fwrdd y llong. Yr ansuddadwy! Roedd hi'n suddo'n gyflym. Yn sydyn iawn, mae'r teithwyr yn sylweddoli nad oes digon o fadau achub. Doedd gan lawer o'r teithwyr ddim siacedi achub. Tynnodd John ei siaced a'i rhoi i ddieithryn. Plymiai'r llong yn is ac yn is. Neidiodd i'r dŵr rhewllyd. Clywai lawer o sgrechian, eraill yn galw am eu hanwyliaid. Dechreuodd John weiddi yn uwch na'r lleill, "Credwch yn Iesu Grist ac mi fyddwch chi fyw am byth."

Daliai ati i weiddi ar dop ei lais. Roedd un dyn yn dal i afael yn dynn mewn rhan o'r *Titanic*. Roedd y darn mawr hwn wedi dod yn rhydd o'r llong. Clywodd y dyn lais John yn dal i weiddi, "Credwch yn Iesu Grist..." ond yn fuan distawodd y llais. Roedd John wedi boddi yn nyfroedd oer yr Iwerydd.

Y noson honno, bu farw 1,502 o bobl. Ond achubwyd y dyn oedd yn dal i grafangu ar ddarn o'r llong. Soniodd droeon am y llais oedd yn galw yn y tywyllwch. Do, fe ddaeth yn ffrind da i Iesu Grist.

Beth am Nan? Do, fe'i hachubwyd hithau a dychwelodd i'r Alban ac yno y bu hi weddill ei hoes. Ond beth am y person hwnnw a gafodd siaced achub John? Does neb yn gwybod. Ond un peth pwysig i'w gofio ydi bod John wedi cofio'r adnod honno a glywodd pan oedd yn 13 oed. Roedd Duw wedi rhoi ei Fab. Rhoddodd John ei siaced achub hefyd i rywun arall. Gwyddai mai dyna oedd Duw eisiau iddo fo ei wneud.

John Harper: 1872–1912

"Annog hwy ... i fod yn gyfoethog mewn gweithredoedd da."

1 Tim. 6:18

O Dduw, diolch am bobl ddewr.
Pobl sy'n barod i feddwl am eraill hyd yn oed pan fydd eu bywydau nhw eu hunain mewn perygl.
Amen.

Fuasech chi wedi rhoi eich siaced achub i rywun arall?
Pam?

Nyrs ym Morocco

Dyfalbarhad / penderfyniad

Dyna ddiwedd arni! Roedd hi wedi cael ei dal. Y gath o bawb. Ie, dyna lle'r oedd y gath yn gorwedd yn dorllwyth ar y tabledi a'r moddion oedd ar y troli. Ond sut ddaeth y gath i mewn i'r ysbyty? Beth petai'r meddygon yn cael clywed am hyn? Cwynodd un o'r cleifion, a bu'n rhaid i Patricia'r nyrs fynd i weld awdurdodau'r ysbyty.

Gofynnwyd iddi, "Ydych chi'n meddwl, Patricia, eich bod eisiau bod yn nyrs? Oni fyddai'n well i chi chwilio am waith arall? Yn ôl y manylion sydd gennym amdanoch, rydych wedi bod yn sâl am wythnos ac yna ddechrau'r wythnos roedd yna gath yn cysgu ar y troli. Y troli oedd yn cario'r moddion i'r cleifion. Dydi hyn ddim yn ddigon da…"

Ar ôl y cyfarfod, aeth Patricia am dro ar hyd y stryd. 1943 oedd hi ac roedd angen nyrsys gan fod y wlad yng ngafael rhyfel. Roedd wedi teimlo fod Duw wedi ei galw i fod yn nyrs. Ond roedd hi'n gwybod ei bod wedi bod yn sâl am wythnos a doedd hynny ddim yn help i unrhyw ysbyty. Ac wedyn y gath…!

Ei phroblem oedd ei bod yn ofni'r Metron. Roedd hi'n teimlo'n fethiant llwyr. Er ei mwyn ei hun ac er mwyn pobl eraill, efallai y buasai'n well iddi roi… Ac yna ar boster mawr tu allan i'r orsaf fe welodd blacard enfawr ac adnod o'r Beibl arno, "Dywedodd Iesu, 'Wyt ti'n credu y galla i wneud hyn?' Roedd hi'n gwybod bod Duw yn siarad efo hi. "Wyt ti'n credu, Patricia, y galla i dy helpu di yn dy waith?" Yn y fan a'r lle derbyniodd help Duw. Oedd, roedd Duw yn barod i'w helpu hi!

Aeth yn ôl i'r ysbyty. Cafodd air â'r Metron. Roedd wedi newid ei hagwedd yn gyfan gwbl. Ar ôl y diwrnod hwnnw fu hi ddim yn sâl ac fe wnaeth yn saff nad oedd y gath yn mynd i gysgu ar y tabledi a'r moddion!

Ar ôl i'r rhyfel ddirwyn i ben, cafodd alwad gan ei brawd i fynd i'w helpu i ysbyty ym Morocco. Roedd hwn yn waith anodd iawn. Roedd rhaid dysgu iaith newydd sbon ynghyd â dysgu am arferion y wlad. Ar y cychwyn, doedd y trigolion ddim yn ei derbyn. Gwraig ddieithr oedd hi. Doedd hi ddim yn siarad eu hiaith nac yn deall eu harferion.

Ond un diwrnod, pan oedd Patricia ar ei ffordd i'r ysbyty, rhedodd un o'r brodorion ar ei hôl gan weiddi, "Hei, nyrs, nyrs, fedrwch chi fy helpu?"

Roedd ganddi fabi bach yn ei chôl. Edrychodd Patricia ar y babi bach ac fe welodd fod ei amrannau yn sownd yn ei gilydd a'i lygaid wedi chwyddo.

"Neithiwr," meddai mam y babi wrthi, "fe ges i freuddwyd. Fe ddywedodd rhywun mewn dillad gwyn wrtha i am fynd â'r babi at y nyrs yn yr ysbyty."

Rhoddodd Patricia eli ar lygaid y plentyn a dweud wrth y fam am iro ei lygaid dair gwaith y dydd. Aeth y fam â'r babi bach allan o'r ysbyty yn hapus iawn. Roedd Patricia yn gwybod fod Duw wedi ei galw i fod yn nyrs ym Morocco. Roedd yr hyn roedd mam y babi bach wedi'i ddweud wrthi wedi cadarnhau hyn. Roedd hi mor hapus ei bod yn gallu gwneud gwaith roedd Duw eisiau iddi ei wneud. Ac yno, ym Morocco, y bu Patricia St John farw ym 1993.

"Paid ag arswydo na dychryn, oherwydd yr wyf fi, yr Arglwydd dy Dduw, gyda thi ple bynnag yr ei."
Josua 1:9

O Arglwydd,
mi fydda i weithiau yn teimlo fel roedd Patricia,
yn dda i ddim.
Pob dim yn mynd o'i le,
ac er i mi drio fy ngorau,
dydi fy ngorau ddim digon da weithiau.
Os gweli di'n dda, wnei di fy helpu?
Amen.

Fyddwch chi weithiau'n teimlo'n fethiant? Er eich bod wedi ceisio gwneud eich gorau, mae pethau'n dal i fynd o chwith. Ydi gofyn am help yn beth da ar achlysur fel hyn? Help gan bwy?

Patricia St John: 1923–1993

Y sant ddaeth â goleuni i'r byd

Cryfder / gostyngeiddrwydd

Pan fyddwch chi'n dod at eich gilydd i'r gwasanaeth fyddwch chi'n dweud "Ein Tad" efo'ch gilydd? Gelwir y weddi hon yn "Weddi'r Arglwydd." Gweddi ydi hi o waith Iesu Grist. Mae pobl eraill wedi ysgrifennu gweddïau hefyd. Yn y stori hon, cawn hanes Bernard o Ddyffryn y Goleuni. Ysgrifennodd ef weddi:

"O Dduw amddiffyn ni rhag popeth drwg, trwy Iesu Grist ein Harglwydd. Amen."

Roedd rhai o'r mynaich hyn yn grwgnach ymhlith ei gilydd.

"Mae'n rhaid i ni gael trefn ar y mynaich ieuanc yma. Roeddwn i'n sylwi neithiwr bod rhai ohonyn nhw wedi esgeuluso'r hwyrol weddi..."

Torrodd un arall ar ei draws, "A'r bore yma dim ond dau ohonyn nhw oedd yn y foreol weddi. Mae pethau wedi llacio'n arw iawn yn y fynachlog yma."

Penderfynodd y ddau fynach adael y fynachlog a mynd ati i adeiladu mynachlog newydd. Ond ar ôl adeiladu'r fynachlog hon roedd rhai o'r mynaich yn dechrau cwyno eto. Erbyn hyn, roedd bywyd yno'n llawer rhy gaeth. Dechreuodd y mynaich adael fesul un. Credai'r Abad y byddai'n rhaid cau'r fynachlog.

Un noson, a'r mynaich ar fin noswylio, daeth cnoc ar y drws.

"Pwy sydd yna yr adeg yma o'r nos? Fe gei di fynd i'r drws i weld pwy sydd yna," meddai'r Abad wrth un o'r mynaich.

Aeth yntau i'r drws. Roedd tua deg ar hugain o wŷr ieuanc cyhyrog wrth y drws.

"Arhoswch yma, mi af i nôl yr Abad," meddai'r mynach. Aeth nerth ei draed i chwilio am yr Abad. Daeth yntau i'r drws i'w gweld.

"Ydych chi wedi dod yma i'n lladd ni?" holodd.

"O na," meddai un o'r dynion. "Rydym wedi dod â thangnefedd Duw gyda ni."

"Croeso i'r fynachlog," meddai'r Abad, "fe gewch groeso a lletty dros nos."

"Dydyn ni ddim eisiau llety dros nos," atebodd un o'r dynion, "rydym ni eisiau aros yma efo chi am byth."

Aeth ymlaen i ddweud wrth yr Abad, "Bernard yw f'enw i.

Rydw i yn fab yr Arglwydd Fontaines. Fy mrodyr a'm ffrindiau ydi'r rhain ac mi rydyn ni i gyd eisiau ymuno â chi yn y fynachlog."

"Dyma ateb Duw i'n gweddïau," meddai'r Abad. "Roeddem yn credu y buasai'n rhaid i ni gau'r fynachlog, ond erbyn hyn bydd y fynachlog yn llawn. Ond cofiwch, mae bywyd yma yn anodd iawn. Mae'n union fel bywyd milwr sy'n barod i fynd i frwydr."

"O! peidiwch â phoeni," meddai Bernard, "milwyr ydi'r rhan fwyaf o'r dynion yma. Rydym yn gwybod yn iawn beth ydi bywyd caled, caeth."

Ar ôl dwy flynedd efo'i gilydd yn y fynachlog, anfonwyd Bernard a chriw o'r mynaich i agor mynachlog newydd. Dewisodd Bernard lecyn hyfryd ar lan afon mewn dyffryn a elwid yn Ddyffryn Chwerwder. Ar ôl adeiladu'r fynachlog, roedd bywyd yn anodd iawn i'r mynaich. Doedd dim bwyd ar eu cyfer a doedd dim arian ar gael i brynu bwyd.

Meddai Bernard wrth y mynaich un diwrnod, "Gofynnwn am fara yn enw Duw."

Pan aeth un o'r mynaich am dro i'r goedwig, yn ôl ei arfer daeth ar draws dyn mewn gwisg laes. Bu'r ddau yn sgwrsio am hir, "Ond cyn i ti fynd," meddai'r dyn yn y wisg laes, "ydw i'n iawn eich bod yn brin o fara yn y fynachlog?"

Roedd y mynach wedi rhyfeddu o'i glywed yn dweud hyn. Aeth yn ôl yn llawen iawn a dywedodd ei stori wrth Bernard.

"O hyn ymlaen," meddai yntau, "nid Dyffryn Chwerwder fydd enw'r dyffryn hwn ond Dyffryn y Goleuni neu Clairvaux." A dyna pam y gelwir Abad cyntaf y fynachlog hon yn Bernard o Clairvaux.

Bernard o Clairvaux: 1090–1153

"Myfi yw goleuni'r byd."
Ioan 8:12

O Dduw,
amddiffyn ni rhag popeth drwg,
trwy Iesu Grist ein Harglwydd.
Amen.

Fyddech chi'n hoffi byw mewn mynachlog neu leiandy?
Pa werth sydd yna o fyw bywyd fel hyn?

Byw i weddïo, gweddïo i fyw

| Ufudd-dod / ymddiriedaeth |

Michel Quoist: 1921-

Offeiriad a chaplan yn yr Eglwys Babyddol oedd Michel Quoist. Yn 60au'r ganrif ddiwethaf ysgrifennodd lyfr o weddïau yn Ffrangeg. Cyfieithwyd y gweddïau hyn i dros bump ar hugain o wahanol ieithoedd. Mae llawer ohonyn nhw wedi eu cyfieithu i'r Gymraeg. Dyma gyfle i holi Michel Quoist.

Beth yn union oedd eich gwaith?

Offeiriad yn yr Eglwys Babyddol yn Ffrainc oeddwn i. Roeddwn ar un cyfnod yn Gaplan Ieuenctid, hynny yw, roeddwn yn gofalu am bobl ifanc yn ardal Le Havre. Ond nid gyda'r bobl ifanc yn unig roeddwn yn gweithio ond gyda phawb. Hen ac ifanc. Myfyrwyr a gweithwyr yn y porthladd. Roeddwn i am i bawb glywed am Dduw.

Pam yr aethoch ati i ysgrifennu llyfr o weddïau?

Wrth feddwl am Dduw, rydyn ni'n meddwl am Dduw sydd wedi creu'r byd. Ac mae hynny'n wir, wrth gwrs. Ond fe all ein syniad am Dduw felly greu yn ein meddyliau Dduw sy'n bell, bell oddi wrth ei bobl. Yn y gweddïau rydw i eisiau dangos bod Duw yn Dduw agos iawn atom. Mae o'n Dduw sy'n rhan o fywyd bob dydd pob un ohonom. Hwn ydi Duw y stryd, y cae pêl-droed, y swyddfa a'r ysgol. Mae Duw yn Dduw real ac felly mae gweddi yn beth real iawn ym mywyd pob un ohonom.

Beth felly ydi cefndir y llyfr?

Gan fy mod yn cyfarfod â gwahanol fathau o bobl yn fy ngwaith bob dydd, roeddwn hefyd yn gwybod am eu problemau. Nid wrth fy nesg yn y tŷ roeddwn i'n creu'r gweddïau hyn, ond roedden nhw'n codi o fywyd bob dydd pobl gyffredin. Ar ôl i mi ysgrifennu'r gweddïau, ces gyfle wedyn i'w trafod efo pobl oedd yn aelodau yn fy eglwys. Fe ddaeth y gweddïau hyn i fod o brofiadau pobl yn chwilio am Dduw ym mhroblemau a llawenydd bywyd. Penawdau rhai o'r gweddïau hyn ydi , "Teliffon", "Tractor", "Yn yr ysbyty", "Yn nhŷ ffrind". Pethau bob dydd ydi'r rhain i gyd. Ac fe wnawn ni ddarganfod Duw yn y pethau hynny.

Oes gennych chi neges i bobl ifanc heddiw?

Oes, yr un neges oedd gen i pan ysgrifennais i fy llyfr. Rwy'n credu bod llawer o bobl ifanc a phobl o bob oed wedi cael digon ar gymdeithas faterol. Mae rhai pobl yn credu mai arian ydi popeth. Dim ond cael digon o arian ac yna fe allwn gael unrhyw beth. Y cwestiwn i lawer heddiw ydi nid, "sut i fyw" ond "pam byw". Y neges ydi darganfod Duw ac yna bydd hynny yn rhoi ystyr i fywyd.

Gawn ni glywed rhan o un o'ch gweddïau?

Y Teliffon

Mi rydw i newydd orffen ar y ffôn. Pam y canodd y ffôn?
Dydw i ddim yn gwybod...O! mi rydw i yn deall yn awr.
Fe siaradais i lawer a gwrando fawr ddim.
Maddau i mi, Arglwydd, nid deialog oedd yna.
Gan nad oeddwn i'n gwrando, ddysgais i ddim.
Gan nad oeddwn i'n gwrando, wnes i ddim helpu.
Gan nad oeddwn i'n gwrando, wnaethon ni ddim cyfathrebu.
Maddau i mi, Arglwydd, roeddwn i'n siarad, a dim ond y fi,
ond yn awr mae'r llinell yn fud.

Michel Quoist, diolch i chi am rannu eich profiadau efo ni.

"Daliwch ati i weddïo."

Rhufeiniaid 12:12

O Dad,
weithiau dydw i ddim eisiau gwneud dim byd,
dim ond eistedd a synfyfyrio,
meddwl am ddim byd na gwneud dim byd.
Mae'n siŵr dy fod yn deall.
Amen.

Beth am fynd ati i lunio gweddïau ar bethau bob dydd bywyd?

Michel Quoist: 1921–

Brawd Seimon Pedr

Gostyngeiddrwydd / ffyddlondeb

Andreas: y ganrif gyntaf

Ydych chi'n cofio faint o ddisgyblion oedd gan Iesu Grist? Ie, dyna chi, deuddeg. Ond ydych chi'n gwybod pwy oedd disgybl cyntaf Iesu? Rwy'n siŵr eich bod yn gwybod enw ei frawd. Pedr! Pwy oedd brawd Pedr? Mae'r stori hon yn sôn am frawd Seimon Pedr, sef Andreas.

Brodyr oedd Pedr ac Andreas. Pysgotwyr oedden nhw yn byw ar lan môr Galilea. Enw'r pentref oedd Capernaum. Cyn dod yn ddisgybl i Iesu, roedd Andreas wedi bod yn ddisgybl i Ioan Fedyddiwr. Byddai Ioan yn pregethu yn yr anialwch. Dylifai tyrfaoedd o bobl yno i'w glywed.

"Rwyf yn paratoi'r ffordd ar gyfer rhywun mwy na mi," meddai Ioan wrth y bobl. "Hwn fydd Mab Duw ei hun. Fydda i ddim yn deilwng i ddatod carrai'i esgidiau."

Roedd pawb yn disgwyl am Fab Duw. Pan oedd Iesu yn mynd heibio un diwrnod dywedodd Ioan Fedyddiwr,

"Wele Oen Duw." Roedd Andreas bellach yn gwybod bod Iesu yn Fab i Dduw. Rhedodd at lan y llyn i ddweud wrth ei frawd Pedr, "Tyrd efo mi i gael gweld Mab Duw ei hun." Ufuddhaodd Pedr ac aeth gyda'i frawd.

Pan welodd Iesu y ddau frawd, fe ddywedodd wrthyn nhw am adael eu gwaith fel pysgotwyr: "Dewch efo mi ac mi fyddwch chi'n dal pobl yn awr."

A dyma fo'n dweud wrthyn nhw am ddod â'u ffrindiau efo nhw, sef Iago ac Ioan. Y pedwar yma oedd y rhai cyntaf i ddod yn ddisgyblion i'r Iesu. Nhw oedd y pedwar cyntaf yn y tîm o ddeuddeg. Pedr, brawd Andreas, ddaeth yn gapten ar y tîm. Ys gwn i sut oedd Andreas yn teimlo? Ef, wedi'r cwbwl, oedd y cyntaf i ddarganfod Iesu. Efallai nad oedd Andreas eisiau bod yn gapten ar y tîm. Gwell oedd ganddo fod yn rhan o'r tîm. Er nad ydyn ni'n gwybod llawer am Andreas, dydi hynny ddim yn dweud nad oedd o'n bwysig yn y tîm.

Bu Andreas yn weithgar iawn ar hyd ei oes. Aeth i wahanol wledydd i sôn am Iesu Grist. Bu farw yng Ngwlad Groeg. Am ei fod yn un o ddilynwyr Iesu, cafodd ei groeshoelio. Doedd llawer o'r bobl oedd yn byw yng nghyfnod Andreas ddim yn hoffi clywed am Iesu Grist. Fe fyddai'r bobl yn lluchio cerrig atyn nhw, neu eu rhoi yn y carchar. Fe gafodd Andreas ei groeshoelio ar groes siâp X. Pan oedd ar y groes bu'n pregethu a dysgu am Iesu i'r funud olaf.

Andreas ydi nawddsant yr Alban. Mae yna stori sy'n dweud bod un o drigolion Patras, lle cafodd Andreas ei groeshoelio, wedi cael breuddwyd. Yn y freuddwyd, dywedodd Duw wrtho am fynd â rhan o gorff Andreas efo fo. Byddai Duw yn ei arwain i wlad arall. Y wlad honno oedd yr Alban. Adeiladodd eglwys yno mewn lle a elwir heddiw yn St Andrews. Pan fydd yr Alban yn chwarae gemau pêl-droed neu rygbi bydd baner yr Alban yn chwifio. Baner las ydi hon a chroes wen arni. Baner Andreas. Na, does neb yn cael anghofio am y disgybl tawel. Byddwn yn cofio am Andreas ar y 30 o Dachwedd bob blwyddyn.

"Andreas, brawd Simon Pedr, oedd un o'r ddau a aeth i ganlyn Iesu ar ôl gwrando ar Ioan."

Ioan 1:40

O Dduw,
weithiau mi ydw i eisiau bod yn geffyl blaen.
Y fi a dim ond y fi.
Helpa fi i gofio am Andreas.
Fe ddaeth â'i frawd, Pedr, at Iesu
ac wedyn fe roddodd y lle blaenaf i Pedr.
Pedr yn gyntaf, Andreas yn ail.
Diolch am bobl fel Andreas.
Amen.

Allwn ni i gyd ddim bod yn geffylau blaen.
Pa mor bwysig ydi chwarae ein rhan yn yr ail safle?

Andreas: y ganrif gyntaf

Gwneud ei orau dros Iesu Grist

Dyfalbarhad / gweld cyfle / dewrder

William Carey: 1761-1834

"Mae Columbus yn dod!" gwaeddai'r bechgyn efo'i gilydd. "I ble rwyt ti am fynd â ni heddiw?" gofynnodd un o'r plant. Ie, 'Columbus' oedd blas enw'r plant ar William Carey. Byddai wrth ei fodd yn gwneud mapiau o'r byd. Dychmygai ei fod yn mynd i wlad nad oedd dyn erioed wedi bod ynddi.

Pan adawodd yr ysgol a mynd yn brentis i grydd, byddai'n gwneud yr un peth yn ei oriau hamdden. Dychmygai deithio i bellafoedd byd ac yna dechreuodd, gyda phrentis arall, ddysgu ieithoedd fel Hebraeg a Groeg.

Un noson, perswadiodd ei gyfaill, John Warr, ef i fynd gydag ef i addoldy'r Bedyddwyr. Yn ystod y bregeth clywodd lais yn dweud wrtho am fynd i wlad arall i sôn am Iesu Grist. Rhoddodd ei holl egni yn y gwaith. Roedd eisoes yn hyddysg yn ieithoedd y Beibl. Agorodd weithdy'r crydd yn yr ardal ac agorodd ysgol yn yr un ardal. Yn ogystal â thrwsio esgidiau, roedd hefyd yn bregethwr ac yn athro. Fe'i hordeiniwyd yn weinidog gyda'r Bedyddwyr. Soniai yn gyson wrth ei gyd-weithwyr am ei ddyhead i fynd i rannau eraill o'r byd. Ond gwneud hwyl am ei ben yr oedd y mwyafrif ohonyn nhw.

"I ble mae'r crydd am fynd â ni heddiw?" oedd cwestiwn un ohonyn nhw'n ddigon gwawdlyd.

"Ydi'r daith wedi ei chynllunio a'r map yn barod?" gofynnodd un arall.

"Dyna ddigon o wamalu," meddai un arall, "gwell fyddai i ti aros yn y wlad yma. Mae digon o eisiau gweinidogion yn y wlad hon."

Er cymaint oedd y gwatwar, roedd Carey yn benderfynol ei fod am fentro i wledydd eraill i sôn am Iesu Grist.

"Cofiwch chi," meddai wrth ei gyd-weinidogion, "beth oedd neges olaf Iesu. Rwy'n siŵr eich bod chi'n cofio ei eiriau, 'Ewch, gan hynny, a gwnewch ddisgyblion o'r holl genhedloedd gan eu bedyddio hwy yn enw'r Tad, a'r Mab a'r Ysbryd Glân.'"

Dechreuodd amryw ohonyn nhw weld bod Carey yn benderfynol o gael y maen i'r wal. Fe ddaethon nhw at ei gilydd i sefydlu Cymdeithas Genhadol y Bedyddwyr. Cynigiodd ef ei hun fynd yn genhadwr i India. Dechreuodd ddysgu Bengali, sef un o ieithoedd India. Credai'n sicr mai'r unig ffordd i addysgu a phregethu oedd iddo ef ei hun yn gyntaf ddysgu eu hiaith. Aeth meddyg o'r ardal, oedd yn medru'r iaith Bengali, gydag ef a'i wraig a'i deulu ar daith a gymerodd bum mis.

Ar ôl glanio yn Calcutta, dechreuodd Carey a'r teulu ffermio er mwyn ennill arian i gadw'i deulu. Roedd yn gyfle da i ddod i adnabod y brodorion. Yn ystod y cyfnod hwn wynebodd y teulu anawsterau mawr. Bu farw un o'r meibion a bu'r teulu i gyd yn dioddef o sawl math o afiechyd. O dro i dro, teimlai Carey yn ddigalon iawn. Dywedodd yn ystod y cyfnod anodd hwn, "Os blodeua'r Efengyl yma, bydd y diffeithwch yn wir wedi dod yn faes toreithiog."

Ond daliodd ati. Aeth ymlaen i gyfieithu'r Testament Newydd i iaith y brodorion. Ymhen rhai blynyddoedd, roedd rhannau o'r Beibl wedi ymddangos mewn 44 o ieithoedd.

O dipyn i beth, daeth mwy a mwy o genhadon i India a sefydlwyd Coleg Cristnogol yno. Yn raddol, gwelodd Carey ei waith yn araf ledaenu a'r adnod oedd yn nod iddo drwy ei oes yn dechrau dod yn wir. Ar dabled goffa i Carey mae'r geiriau hyn:

"Disgwyliwch bethau mawr gan Dduw,
Mentrwch bethau mawr dros Dduw."

"Ewch gan hynny a gwnewch ddisgyblion o'r holl genhedloedd."

Mathew 28:19

O Dduw,
mi fydda i'n teimlo weithiau na fedra i wneud dim.
Dydw i ddim yn cael hwyl ar y gwersi yn yr ysgol
na gwneud dim yn iawn yng ngolwg neb.
Helpa fi i ddal ati i wneud fy ngorau.
Dyna i gyd.
Amen.

A ddylid mynd i rannau eraill o'r byd i sôn am Iesu Grist?

William Carey: 1761–1834

Beibl i bawb o bobl y byd

Dyfalbarhad / gweledigaeth

Thomas Charles: 1755-1814

O edrych yn ôl ar fy mywyd i, Thomas Charles, y dylanwad mwyaf arna i oedd Daniel Rowlands. Deunaw oed oeddwn i. Yn yr eglwys roeddwn i wedi cael fy magu. Hi oedd eglwys swyddogol y wlad. Bob Sul roedden ni'n mynd drwy'r gwasanaeth yn y Boreol Weddi a'r Hwyrol Weddi. Ond roedd gwrando ar Daniel Rowlands yn wahanol iawn. Un o'r Methodistiaid oedd Rowlands. Roedd o'n pregethu'n wahanol i'r offeiriaid yn yr eglwys. Roedd y bregeth glywais i yn bregeth mor berthnasol. Roedd o fel petai o'n siarad efo mi, am fy nghyflwr i.

Mi fues i'n pendroni llawer am yr hyn ddywedodd Rowlands. Cefais fy mhenodi'n giwrad yn Llanymawddwy, dim ymhell o'r Bala. Byr iawn oedd f'arhosiad yno – dim ond tri mis. Roedd pregethu Rowlands wedi chwyldroi fy mywyd. Doedd dim amdani ond ymuno efo'r Methodistiaid. A dyna ddigwyddodd. Wedyn doedd yna ddim troi'n ôl.

Pan oeddwn i'n fachgen bach yn Sanclêr, lle ces i fy ngeni a'm magu, roeddwn wedi clywed llawer am ysgolion cylchynol Griffith Jones, Llanddowror. Roeddwn i'n gwybod am y gwaith da roedden nhw'n ei wneud. Ar ôl i mi symud i fyw i'r Bala, fe benderfynais i ailgychwyn y dull yma o ddysgu'r bobl i ddarllen. Mi fuasech chi'n synnu faint o oedolion oedd yn methu darllen. Dyma'r dull wnes i ei ddilyn. Hyfforddi gwŷr ifanc yn yr ardal, eu hyfforddi i ddarllen y Beibl ac wedyn eu hanfon i bentrefi cyfagos i ddysgu'r trigolion. Wedyn fe fydden nhw'n symud ymlaen i bentref arall i agor ysgol. Ar y dechrau, ysgolion min nos ar ddyddiau gwaith oedd y rhain. Ond, o dipyn i beth, fe gawson nhw eu cynnal ar bnawniau Sul. Cofiwch, mi fuodd yna gryn brotestio am hyn. Pobl yn dweud na ddylen ni wneud unrhyw waith ar y Sul, dim ond addoli!

Beth bynnag, mi fuodd yr ysgolion ar y Sul yn llwyddiannus iawn. A dweud y gwir, dyma ddechrau'r Ysgol Sul yng Nghymru. Fel roedd yr ysgolion hyn yn cynyddu, mi roedd yna broblem arall yn ein hwynebu. Prinder Beiblau a phrinder llyfrau Cymraeg eraill. Mi es i ati i ysgrifennu llyfrau oedd yn addas ar gyfer plant ac am chwe blynedd mi fûm i wrthi yn paratoi'r *Geiriadur Ysgrythurol*. Mi lwyddais i hefyd i gael deng mil o Feiblau a dwy fil o gopïau o'r Testament Newydd i'w dosbarthu yma ac acw.

Rwy'n cofio un noson trafod efo rhai o'm ffrindiau a dyna fi'n cael syniad, "Beth," meddwn i, "am gael cymanfa i'r Ysgolion Sul? Gwahodd aelodau o'r gwahanol Ysgolion Sul i ddod at ei gilydd i adrodd rhannau o'r Ysgrythur ar dafod leferydd ac wedyn cael rhywun i'w holi." Cyn pen dim amser roedd y cymanfaoedd Ysgolion Sul yma'n boblogaidd iawn.

Ond o edrych yn ôl ar fy mywyd, mi fuaswn i'n hoffi cael un peth arall. Mi fyddwn i'n mynd i Lundain yn gyson. Pan oeddwn i yno ym 1804 mi ddaeth criw ohonom ni at ein gilydd a phenderfynu sefydlu cymdeithas newydd er mwyn ceisio sicrhau Beibl i bawb. Nid Beibl i bawb yng Nghymru, ond i bawb yn y byd i gyd. Dyma sefydlu "Cymdeithas y Beibl". Fel y gwyddoch chi, arwyddair y Gymdeithas ydi, "Beibl i bawb o bobl y byd i gyd". Rwy'n falch iawn fy mod wedi cael bod yn un o sylfaenwyr y Gymdeithas hon.

"Y mae dy air yn llusern i'm troed, ac yn oleuni i'm llwybr."

Salm 119:105

Diolch i Ti, O Dad,
am bobl fel Thomas Charles
a fu'n llafurio'n galed i gael
Beibl i bobl Cymru. Nid gwaith hawdd
oedd hi yn y dyddiau hynny.
Ond mi ddaliodd ati drwy gydol ei oes.
Diolch amdano ac am bobl debyg iddo.
Amen.

Oes yna le i'r Ysgol Sul heddiw?
Pa newidiadau fuasech chi'n hoffi eu gweld yn hanes yr Ysgolion Sul y dyddiau hyn?

Thomas Charles: 1755–1814

Yr arolygwr o Goed y Pry

Gostyngeiddrwydd / dyfalbarhad / cryfder

Owen Morgan Edwards: 1858-1920

Yng Nghoed-y-Pry, ym mhlwyf Llanuwchllyn, Sir Feirionnydd, y ganed Owen Edwards. Er mai Cymraeg oedd iaith ardal Llanuwchllyn, nid felly'r ysgol. Cafodd Owen amser digon annedwydd yn yr ysgol – Ysgol y Llan. Roedd yr addysg yn Seisnig iawn.

Dyma ddywedodd am ei athrawes, "Ni fedrai wenu ond wrth siarad Saesneg. Sur iawn oedd ei gwep wrth orfod diraddio ei hun i siarad Cymraeg."

Dowch i ni gael cyfle i holi dipyn mwy ar Owen Edwards.

Fedrwch chi ddweud dipyn mwy wrthyn ni am eich addysg gynnar?

Roeddwn i'n casáu'r ysgol. Cefais fy rhoi mewn dosbarth i ddysgu darllen Saesneg. Roeddwn i'n medru darllen Cymraeg yn rhugl. Cofiwch, roeddwn i'n mynd i'r Ysgol Sul bob Sul ac yn fan'na y dysgais i ddarllen Cymraeg. Yn yr ysgol bob dydd doeddech chi ddim yn cael siarad Cymraeg o gwbl. Ac os oeddech chi'n cael eich dal yn siarad Cymraeg, yna roeddech chi'n cael tocyn pren am eich gwddw, sef y *Welsh Not*. Fe ges i hwnnw am fy ngwddw sawl tro. A phwy bynnag oedd efo'r tocyn pren am ei wddw ar ddiwedd y dydd byddai'n cael blas y wialen. Roeddwn i'n casáu yr ysgol fach.

Gawn ni neidio felly o'r cyfnod annymunol hwnnw i gyfnod difyrrach yn eich hanes – cyfnod golygu'r cylchgronau?

Teimlo roeddwn i bod addysg plant Cymru yn gyfyng iawn. Pan oeddwn i yn Ysgol y Llan mi faswn i wrth fy modd yn cael gwersi ar fyd natur a gwybod mwy am y byd. Felly dyma fynd ati i olygu cylchgrawn i bobl Cymru, sef *Cymru* neu'r *Cymru Coch* fel roedd o'n cael ei alw. Wedyn dyma fynd ati flwyddyn ar ôl cyhoeddi *Cymru* i gyhoeddi cylchgrawn i blant Cymru sef *Cymru'r Plant*. Amcan y cylchgrawn hwn oedd ehangu gwybodaeth plant Cymru ar bynciau fel natur a gwyddoniaeth, am wledydd eraill a hynny mewn Cymraeg syml. Dyma i chi gynnwys rhifyn Medi 1914 – ysgrif ar *Awyr*, ysgrifau am *Adar bach y wlad*, *Coed a Blodau'r Beibl*, *Rhwd* a *Cherddorion Enwog*, ynghyd â straeon a barddoniaeth a digonedd o ddarluniau.

Mi roeddech chi'n weinidog. Oedd yna ysgrifau am y Beibl yn y cylchgrawn?

Do, mi fûm i yn weinidog am gyfnod byr iawn yng Nghaernarfon ond wnes i ddim aros yno'n hir. Mi es i yn ôl i fywyd academaidd a mynd yn diwtor yn un o golegau Rhydychen. Ond i ddod yn ôl at eich cwestiwn. Fel y gwyddoch chi, roedd yna nifer fawr o gylchgronau gan y gwahanol enwadau yng Nghymru, e.e. *Trysorfa'r Plant*, lle roedd y plant yn cael digon o hanesion o'r Beibl. Oedd, mi oedd yna ambell ysgrif yn ymwneud â'r Beibl neu hanes Iesu Grist yn *Cymru'r Plant*.

Wedyn fe gawsoch chi eich codi yn Brif Arolygwr Addysg Cymru.
Do, ym 1907. Un peth roeddwn i eisiau ei weld yng Nghymru oedd diwedd ar yr Ysgolion Eglwys ac Ysgolion yr Ymneilltuwyr. Ac fe wnes i ddechrau ar hyn yn fy ardal fy hun, yn Llanuwchllyn. Yr hyn roeddwn i am ei weld oedd addysg Gristnogol yn ysgolion Cymru. Ac fe lwyddais i ddechrau yn Llanuwchllyn. Fe ddaeth Ysgol y Llan ac Ysgol y Pandy yn un ysgol a'r plant yn ymuno yn Ysgol y Pandy gan ei fod yn well adeilad. Ond mae'n rhaid i mi ddweud yn blwmp ac yn blaen mai yn yr Ysgolion Sul y gwelais i yr addysg orau.

Oes gennych chi stori ddiddorol i gloi ein sgwrs?
Mynd i weld un ysgol yn Aberystwyth, mynd yno fel prif arolygwr, wrth gwrs. A dyma guro ar ddrws un dosbarth a dyma'r athrawes i'r drws ac meddai hi wrtha i yn Saesneg, "Dydan ni ddim eisiau prynu llyfrau heddiw, diolch yn fawr." A chloi'r drws yn glep yn fy ngwyneb!

Mr Owen Morgan Edwards, diolch i chi am rannu rhai o'ch profiadau gyda ni.

"Canmolwn yn awr ein gwŷr enwog."
Ecc. 44:1

O Dduw,
diolch i ti am Gymry da
fel O.M.Edwards.
Dyma bobl i'w hedmygu
a dilyn eu hesiampl
Nhw ydi'n gwir arwyr.
Amen.

Sut ydych chi'n meddwl roedd O.M.Edwards wedi llwyddo i wneud yr holl waith o gyhoeddi llyfrau, golygu cylchgronau a gwneud ei waith bob dydd? Ymhle roedd ei gyfrinach?

Owen Morgan Edwards: 1858–1920

Pencampwr y naid driphlyg

Meddwl am eraill / dewrder

1995. Blwyddyn i'w chofio i'r athletwr Jonathan Edwards. Yn Sweden y flwyddyn honno roedd Gêmau Athletau'r Byd yn cael eu cynnal. Roedd wedi edrych ymlaen at y rhain gan ei fod wedi gwneud mor dda yng Ngêmau'r Gymanwlad ym 1990 a 1994. Llwyddodd i ennill y fedal arian yn y blynyddoedd hyn. Doedd dim amdani ond ymarfer cyson a chaled. Bob dydd, ond y Sul, byddai'n ymarfer ddwywaith, deirgwaith y dydd. Yna, ar y Sul byddai'n cael cyfle i fynd i addoli gyda'i deulu. Teimlai'n sicr fod yr hyn roedd yn ei wneud ar y Sul yn ei helpu weddill yr wythnos. Byddai ef, Alison ei wraig a'i ddau fab Samuel a Nathan yn mynd gyda'i gilydd i'r capel.

"Mae'r plant weithiau'n amharod i ddod efo ni, ond mae'r gweinidog yn un da iawn gan ei fod, ymhob gwasanaeth, yn rhoi sylw mawr i'r plant," meddai Jonathan.

Roedd o'n barod yn feddyliol a chorfforol ar gyfer y gêmau yn Sweden. Gwawriodd y diwrnod – diwrnod braf. Roedd o'n sicr fod rhywbeth am ddigwydd y diwrnod hwnnw. Y naid gyntaf, llamodd ymlaen gan guro'r awyr gyda'i goesau cyhyrog. Roedd wedi torri record y byd! 18 metr 16! Pellter anhygoel! Roedd y dorf ar ei thraed yn curo dwylo ac yn bloeddio. Roedd Jonathan Edwards wedi torri record y byd yn y naid driphlyg! Daeth y llais ar yr uchelseinydd, "Record byd newydd yn y naid driphlyg – 18 metr 16!"

Roedd Jonathan yn gobeithio nad oedd o wedi torri calon y cystadleuwyr eraill. Dyn felly oedd o yn meddwl am eraill bob tro. Roedd o wedi dysgu hyn o Sul i Sul wrth addoli yn y capel efo'i deulu.

Cafodd gyfle i neidio drachefn. Doedd neb yn y stadiwm yn gallu credu. Roedd y naid hon yn well na'r gyntaf. Roedd o wedi torri ei record ei hun. Mewn ychydig funudau roedd yna record byd newydd. Y tro hwn 18 metr 29! Roedd bonllefau'r Stadiwm yn uwch fyth. Dwy record byd mewn ychydig funudau! Yn fuan iawn daeth ato'i hun. Siaradai efo'r cystadleuwyr eraill. Er ei fod yn bencampwr byd yn y naid driphlyg, Jonathan Edwards oedd o wedi'r cwbl.

"Dydw i ddim yn ddyn pwysig," meddai wrth un o'r gohebwyr, "er fy mod i wedi torri record y byd, dydw i ddim pwysicach na'r dyn oedd efo'i dâp mesur yn mesur y naid."

Y flwyddyn honno ef oedd Pencampwr y Flwyddyn yn rhaglen chwaraeon y BBC. Ond gwyddai Jonathan am y perygl o wneud popeth o safbwynt mabolgampau a chwaraeon.

"Hawdd iawn ydi gor-ymarfer a theimlo mai chi ydi'r brenin. Y peth pwysig i'w gofio ydi mwynhau'r gamp a pheidio â chymryd pethau ormod o ddifrif. Yn y pen draw mae yna bethau sy'n bwysicach na neidio i bwll o dywod. Y peth pwysicaf i gyd ydi gwneud yr hyn mae Duw eisiau i ni ei wneud."

Yn ôl Jonathan, "Mae yna bethau diddorol iawn wedi digwydd i mi yn ystod fy mywyd, ond y peth pwysicaf ydi fod Duw wedi maddau i mi am bob drwg rydw i wedi'i wneud."

"Beth bynnag yr ydych yn ei wneud, ar air neu ar weithred, gwnewch bopeth yn enw yr Arglwydd Iesu, gan roi diolch i Dduw, y Tad, drwyddo ef."

Colosiaid 3:17

O Dduw, fedra i ddim bod yn bencampwr bob tro.
Mae yna adegau pan fydda i yn ennill,
Mae yna adegau pan fydda i yn colli.
Dim ond diolch am y doniau rwyt ti wedi eu rhoi i mi, dyna i gyd.
Amen.

Pa mor hawdd ydi dysgu colli?
Beth am y person sy'n cael ei adael allan o bob tîm?

Jonathan Edwards: 1966–

Y cerddor aflonydd

> Dyfalbarhad / cariad at ei faes

Joseph Parry: 1841-1903

Naw oed oedd Joseph Parry pan ddechreuodd weithio ym mhwll glo Roblins am hanner coron (12½c heddiw) am weithio lleiafswm o 56 awr yr wythnos. Pan oedd yn 12 oed symudodd i weithio i waith haearn Cyfarthfa. Byddai'n llafurio'n galed drwy'r wythnos heblaw am y Sul. Y diwrnod hwnnw, byddai'n mynd i'r Ysgol Sul am naw o'r gloch y bore. Wedyn yn y pnawn i'r Neuadd Ddirwestol i ymarfer gyda chôr Rosser Beynon. Wedyn, oedfa yng Nghapel Bethesda a'r ysgol gân yn dilyn, ac yna swper a newid ei ddillad i fynd i'r gwaith yng Nghyfarthfa i ddechrau shifft hanner nos.

Dyma oedd trefn ei flynyddoedd cynnar ym Merthyr Tudful. Yn fuan ar ôl i Joseph ddechrau yn y gwaith haearn, ymfudodd ei dad, Daniel, i Danville, Unol Daleithiau America, i chwilio am waith gyda'r gobaith o gael gwell bywyd ar gyfer ei deulu. Ymhen y flwyddyn ymfudodd Elizabeth, ei wraig, a'i phedwar plentyn at ei gŵr. Am ddeuddeng mlynedd bu Joseph yn gweithio yn y melinau rholio haearn yn Danville.

Yn ystod ei blentyndod a chyfnod ei arddegau ymddiddorai mewn cerddoriaeth. Roedd ei fam yn gantores a byddai yntau wrth ei fodd yn canu alto yng nghôr Capel Bethesda, Merthyr Tudful. Byddai wrth ei fodd hefyd yn gwrando ar Seindorf Bres Cyfarthfa, yn enwedig pan fydden nhw'n gorymdeithio yn eu lifrai drwy strydoedd y dref. Pan oedd yn byw yn Danville cafodd wersi canu gan un oedd wedi ymfudo o Ferthyr i'r ardal honno. Ar ôl iddo fagu hyder cerddorol, dechreuodd gysylltu â Chymru ac yn arbennig yr Eisteddfod Genedlaethol. Enillodd sawl gwobr ond yr hyn roddodd fwy o foddhad iddo oedd y ffaith fod yr Eisteddfod yn barod i dalu iddo dderbyn addysg gerddorol yn yr Academi Gerddorol yn Llundain. Doedd yna ddim troi'n ôl bellach.

Bu'n llwyddiannus iawn fel myfyriwr. Ond yn ôl yr aeth i Danville cyn ei benodi'n bennaeth Adran Gerdd newydd Coleg Prifysgol Cymru, Aberystwyth. Tra oedd yn Aberystwyth paratôdd yn helaeth ar gyfer ei fyfyrwyr a Chymru benbaladr. Trwy'r cwbl, cymerai ddiddordeb mawr yng ngwaith yr Ysgol Sul. Yn y cyfnod hwn y cyhoeddodd *Telyn yr Ysgol Sul*, sef casgliad o emynau gan

Thomas Lefi a thonau ganddo ef ei hun. Nod y casgliad hwn oedd cael ei ddefnyddio gan Ysgolion Sul o wahanol enwadau ledled Cymru. Tri rhifyn o'r cylchgronau hyn a ymddangosodd.

Mae emyn-donau Joseph Parry yn dal yn boblogaidd. Efallai mai'r un fwyaf poblogaidd o'i eiddo ydi'r dôn "Aberystwyth". Ymhlith y tonau eraill mae "Sirioldeb", "Duw a'n gwnaeth", "Mae popeth yn dda". Dal ati i gyfansoddi y bu drwy gydol ei oes. Ymhlith ei operâu mae *Blodwen*, *Arianwen* a'r *Ferch o'r Scer*. Mae naws grefyddol iawn i'w gantawdau, fel y mae'r teitlau'n awgrymu: *Y Mab Afradlon*, *Jerusalem*, *Nebuchadnezzar*, *Moses Bach* a *Iesu o Nasareth*.

Er ei fod wedi symud yn ôl a blaen o Gymru i America, teimlai'n sicr mai yma yng Nghymru roedd ei galon. Yma y bu'n gweithio'n egnïol dros wella cyfleusterau addysg gerddorol i bobl Cymru. Trwy gydol ei oes bu â diddordeb yng ngwaith yr Ysgolion Sul trwy gyfansoddi emyn-donau ar eu cyfer. Ei nod oedd creu cerddoriaeth oedd yn wir Gymreig.

"Molwch ef â sain utgorn,
Molwch ef â thannau a thelyn,
Molwch ef â thympan a dawns…
Bydded i bopeth byw foliannu'r Arglwydd."
Salm 150:3,4,6

O Dduw,
rydyn ni am gyflwyno'n gorau i ti,
trwy offerynnau cerddorol
a thrwy ddefnyddio'n llais
i ganu dy glodydd.
Amen.

Pam nad oes llawer o 'fynd' ar waith Joseph Parry heddiw?
Tybed ai gwaith ar gyfer ei gyfnod ei hun oedd ei gerddoriaeth?

Joseph Parry: 1841–1903

Ffrind yr Indiaid Cochion

Dyfalbarhad / ymddiriedaeth

William Bompas: 1834-1906

Ydych chi'n hoffi gwylio ffilmiau am gowbois ac Indiaid? Mae'r stori hon yn sôn am un oedd yn ffrind i'r Indiaid Cochion. Doedd William Bompas ddim yn un o'r Indiaid. Yn Llundain y cafodd ei eni.

Cafodd William ei ddysgu gan ei fam a'i dad. Doedd o ddim yn mynd i'r ysgol bob dydd. Pan oedd yn 10 oed bu farw ei dad. Bu'n rhaid iddo fynd i weithio er mwyn cael arian i fyw. Bu'n wael am gyfnod ac yn ystod yr amser hwn fe ddysgodd dair iaith newydd. Roedd hefyd yn hoff iawn o ddarllen y Beibl.

Ar ôl iddo dyfu i fyny, aeth i'r coleg i astudio i fod yn offeiriad. Roedd wedi sôn droeon wrth ei ffrindiau y byddai'n hoffi sôn am Iesu Grist wrth bobl tu allan i Brydain. Clywodd fod angen rhywun i fod yn offeiriad yng ngwlad yr Indiaid Cochion.

Ymhen dim amser, roedd William Bompas ar ei ffordd i wlad yr Indiaid Cochion. Roedd hi'n daith hir, ar drên, llong, canŵ a sled. Doedd yr Indiaid ddim yn hoff o bobl wynion. Y peth cyntaf wnaeth William oedd dysgu iaith yr Indiaid. Ar ôl iddo ddysgu'r iaith, roedd yn barod wedyn i siarad â'r Indiaid yn eu hiaith eu hunain. Byddai'n ymweld â'u wigwamiau gan sôn am Iesu Grist. Ar y dechrau, roedd yr Indiaid yn amheus iawn ohono. Wedi'r cwbl, dyn gwyn oedd ef yn eu plith.

Yn ystod y dydd byddai'r Indiaid yn gweithio'n galed iawn. Byddai'r dynion a'r bechgyn yn hela i gael bwyd. Yn gynnar yn y bore fe fydden nhw'n cerdded o gwmpas y wlad. Byddai rhai yn hela anifeiliaid fel y ceirw a'r cwningod. Byddai eraill yn pysgota yn y llynnoedd a'r afonydd. Gwaith y merched a'r genethod oedd coginio bwyd a thrin croen y ceirw i wneud dillad. Byddai William yn treulio'r dydd efo rhai o'r dynion yn hela yn y mynyddoedd. Gyda'r nos, wrth danllwyth o dân byddai'n dweud hanesion am Iesu Grist wrthyn nhw. Byddai'r plant yn gofyn am glywed rhai o'r storïau dro ar ôl tro.

Ar ôl dod i adnabod yr Indiaid yn dda, byddai'n symud ar ei daith o le i le. Yn ystod un gaeaf fe gerddodd dros fil o filltiroedd o un ardal i'r llall yn sôn am Iesu Grist. Roedd llawer iawn o'r Indiaid wedi dod yn ffrindiau efo William Bompas. Ar ôl amser hir yng nghwmni'r Indiaid, fe ddaeth William yn ôl i Loegr. Tra oedd yn Lloegr fe gafodd gyfle i drosi Efengyl Marc a rhannau eraill o'r Beibl i ieithoedd yr Indiaid.

Pan hwyliodd yn ôl, doedd o ddim ar ben ei hun y tro hwn. Aeth â'i wraig Charlotte efo fo. Bu'r ddau wrthi'n ddiwyd yn gweithio ymysg yr Indiaid Cochion. Ar rai cyfnodau roedd y bwyd yn brin. Byddai William a Charlotte yn helpu'r Indiaid i hela am fwyd.

Agorodd Charlotte ganolfan yn yr ardal i ddysgu'r plant. Hon oedd yr ysgol gyntaf yn y fro. Dechreuodd William ddysgu'r dynion sut i ffermio er mwyn tyfu cnydau. Felly, roedd y dynion yn gallu ffermio a hela i gael bwyd. Am 40 o flynyddoedd bu William a Charlotte, ei wraig, yn helpu'r Indiaid Cochion a'u dysgu am Iesu Grist.

"...gadewch i ninnau hefyd...redeg yr yrfa sydd o'n blaen heb ddiffygio, gan gadw ein golwg ar Iesu..."
Hebreaid 12:1-2

O Dduw,
helpa fi i ymdrechu'n galed,
heb roi i fyny.
A phan fydda i'n methu,
wnei di roi help i mi?
Amen.

Beth rydych chi am geisio ei gyflawni y flwyddyn hon?
Meddyliwch am bethau, nid pethau amhosibl, dysgu sgil newydd neu wneud yn well yn eich gwaith ysgol.
Ydych chi y math o berson sy'n rhoi i fyny'n hawdd?

William Bompas: 1834–1906

Y nyrs efo'r lamp

Dyfalbarhad / cryfder / gofal

Oes yna ysbyty yn eich ardal chi? Ydych chi wedi bod mewn ysbyty? Efallai eich bod wedi bod yn glaf yno, neu efallai bod aelod o'r teulu wedi bod yn yr ysbyty? Ydych chi wedi gweld y nyrsys a'r meddygon yn mynd o gwmpas yr ysbyty? Maen nhw'n gwisgo dillad arbennig. Efallai bod nyrs yn dod i'r ysgol. Stori am nyrs ydi'r stori hon. Roedd hi'n nyrs oedd yn gofalu am y milwyr yn ystod y rhyfel rhwng Lloegr a Rwsia.

Roedd y gaeaf yn Rwsia yn oer, iawn, iawn. Roedd llawer o'r milwyr yn cael eu hanafu ond doedd neb yno i ofalu amdanyn nhw. Anfonodd un gohebydd papur newydd neges i'r Swyddfa Ryfel yn Llundain. Anfonwyd llythyr o'r Swyddfa Ryfel yn syth at Florence Nightingale. Ymhen deuddydd, roedd hi a thri deg wyth o nyrsys wedi hwylio i dde Rwsia.

Adeilad anferth oedd yr ysbyty gyda phedair milltir o goridor hir. Roedd Florence wedi dychryn pan welodd glwyfau'r milwyr. Ar un cyfnod, roedd tua phedair mil o filwyr yn yr adeilad. Doedd yna ddim digon o welyau ar eu cyfer. Roedd rhai o'r milwyr yn gorwedd ar y llawr. Yn ystod y nos roedd yr adeilad yn oer iawn a doedd dim modd ei gynhesu.

Byddai Florence a'r nyrsys yn gweithio drwy'r dydd a'r nos. Er eu bod yn gweithio'n galed, roedd llawer o'r milwyr yn marw. Doedd yna ddim bandeisi na moddion i'w rhoi i'r cleifion. Doedd yna ddim plancedi i gadw'r milwyr yn gynnes. Doedd yna ddim bwyd hyd yn oed. Byddai ffrwgwd yn codi yn aml rhwng y nyrsys a'r meddygon. Credai'r meddygon fod y nyrsys yn cwyno gormod am gyflwr y cleifion. Florence ei hun fyddai'n cwyno ar ran y nyrsys eraill.

"Mae'n rhaid i ni wneud rhywbeth am gyflwr y cleifion."

Ond doedd y meddygon yn gwrando dim arni. Ar ddiwedd y pnawn byddai'r meddygon yn gadael yr ysbyty a gadael y cleifion yng ngofal y nyrsys. Ar ôl iddi dywyllu, byddai Florence yn cerdded o gwmpas yr ysbyty a'i lamp yn ei llaw. Byddai'r milwyr yn cusanu ei chysgod wrth iddi fynd heibio.

Ar ôl iddi gerdded yn ôl a blaen drwy'r ysbyty, byddai'n mynd i'w hystafell. Cornel oer, dywyll oedd hon. Ond wrth olau'r lamp byddai'n dechrau ar ei gwaith o ysgrifennu llythyrau. Byddai rhai o'r llythyrau yn cael eu hysgrifennu at ei ffrindiau yn Lloegr. Llythyrau oedd y rhain yn gofyn am arian i helpu'r cleifion yn yr ysbyty. Roedd hi hefyd yn ysgrifennu ar ran y cleifion. Weithiau byddai'n ysgrifennu drwy'r nos heb amser i gysgu. Am bump o'r gloch y bore roedd rhaid codi a cherdded o gwmpas yr ysbyty. Byddai'r milwyr wrth eu bodd yn ei gweld. Dyma oedd bywyd Florence Nightingale bob dydd. Doedd ganddi ddim amser i fynd am dro neu hyd yn oed gael seibiant. Roedd ei bywyd i gyd yn troi o gwmpas y milwyr.

Ar ôl i'r rhyfel ddirwyn i ben, arhosodd yn yr ysbyty i ofalu am y cleifion. Pan oedd y milwyr olaf yn gadael, dyna pryd y gadawodd Florence Nightingale hefyd. Fe ddaeth adref ar ôl i'r rhyfel ddod i ben. Er bod llong fawr wedi ei hanfon i ddod â hi adref o Ffrainc, fe ddaeth hi adref ar long fechan heb i neb fod yn gwybod. Un felly oedd y nyrs efo'r lamp.

"...bydd yn wrol a dewr. Paid ag arswydo na dychryn, oherwydd yr wyf fi, yr Arglwydd dy Dduw, gyda thi ple bynnag yr ei."

Josua 1:9

Helpa ni, Arglwydd,
i drin pawb yr un fath
beth bynnag fo'u cenedl
neu eu lliw,
sut bynnag maen nhw'n edrych,
faint bynnag ydi eu hoed nhw.
Helpa fi i ddangos tosturi tuag at bawb.
Amen.

Mae rhai yn dweud bod Florence Nightingale yn wraig hunanol iawn. Hi oedd yn dweud wrth bawb beth i'w wneud.
Oes angen pobl fel hyn ymhob gwaith?
Neu ydi hyn yn gwneud mwy o ddrwg yn y pen draw?

Florence Nightingale: 1820–1910

Plant y strydoedd

Dyfalbarhad / gwneud eich gorau

Thomas Barnardo: 1845-1905

Sawl pryd bwyd ydych chi'n ei gael bob dydd? Brecwast, cinio, te a swper? A beth am fwyta rhwng prydau? Creision, siocled, ffrwythau a phob math o bethau eraill. Meddyliwch am blant nad oedd yn cael dim bwyd o gwbl yn ystod y dydd. Roedd yn rhaid iddyn nhw chwilio am fwyd ar y stryd. Dyma stori am Thomas Barnardo a wnaeth gymaint i helpu'r plant oedd yn begera ar y strydoedd.

Roedd pob un o'r plant wedi mynd adref o'r ysgol. Roedd Thomas Barnardo yn barod i gloi'r adeilad pan welodd fachgen wrth ymyl y tân.

"Tyrd rŵan, fachgen, mae'n amser i ti fynd adref," meddai Barnardo yn chwyrn wrth y bachgen.

"Does gen i ddim cartref," meddai'r bachgen, "ar y stryd rydw i'n byw efo bechgyn eraill."

Sylwodd Barnardo nad oedd wedi gweld y bachgen hwn o'r blaen yn yr ysgol.

"Ers pa bryd wyt ti wedi bod yn yr ysgol?" gofynnodd Barnardo.

"Dim ond heddiw. Fe ddywedodd un o'r bechgyn ar y stryd bod yna dân yma a siawns i gael rhywbeth i'w fwyta," meddai'r bachgen.

"Faint ydi dy oed di?" gofynnodd Barnardo.

"Deg oed syr," meddai yntau.

"Roedd Barnardo wedi dychryn. Roedd yn fychan ac yn eiddil ond eto roedd ei wyneb yn edrych fel wyneb hen ŵr. Tosturiodd Barnardo wrtho.

"Wyt ti'n siŵr nad oes gen ti gartref i fynd iddo?"

"Nac oes" oedd yr ateb y tro hwn eto.

"Fuasech chi'n hoffi gweld lle rydw i'n byw, syr?" gofynnodd y bachgen bach i Barnardo.

Wnaeth Barnardo ddim ateb y cwestiwn, dim ond cerdded tua'r drws a'r bachgen tu ôl iddo. I lawr y stryd yr aethon nhw i gyfeiriad hen adeilad ym mhen arall y stryd. Roedd hi'n noson oer a gwynt y dwyrain yn chwythu'n fain wrth i'r ddau fynd i gyfeiriad yr adeilad.

"Mae yna ddrws fan'ma," meddai'r bachgen. Camodd y ddau i'r adeilad. Roedd hi'n dywyll fel y fagddu yno. Clywodd y ddau sŵn sgrialu ym mhen draw'r adeilad.

"Mae yna lygod mawr yma," meddai Barnardo wrth y bachgen.

"Na," meddai yntau, "y plant sydd yma, maen nhw wedi dychryn."

Gwaeddodd un o'r plant o'r tywyllwch, "Jim, ti sydd yna? Pwy sydd efo ti?"

"Athro o'r ysgol," meddai yntau.

Erbyn hyn roedd y lleuad wedi codi. Trwy'r tyllau yn nho'r adeilad roedd golau'r lleuad yn llewyrchu ar y plant oedd yn gorwedd ar y llawr. Dechreuodd Barnardo grynu. Nid crynu o oerfel roedd o, ond crynu am ei fod wedi dychryn. Doedd o erioed wedi gweld y fath beth yn ei fywyd. Oedd, roedd y bachgen, Jim Jarvis, wedi agor llygaid Thomas Barnardo. O hynny ymlaen, penderfynodd Barnardo roi ei holl egni i helpu plant y strydoedd.

"Oherwydd bûm yn newynog a rhoesoch fwyd i mi, bûm yn sychedig a rhoesoch ddiod i mi."

Mathew 25:35

O Dduw,
mae cyfnod Barnardo
yn dal i fod efo ni.
Mae yna bobl yn dal i gysgu ar y strydoedd;
mae yna blant a phobl ifanc yn dal i gysgu ar y strydoedd.
Helpa bawb
i roi help llaw iddyn nhw,
yn enwedig yn ystod y tywydd oer.
Amen.

Pam fod pobl yn dal i fyw ar y strydoedd?
Ar bwy mae'r bai?
Beth fedrwn ni wneud i'w helpu?

Thomas Barnardo: 1845–1905

Ffrind plant drwg

Parchu / dyfalbarhad / gostyngeiddrwydd

Robert Raikes: 1736-1811

Ydych chi'n mwynhau mynd i'r ysgol? Erstalwm, doedd plant ddim yn mynd i'r ysgol. Roedden nhw'n dechrau gweithio'n ifanc iawn. Mae sôn am blant wyth a naw oed yn gweithio bob dydd o'r wythnos. Roedden nhw'n gweithio mewn ffatrïoedd a phyllau glo. Yr unig ddiwrnod nad oedden nhw'n gweithio oedd dydd Sul.

Ar ddydd Sul byddai'r plant yn rhedeg yn wyllt ar hyd y strydoedd. Dyma stori am ddyn a wnaeth gymaint i helpu plant oedd yn gweithio am chwe diwrnod bob wythnos.

Dyn cyfoethog oedd Robert Raikes. Roedd yn berchennog gwasg papur newydd. Byddai'n cerdded i'w swyddfa bob dydd mewn dillad crand. Pan welai rywun ar y stryd byddai bob amser yn codi'i het iddyn nhw. Roedd pawb yn parchu Mr Raikes. Er ei fod yn ddyn cyfoethog, roedd hefyd yn ddyn oedd yn barod i helpu pawb. Roedd yn poeni fod y plant yn rhedeg yn wyllt ar ddydd Sul. Beth allai wneud i'w helpu?

Erbyn amser cinio, roedd y rhan fwyaf o'r plant ar y stryd. Dechreuodd y plant mawr daflu cerrig at y tai. Daeth un wraig i ddrws y tŷ a phan gerddodd tua'r giât, fe redodd un o'r bechgyn bach a phoeri yn ei hwyneb.

Daeth ei gŵr allan ac meddai, "Os na fyddwch chi'n mynd oddi yma fe fydd dynion y stryd yma yn rhoi cweir iawn i chi."

Dim ond tynnu ei dafod wnaeth y bachgen a rhedeg i ffwrdd. Fel roedd y dyn yn mynd i mewn i'r tŷ, fe daflodd garreg arall tuag at y drws. Yng nghornel y stryd roedd criw o fechgyn a genethod yn gweiddi a sgrechian. Drwy'r Sul, bob Sul, dyna fyddai'r hanes.

Ar ôl siarad â ffrindiau, meddyliodd Robert Raikes y byddai'n beth da i agor ysgol i blant ar ddydd Sul. Ysgol oedd hon i ddysgu'r plant i ddarllen a gwrando ar storïau. Roedden nhw hefyd yn dysgu sut i sgwennu. Ar ôl iddyn nhw ddysgu darllen, roedd y plant yn cael cyfle i ddarllen y Beibl. Byddai Raikes yn mynd â'r plant i'r eglwys er mwyn iddyn nhw ddysgu sut i ymddwyn. Roedd hyn yn waith caled iawn gan fod y plant mor wyllt.

O dipyn i beth, roedd y bobl yn sylwi bod y plant yn

ymddwyn yn well. Doedd yna ddim gweiddi a rhedeg yn wyllt ar y Sul. Gan fod Raikes yn berchennog gwasg papur newydd, roedd y newydd am yr ysgolion Sul yn lledaenu trwy'r wlad i gyd. Yn raddol fe agorwyd ysgolion Sul ar hyd a lled y wlad. Gellir dweud mai Robert Raikes oedd un o sylfaenwyr yr ysgol Sul yn Lloegr.

"A chymerodd blentyn a'i osod yn eu canol hwy; cymerodd ef i'w freichiau a dywedodd wrthynt, 'Pwy bynnag sy'n derbyn un plentyn fel hwn yn f'enw i, y mae'n fy nerbyn i...'"

Marc 9:36-37

Diolch i Ti, O Dad,
am waith yr ysgol Sul.
Diolch am yr athrawon
sy'n rhoi o'u hamser
i ddysgu'r plant. Diolch am bob math o
lyfrau a gêmau i
wneud y gwaith yn ddifyr i'r plant.
Amen.

Oes yna le i'r ysgol Sul heddiw?
Ydych chi'n gwybod beth sy'n digwydd mewn ysgol Sul?
Ysgrifennwch i holi plant sy'n mynd i'r ysgol Sul.

Robert Raikes: 1736–1811

Peintio'r nenfwd

Dyfalbarhad / parchu crefft

Ydych chi wedi cael eich enwi ar ôl rhywun? Ar ôl taid neu nain, modryb neu ewythr, efallai. Neu, efallai eich bod wedi cael eich enwi ar ôl lle arbennig. Dyma i chi stori am fachgen a gafodd ei enwi ar ôl angel. Enw'r angel oedd Michael neu Mihangel yn Gymraeg. Yr enw Eidalaidd oedd Michelangelo. A dyma'r enw a roddwyd ar y bachgen a aned ar ddydd Sul.

Pan ddechreuodd Michelangelo yn yr ysgol, doedd o ddim yn hoff iawn o wneud symiau. Roedd o'n cael anhawster mawr yn y gwersi a byddai'r athro yn dwrdio'n aml iawn. Ond roedd wrth ei fodd yn gwneud lluniau. Byddai'n gwneud lluniau bob adeg o'r dydd – yn yr ysgol, ar ôl mynd adref a hyd yn oed yng nghanol y nos. Droeon byddai'n codi o'i wely i wneud lluniau. Roedd ei dad yn flin iawn efo Michelangelo.

"Mae'n rhaid i ti wneud yn well yn yr ysgol," meddai'r tad. "Yn ôl yr athro, dwyt ti ddim yn gwneud dy orau, yn enwedig mewn symiau."

Ond dal i gasáu gwneud symiau roedd y bachgen. Pan oedd yn 13 oed gadawodd yr ysgol ac aeth i weithio gydag arlunydd oedd yn byw yn yr ardal. Rhoddodd yr arlunydd dasg i Michelangelo i gopïo llun o waith yr arlunydd ei hun. Yn wir, roedd y copi mor dda fel nad oedd modd gwybod y gwahaniaeth rhwng y ddau lun.

Yn y ddinas roedd yna ddarn mawr o farmor y tu allan i'r eglwys gadeiriol. Penderfynodd Michelangelo wneud cerflun ohono. Gwnaeth gerflun o Dafydd y bugail. Roedd pawb yn y ddinas wedi dotio at ei waith. Daeth pobl o bell ac agos i weld y cerflun.

Daeth hanes y cerflun i glustiau'r Pab yn Rhufain. Gofynnodd y Pab iddo wneud darluniau ar nenfwd capel mawr. Roedd hyn yn golygu y byddai'n rhaid i Michelangelo orwedd ar ei gefn ar dop sgaffaldiau i wneud y gwaith. Roedd rhaid iddo beintio storïau o'r Beibl.

Bu wrthi'n ddiwyd am bedair blynedd a hanner. Roedd yn treulio'r rhan fwyaf o'i amser ar wastad ei gefn yn edrych i fyny ar y nenfwd. Fe orffennodd y gwaith ar y cyntaf o Dachwedd yn y

Michelangelo: 1475-1564

flwyddyn 1512. Bob blwyddyn bydd llawer iawn o bobl yn tyrru i weld gwaith Michelangelo ar nenfwd y capel yn Rhufain.

"Rhoddais ddawn i bob crefftwr i wneud y cyfan a orchmynnais…"

Exodus 31:6

Diolch, O Dduw,
am grefftwyr pob oes.
Pobl sydd wedi treulio'u bywyd
yn defnyddio'r doniau a roddaist iddyn nhw.
Helpa ni i sylweddoli
bod dawn pob crefftwr
yn bwysig,
beth bynnag fo'r ddawn honno
a'r gwaith hwnnw.
Helpa ni, Arglwydd, i barchu'r crefftwyr.
Amen.

Oes yna duedd heddiw i ddibrisio gwaith y crefftwr?
Ydi technoleg fodern wedi disodli gwaith y crefftwr?

Michelangelo: 1475–1564

Strydoedd budron

Gosod esiampl / meddwl am eraill / dewrder

Y Fam Teresa: 1910-1997

Clamp o lorri ydi'r lorri sbwriel. Fel arfer, mae hi'n chwyrnu ar hyd ein strydoedd yn gynnar yn y bore. Bydd peiriant ar gefn y lorri yn codi'r bin a'i wagio i grombil y lorri. Yna bydd y peiriant arall yn cnoi'r sbwriel. Dro arall, bydd lorri yn mynd o gwmpas i lanhau'r strydoedd. Beth fyddem ni'n ei wneud heb y lorïau hyn? Wel, mi fyddai'n strydoedd ni'n fudur iawn hebddyn nhw. Ond mewn rhai gwledydd does yna neb yn glanhau'r strydoedd ac mae'r sbwriel ymhob man.

Ar strydoedd Calcutta, yn India, roedd gwraig ganol oed yn gorwedd. Roedd hi wedi bod yno ers dyddiau. Roedd hi'n gorwedd yng nghanol pob math o sbwriel. Papurau, tuniau a bwydydd wedi mynd yn ddrwg. Roedd yr aroglau drwg yn cario i bob man. Heidiai'r pryfed i bob twll a chornel.

Yng nghanol hyn i gyd fe orweddai'r wraig. Roedd llygod mawr wedi bwyta darn o'i throed a'r morgrug wedi dechrau cnoi ei choes. Roedd hi mewn poen mawr. Ond doedd neb yn cymryd dim sylw ohoni.

Ond, un diwrnod, daeth gwraig fechan, denau heibio mewn sari oedd yn gorchuddio ei chorff a'i phen. Penliniodd gyda'r wraig yng nghanol y sbwriel. Dechreuodd siarad efo hi. Helpodd hi i'r ysbyty. Ond roedd pawb yn yr ysbyty'n rhy brysur.

Meddai un nyrs, "Mi rydyn ni'n rhy brysur yma, ewch â hi'n ôl ar y stryd."

Roedd y meddyg o'r un farn, "Fedrwn ni wneud dim iddi, mae hi'n rhy wael i wneud dim efo hi. Mae'n siŵr y bydd hi wedi marw ymhen dyddiau."

Roedd y lleian yn y sari wen yn anhapus iawn, iawn. Gadawodd y wraig yn yr ysbyty ond bu farw, fel roedd y meddyg wedi dweud.

"Yma mi ydw i am aros," meddai'r lleian. "Ar y stryd y bydda i am weddill f'oes yn helpu pawb sydd mewn angen."

Ac felly y bu. Hi oedd y wraig a wnaeth gymaint dros bobl y strydoedd yng Nghalcutta. Y Fam Teresa oedd ei henw. Hi ddywedodd,

"Peidiwch â gadael i neb ddod atoch heb iddynt fynd oddi wrthych yn teimlo'n well ac yn hapusach. Byddwch bob amser yn garedig ac yn barod i ddangos tosturi tuag at bawb. Yn y slymiau, ni yw goleuni caredigrwydd Duw i'r tlodion. Rhowch iddyn nhw, y tlodion a'r unig, ofal ond rhowch iddyn nhw hefyd eich calon."

"Ym mhopeth, dangosais i chwi mai wrth lafurio felly y mae'n rhaid cynorthwyo'r rhai gwan, a dwyn ar gof y geiriau a lefarodd yr Arglwydd Iesu ei hun: 'Dedwyddach yw rhoi na derbyn.'"

Actau 20:35

Helpa ni, O Dduw,
i beidio edrych i lawr ar bobl eraill.
Weithiau, mi fydda i yn gwneud hyn.
Wnei di faddau i mi am hyn?
Weithiau mi fydda i'n edrych i lawr
ar blant eraill,
ar bobl eraill,
plant sydd efo mi yn yr ysgol,
plant sy'n byw yn yr un ardal.
Os gweli'n dda, wnei di faddau i mi?
Helpa fi i weld y gorau ym mhawb.
Amen.

Beth am ein hagwedd ni tuag at bobl eraill?
Agwedd tuag at
* bobl dlawd?
* bobl ar gyffuriau?
* bobl sydd ddim yn credu 'run fath â ni?
* a ddim yn byw yn yr un ffordd â ni?
Sut y dylem ni ymddwyn tuag atyn nhw?

Y Fam Teresa: 1910–1997

Cinio yn y bin sbwriel

Gostyngeiddrwydd / cryfder

Desmond Tutu: 1931-

Fyddwch chi yn hoffi cinio ysgol? Beth sydd ar y fwydlen y dyddiau yma? Sglodion, cig, llysiau, rafioli? A beth am bwdin? Tarten a chwstard, neu hyd yn oed bwdin reis? Neu, efallai eich bod yn bwyta'n iach. Saladau, ffrwythau, llysiau a dŵr. Beth bynnag, pan ddaw amser cinio mi fyddwn ni i gyd yn mwynhau rhywbeth i'w fwyta. Dwi'n siŵr na fyddwch chi'n gorfod chwilio yn y biniau sbwriel am rywbeth i'w fwyta. Pan oedd Desmond Tutu yn fachgen bach, dyna'n union fyddai'n digwydd yn ei ysgol.

Bob amser cinio byddai'r un peth yn digwydd. Ar ôl gwersi'r bore, byddai'r plant yn rhuthro allan i'r iard, nid i chwarae ond i chwilio am fwyd yn y biniau sbwriel.

Doedd y plant yn yr ysgol ddim yn gallu fforddio talu am ginio. Ysgol i blant tywyll eu croen oedd yr ysgol hon. Yn yr un ardal roedd yna ysgolion eraill. Ond ysgolion i blant gwyn oedd y rheiny. Roedd y plant yn yr ysgolion hyn yn cael cinio am ddim. Roedd llywodraeth y wlad yn prynu cinio i bob plentyn yn yr ysgol. Ond doedd hyn ddim yn digwydd yn yr ysgolion i blant tywyll eu croen.

"Beth wyt ti'n feddwl fydd yn y biniau heddiw?" meddai un o'r plant.

"Rydw i'n gobeithio y bydd yna frechdanau pysgod."

"Rydw i'n gobeithio y bydd yna ffrwythau ffres," meddai un arall.

"Efallai y bydd yna datws wedi'u berwi a llysiau," meddai un o'r bechgyn mawr.

Bob amser cinio byddai Desmond yn rhyfeddu at hyn. Eisteddai dan y goeden yn yr iard yn gweld y plant yn rhuthro o un bin i'r llall. Nid sbarion oedd yn y biniau ond cinio plant o'r ysgolion eraill. Doedd y plant gwyn eu croen ddim yn bwyta cinio'r ysgol. Roedden nhw yn ei daflu'n syth i'r bin.

Er bod llywodraeth y wlad yn talu am ginio i'r plant gwyn, roedd yn well ganddyn nhw eu bwyd eu hunain. Felly, bob amser chwarae yn ystod y bore, byddai'r plant yn taflu eu cinio i'r biniau sbwriel. Nid sbarion oedd yna ond bwyd da cyflawn.

"Ni bydd neb sy'n fy nghanlyn i byth yn rhodio yn y tywyllwch ond bydd ganddo oleuni'r byd."

Ioan 8:12

Diolch i Ti, O Dduw,
am lais sy'n ddigon
dewr i siarad pan fo hynny'n anodd.
Dyma wnaeth Desmond Tutu
trwy'i fywyd.
Llefarodd pan oedd yn blentyn,
llefarodd ar ôl iddo dyfu i fyny
yn erbyn apartheid.
Safodd yn gadarn dros y dyn
tywyll ei groen.
Daliodd ati.
Rho dy nerth i bobl sy'n barod
i sefyll yn gadarn dros yr hyn maen nhw'n ei gredu.
Mi fuaswn innau hefyd yn hoffi
bod yn debyg iddyn nhw.
Amen.

Mae llawer sydd wedi cyfarfod Desmond Tutu yn dweud fod ganddo bersonoliaeth 'garismataidd'. Beth ydych chi'n feddwl ydi ystyr y gair hwn? Ydi'r math yma o bersonoliaeth yn help iddo gyflawni ei waith?
Fedrwch chi feddwl am bobl eraill â phersonoliaethau carismataidd?

Desmond Tutu: 1931–

Capten y milwyr yn cael ei wella

Dewrder / cyfeillgarwch / dyfalbarhad

Naaman

Mae yna rai pobl mewn rhannau o'r byd heddiw yn dioddef o afiechyd ar y croen. Enw'r afiechyd hwn yw'r gwahanglwyf. Mae'r afiechyd hwn yn gwneud difrod mawr i'r croen. Mae'r stori hon yn sôn am gapten byddin Syria oedd yn dioddef o'r afiechyd.

Roedd Naaman yn gapten ar fyddin Syria. Roedd byddin Syria yn brwydro yn erbyn byddin Israel. Un diwrnod daeth Naaman â llaweroedd iawn o garcharorion o Israel. Roedd y brenin yn falch iawn.

"Da iawn ti, Naaman," meddai, "rwyt ti'n filwr ardderchog. Edrych, fe gei di fynd ag un ferch adref gyda thi i'th wraig. Fe roddaf i ti yn rhodd am dy waith da fel milwr."

Er bod Naaman yn filwr da, roedd ganddo rywbeth i'w guddio. Doedd neb yn gwybod dim am ei gyfrinach. Doedd y brenin yn gwybod dim. Doedd y milwyr yn gwybod dim. Dim ond gwraig Naaman oedd yn gwybod am ei gyfrinach. Roedd ganddo afiechyd ar ei groen. Roedd yn gwaethygu o ddydd i ddydd.

Er ei fod yn ceisio ei guddio, roedd yn dechrau dangos ar ei freichiau a'i wyneb. Roedd ei wraig yn poeni.

"Beth ddaw o Naaman druan?" meddai. "Pan fydd y bobl a'r brenin yn dod i ddeall fyddan nhw ddim eisiau Naaman yn gapten ar y fyddin." Dechreuodd grio. Doedd yna ddim yn y byd allai wella afiechyd Naaman.

"Peidiwch â chrio," meddai'r ferch fach wrth ei meistres, "fe wn i am un all wella'ch gŵr. Eliseus ydi hwnnw. Mae'n byw yn fy ngwlad i – gwlad Israel."

Rhedodd ei meistres i ddweud wrth ei gŵr. Aeth yntau i weld y brenin ar ei union. Anfonodd y brenin ef i weld brenin Israel. Roedd brenin Syria wedi ysgrifennu llythyr at frenin Israel.

"Sut y medra i wella'r gŵr hwn?" meddai brenin Israel. "Nid Duw ydw i."

Daeth neges oddi wrth Eliseus y proffwyd, "Anfon Naaman ataf i."

Felly, aeth Naaman a'i filwyr i dŷ'r proffwyd Eliseus. Pan gyrhaeddodd y tŷ, wnaeth neb ei wahodd i ddod i mewn. Daeth un o'r caethweision allan a dweud,

"Mae Eliseus yn dweud fod rhaid i ti ymolchi yn afon Iorddonen saith o weithiau ac yna mi fyddi'n well."

Gwylltiodd Naaman, "Pwy mae Eliseus yn feddwl ydi o? Dydw i ddim yn mynd i ymolchi yn yr afon fudr yna."

Perswadiodd y milwyr ef i fynd i ymolchi i afon Iorddonen. Yn y diwedd, cerddodd tua'r afon. Roedd y dŵr yn frown. Yn araf cerddodd Naaman i'r afon. Dechreuodd ei filwyr gyfri. Ar ôl cerdded ychydig, dechreuodd Naaman droi'n ôl tua'r lan.

"Paid â throi'n ôl," gwaeddodd un o'i filwyr, "dos ymlaen. Mi wnawn ni dy helpu. Mi wnawn ni gyfri."

Dechreuodd y milwyr gyfri gyda'i gilydd. "Tri, pedwar, pump, chwech, saith." Yn araf cerddodd Naaman allan o'r afon. Edrychodd ar ei gorff. Doedd yna ddim marc yn unman. Roedd ei groen yn llyfn. Roedd wedi gwella. Bellach, roedd yn ddyn hapus iawn.

"Mae'n rhaid i ni fynd yn syth i dŷ Eliseus i ddiolch iddo," gwaeddodd Naaman ar lan yr afon. Ar y ffordd i dŷ Eliseus roedden nhw hefyd yn diolch i Dduw.

Meddai Naaman wrth Eliseus ar ôl cyrraedd y tŷ, "Rwy'n gwybod yn awr mai dim ond un Duw sy'n bod a hwnnw ydi Duw Israel." Aeth adref i wlad Syria i ddweud wrth ei wraig ei fod am addoli Duw Israel. Hwn oedd y Duw oedd wedi ei wella.

"Felly daeth Naaman, gyda'i feirch a'i gerbydau, a sefyll o flaen drws tŷ Eliseus..."

11 Brenhinoedd 5:9

O Dduw,
mi ydw i eisiau helpu pawb,
bob amser.
Bydd di yn gymorth i mi.
Amen.

Ydych chi'n credu bod Naaman wedi bod yn anniolchgar ar y dechrau?
Neu oedd yna reswm arall tybed?

Naaman

Y proffwyd trist

Dyfalbarhad / ffyddlondeb / gostyngeiddrwydd

Ydych chi'n gwybod beth ydi proffwyd? Yn y Beibl mae yna sôn am broffwyd yn aml iawn. Dyn ydi proffwyd sy'n cael neges arbennig gan Dduw. Ar ôl i'r proffwyd gael neges gan Dduw, mae i fod i rannu'r neges â phobl eraill. Yn y stori hon mae Jeremeia yn cael neges arbennig gan Dduw. Ond dydi'r bobl sy'n gwrando ar y neges ddim yn barod i wrando.

Bachgen ifanc oedd Jeremeia pan glywodd lais Duw yn galw arno. Dywedodd Duw wrtho, "Rydw i wedi dy ddewis di i fod yn broffwyd i mi. Mi fyddi di'n siarad efo'r bobl amdanaf i."

Roedd Jeremeia wedi dychryn.

"Fedra i ddim bod yn broffwyd. Mi ydw i'n rhy ifanc. A beth bynnag, fuaswn i ddim yn gwybod beth i'w ddweud wrth y bobl."

"Paid â phoeni," meddai Duw wrtho, "mi fydda i yn dy helpu. Fyddi di ddim yn gwneud y gwaith ar dy ben dy hun."

Dywedodd Duw wrth Jeremeia ei fod yn caru'r bobl i gyd. Ond doedden nhw ddim yn gwrando ar Dduw.

"Rwyf am i ti ddweud hyn wrth y bobl," meddai Duw wrtho. "Dywed wrthyn nhw os na fyddan nhw'n gwrando y bydd rhywbeth mawr yn digwydd iddyn nhw!"

Dechreuodd Jeremeia ar ei waith. Ond doedd y bobl ddim yn gwrando ar y proffwyd.

Gerllaw'r deml roedd crochendy. "Edrychwch ar y crochenydd wrth ei waith," meddai Jeremeia. "Os ydi'r crochenydd yn gwneud potyn o siâp anghywir, beth mae'n ei wneud?"

"Mae o'n malurio'r potyn a gwneud un arall," meddai'r bobl.

"Ydi," meddai Jeremeia, "a dyna fydd Duw yn ei wneud efo pobl sydd ddim yn gwrando arno."

Dechreuodd y bobl wrando o ddifri ar Jeremeia. Cododd Jeremeia botyn pridd ac yna ei hyrddio ar lawr. Roedd y potyn yn ddarnau mân.

"Dyna fydd Duw yn ei wneud i chi," meddai Jeremeia gan bwyntio at y bobl o'i gwmpas.

Erbyn hyn roedd y bobl yn gas tuag at Jeremeia. Rhoddwyd Jeremeia yn y carchar. Doedd y bobl ddim yn hoff o'r hyn oedd ganddo i'w ddweud. Tra oedd Jeremeia yn y carchar daeth y gelyn ac ymosod ar y ddinas. Daliwyd y bobl a'u clymu â rhaffau. Aeth y gelyn â nhw

Jeremeia: 640-587 cc

i'w gwlad eu hunain. Roedd y tai yn cael eu dymchwel. Llosgwyd y palas. Tynnwyd y deml i lawr. Dim ond ychydig o bobl oedd ar ôl yn y ddinas. Un o'r rhain oedd y proffwyd Jeremeia.

Roedd y proffwyd yn drist iawn. Edrychodd o gwmpas y ddinas. Dim ond cerrig a rwbel oedd ymhobman. Ond fe gofiodd yr hyn roedd Duw wedi ei ddweud wrtho. Roedd Duw wedi dweud y byddai'r gelyn yn dod ac yn dinistrio'r ddinas. Ond roedd Duw wedi dweud hefyd, "Pan fydd y bobl wedi dysgu bod yn ufudd i mi, fe ddof â nhw yn ôl i'r ddinas. Y ddinas ydi eu cartref," meddai Duw.

Roedd Duw yn dal i garu ei bobl. Ar ôl amser maith fe gafodd y bobl ddod yn ôl i'w gwlad eu hunain. Ond erbyn hynny roedd Jeremeia wedi marw.

"Euthum i lawr i dŷ'r crochenydd, a'i gael yn gweithio ar y droell … Fel clai yn llaw'r crochenydd, felly yr ydych chwi yn fy llaw i, tŷ Israel."

Jeremeia 18:3-6

O Dduw,
mi ydw i wrth fy modd
cael bod yn boblogaidd,
pawb yn edrych arna i,
pawb yn ffrindiau efo mi,
ambell un yn fy ffansïo i.
Y fi…y fi…y fi.
Dysg i mi gofio
fod yna bobl eraill
a hefyd bod yna gyfnod
pan fydda i yn amhoblogaidd.
Helpa fi yn arbennig, bryd hynny.
Amen.

Fe allwch chi fod yn amhoblogaidd am eich bod yn dal y syniadau gorau.
Fe all yr athro/ athrawes yn yr ysgol fod yn amhoblogaidd am ei bod/fod yn disgyblu.
Trafodwch.

Jeremeia: 640–587 cc

Y gŵr oedd angen arwydd gan Dduw

Gostyngeiddrwydd / ffyddlondeb / dewrder

Gideon: 1100 cc

Fyddwch chi weithiau yn pendroni beth i'w wneud? A ddylech chi wneud hyn neu'r llall? Mynd adref neu fynd i chwarae? Mae'r stori hon yn sôn am ddyn nad oedd yn sicr a oedd yn cael ei alw gan Dduw ai peidio.

Roedd pobl gwlad Midian yn bobl ddrwg. Roedden nhw'n dwyn bwydydd ac anifeiliaid pobl Israel. Byddai pobl Israel yn dianc i'r mynyddoedd. Yno roedden nhw'n cuddio yn yr ogofâu. Roedd arnyn nhw ofn pobl Midian. Roedden nhw'n gweddïo ar i Dduw ddod i'w helpu.

Roedd ar Gideon ofn pobl Midian. Roedd o, pan oedd o'n blentyn bach, wedi cael llawer o hanesion am Dduw. Un diwrnod, pan oedd Gideon yn dyrnu gwenith yn y caeau, daeth angel ato.

"Mae Duw am i ti arwain y bobl i frwydro yn erbyn pobl Midian," meddai'r angel wrtho. Roedd Gideon wedi dychryn.

"Fedra i ddim," meddai Gideon. "O medri!" meddai'r angel, "mi fydd Duw yn dy helpu."

Doedd Gideon ddim yn hapus o gwbl. Roedd o eisiau bod yn sicr bod Duw yn mynd i'w helpu.

"Os wyt ti eisiau i mi arwain y bobl yn erbyn gwlad Midian, mae'n rhaid i mi gael prawf dy fod yn barod i'm helpu. Rho arwydd i mi," meddai Gideon.

Y noson honno rhoddodd Gideon wlân dafad tu allan i'r ogof. Yn y bore roedd y gwlân yn wlyb o wlith, ond roedd y tir o gwmpas yn sych. Ond doedd Gideon ddim yn sicr eto. Felly y noson honno rhoddodd y gwlân unwaith eto tu allan i'r ogof. Erbyn y bore roedd y gwlân yn sych a'r tir o gwmpas yn wlyb. Roedd Gideon yn sicr erbyn hyn bod Duw yn ei alw.

Casglodd Gideon y gwŷr i gyd. Ond roedd gormod o lawer ohonyn nhw.

"Pwy bynnag sydd ag ofn, fe gewch chi fynd adref," meddai Gideon. Ac fe aeth llawer ohonyn nhw adref. Ond roedd yna ormod o lawer ohonyn nhw o hyd.

"Gwylia," meddai Duw, "pan maen nhw'n yfed dŵr o'r afon.

Mae llawer ohonyn nhw'n yfed y dŵr a'u pennau i lawr. Dydyn nhw ddim yn gwylio a ydi'r gelyn o gwmpas. Anfon nhw adref."

Gwyliodd Gideon nhw'n ofalus. Roedd y rhai oedd yn codi dŵr yn eu dwylo i'w ceg yn barod i wylio oedd y gelyn o gwmpas.

Erbyn hyn, dim ond tri chant o wŷr oedd yn y fyddin. Roedden nhw'n barod i ymosod ar filwyr Midian. Ar ôl iddi nosi anfonodd Gideon ei fyddin o gwmpas pebyll y gelyn. Rhannodd ei wŷr yn dri grŵp. Roedd pob milwr yn cario utgorn, piser gwag a ffagl oddi mewn iddo.

"Cuddiwch y ffagl tu mewn i'r piser a pheidiwch â gwneud dim sŵn nes y bydda i yn dweud," meddai Gideon wrth y milwyr.

Pan oedd Gideon yn barod, torrodd y piser yn deilchion. Chwythodd yr utgorn a gwaeddodd ar ei filwyr. Roedden nhw'n barod i'r frwydr. Dechreuodd y milwyr eraill chwythu eu hutgyrn. Cododd pobl Midian o'u pebyll. Doedden nhw ddim yn gwybod beth oedd yn digwydd.

Yn y tywyllwch doedd milwyr Midian yn gweld dim. O'r sŵn o'u cwmpas roedden nhw'n meddwl fod yna lawer iawn o filwyr yn ymosod arnyn nhw. Roedden nhw'n dechrau ymosod ar eu milwyr eu hunain. Erbyn y bore roedd milwyr Midian wedi dianc. Roedd Gideon a'i filwyr yn hapus iawn.

"Mae'n rhaid i ni droi at Dduw yn awr," meddai Gideon wrth ei bobl. "Mae Duw wedi'n helpu i gael gwared â phobl Midian."

"Ymddangosodd angel yr Arglwydd iddo a dweud wrtho, "'Y mae'r Arglwydd gyda thi, ŵr dewr.'"
Barnwyr 6:12

O Dduw,
diolch am bobl sy'n barod i fentro,
diolch am bobl sy'n sicr o'u taith,
diolch am bobl sy'n barod i weithredu.
Gwna fi'n un ohonyn nhw.
Amen.

Fedrwch chi feddwl am y gwahanol ffyrdd mae Duw yn ein defnyddio?
Ydi o'n gwneud hynny mewn ffyrdd annisgwyl weithiau?

Gideon: 1100 cc

Y gôt un llawes

Cryfder / caredigrwydd / cadernid

Brand

Fel y gwyddoch, mae Ynys yr Iâ yn lle oer iawn. Mae rhan helaeth o'r wlad wedi ei gorchuddio ag eira a rhew. Yn y gaeaf, bydd hi'n tywyllu'n gynnar ac fe fydd hi'n oer iawn, iawn. Mae'r stori hon yn sôn am Brand, dyn da oedd yn byw ar Ynys yr Iâ.

Roedd Brand yn forwr da. Byddai'n hwylio ei long o amgylch yr Ynys o leiaf unwaith y flwyddyn. Dywedodd wrth ei deulu ei fod am hwylio'r moroedd i Norwy. Doedd y daith o Ynys yr Iâ i Norwy ddim yn daith hawdd. Byddai stormydd yn codi ar y môr. Ond fe gyrhaeddodd yn saff.

Ar ôl iddo gyrraedd, fe glywodd Brenin Norwy amdano. Clywodd ei fod yn ddyn da a charedig.

"Fe'i rhoddaf ar brawf," meddai'r Brenin, "i mi gael gweld ydi Brand yn ddyn caredig mewn difri."

Anfonodd un o'i weision i chwilio am Brand a gofyn iddo a fuasai'n fodlon rhoi ei fantell i'r Brenin.

"Wrth gwrs," meddai Brand, "rho'r fantell hon i'r Brenin."

Roedd y Brenin wedi rhyfeddu.

"Fy ngwas," meddai'r Brenin, "rwyf am i ti fynd yn ôl at Brand a gofyn iddo am ei fwyell." Gwyddai'r Brenin fod gan Brand feddwl y byd o'i fwyell.

"Dyma fy mwyell," meddai Brand, a'i rhoi yn llaw gwas y Brenin.

Yn wir, roedd y Brenin wedi rhyfeddu fwy fyth y tro hwn. Ydi wir, mae hwn yn ddyn caredig iawn. Ond doedd y Brenin ddim yn fodlon. Yn ôl yr anfonodd y gwas i ofyn am gôt Brand y tro hwn.

"Mae'r Brenin angen dy gôt y tro yma," meddai'r gwas braidd yn swil. Ond cyn rhoi ei gôt i was y Brenin, tynnodd lawes y gôt ac felly dim ond un llawes oedd arni.

Pan welodd y Brenin y gôt efo'r un llawes edrychodd ar ei was. Meddai wrtho, "Mae Brand nid yn unig yn ddyn caredig iawn, ond mae hefyd yn ddyn cyfrwys iawn. Trwy'r gôt yma efo un llawes mae o wedi dysgu gwers i mi. Dweud mae o fy mod i fel dyn efo un fraich, bob amser yn derbyn ond byth yn rhannu."

"Fy ngwas," meddai'r Brenin, "dos i nôl Brand er mwyn i mi gael dangos iddo fod gennyf fraich arall. Gyda'r fraich arall fe roddaf iddo anrhegion am ei fod wedi bod mor garedig."

Aeth Brand i fyw i balas y Brenin ac yn wir fe ddaeth yn enwog trwy wlad Norwy i gyd.

"Gofynnwch, ac fe roddir i chwi; chwiliwch, ac fe gewch; curwch, ac fe agorir i chwi. Oherwydd y mae pawb sy'n gofyn yn derbyn, a'r hwn sy'n chwilio yn cael, ac i'r hwn sy'n curo agorir y drws."

Mathew 7:7-8

O Dduw,
diolch am bobl ym mhob oes
sy'n barod i roi
heb gyfri'r gost.
Amen.

Beth yn union ydi ystyr "rhoi"?

Dim anrheg pen-blwydd

Parch / cryfder / gostyngeiddrwydd

Martin Luther King: 1926-1968

Rwy'n siŵr y byddwch chi'n edrych ymlaen at ddiwrnod eich pen-blwydd. Dyma'r diwrnod y byddwch chi'n gwahodd eich ffrindiau i'r parti. Dyma ddiwrnod y cardiau a'r anrhegion. Dyma ddiwrnod i fod yn hapus iawn. Ond dydi hynny ddim yn digwydd bob tro. Dyma i chi stori am fachgen, tywyll ei groen, a gafodd ei siomi ar ddiwrnod ei ben-blwydd.

Cychwynnodd Martin a'i dad i lawr y stryd. Roedd hwn yn ddiwrnod arbennig iawn i'r bachgen. Ers wythnosau roedd wedi edrych ymlaen at ddydd ei ben-blwydd, sef Ionawr 15. Diwrnod oer iawn oedd y diwrnod hwnnw. Chwythai'r gwynt ac o dro i dro roedd ambell bluen eira yn disgyn. Mor braf oedd cael troi i mewn i un o'r siopau. Roedd hi'n gynnes yn y siop. Siop esgidiau oedd hon ac arogl lledr yn llenwi'r lle. Roedd pob math o esgidiau ar y silffoedd. Roedd Martin â'i lygaid ar bâr o esgidiau duon, trwm. Byddai'r rhain i'r dim i fynd i'r ysgol. Rhain fyddai ei esgidiau gorau. Dyma esgidiau i fynd i'r capel hefyd ar y Sul.

Eisteddodd Martin a'i dad ar y cadeiriau yn ffrynt y siop.

"Mae'n ddrwg gen i," meddai'r siopwr, "ond mae'n rhaid i chi fynd i eistedd ar y cadeiriau ym mhen draw'r siop."

"Ond," meddai tad Martin, "does neb yn eistedd ar y rhain, felly, fe eisteddwn ni yma. Mae'r rhain yn gadeiriau cryfach na'r rhai yna yn y cefn."

"Na," meddai'r siopwr yn benderfynol. "Mae'n rhaid i chi eistedd ar y cadeiriau yn y cefn. Cadeiriau ar gyfer pobl dywyll eu croen ydi'r rhai yn y cefn. Dim ond pobl wyn sy'n cael eistedd ar y cadeiriau gorau yn y ffrynt."

Erbyn hyn roedd y siopwr wedi gwylltio'n gacwn.

"Os ydych chi eisiau esgidiau newydd, yna mae'n rhaid i chi eistedd ar y cadeiriau acw," meddai gan bwyntio at y cadeiriau bregus yn y cefn.

Meddai tad Martin yn fonheddig, "Os nad ydyn ni'n cael eistedd ar y cadeiriau yn ffrynt y siop, fyddwn ni ddim yn prynu esgidiau newydd."

"Na," meddai'r siopwr. "Y cadeiriau yn y cefn sydd ar gyfer pobl dywyll eu croen."

Cerddodd Martin a'i dad law yn llaw o'r siop. Bu'n rhaid iddo aros am fisoedd ar fisoedd am yr anrheg pen-blwydd.

"Ond rwyf fi'n dweud wrthych: peidiwch â gwrth-sefyll y sawl sy'n gwneud drwg i chwi. Os bydd rhywun yn dy daro ar dy foch dde, tro'r llall ato hefyd."

Mathew 5:39

O Dduw,
mewn mannau eraill o'r byd
mae pobl dywyll eu croen
yn cael eu cam-drin
a'u bychanu.
Dysga fi o'r newydd heddiw
i weld pob mab i ti
yn frawd i mi, O Dduw.
Amen.

Bu Martin Luther King farw yn 39 oed. Cafodd ei saethu ym Memphis pan oedd yn brwydro dros hawliau'r dyn du.
Fyddech chi'n dweud fod pethau wedi gwella erbyn heddiw?
Ydi'r dyn du yn cael mwy o barch heddiw nag yn nyddiau Luther King?

Martin Luther King: 1926-1968

Y wraig yn y goleuni

Gostyngeiddrwydd / ufudd-dod

Bernadette o Lourdes: 1844-1879

Beth petaech chi'n mynd am dro i'r wlad? Ar ôl i chi gerdded heibio'r creigiau, dyma chi'n gweld golau disglair. Wrth i chi edrych i'r goleuni rydych chi'n gweld siâp gwraig yn ymddangos. Mae'r wraig yn dechrau siarad efo chi. Petaech chi'n dweud yr hanes yna wrth eich ffrindiau, ydych chi'n meddwl y buasen nhw'n eich credu? Mae'r stori hon yn sôn am ferch ifanc iawn a welodd olau disglair a gwraig yn siarad efo hi.

Geneth dlawd iawn oedd Bernadette. Roedd hi'n byw gyda'i modryb. Roedd ei rhieni'n rhy dlawd i ofalu amdani. Yn ystod y dydd byddai hi'n mynd am dro. Roedd hi wrth ei bodd yn gwylio'r defaid yn y caeau. Ar ôl bod am dro, fe fyddai'n helpu ei modryb i lanhau'r tŷ.

Ar ôl cyfnod yn byw efo'i modryb, fe aeth yn ôl at ei theulu. Roedden nhw i gyd yn byw mewn un ystafell. Seler oedd yr ystafell hon o dan y carchar.

Pan oedd Bernadette yn ferch ifanc aeth am dro i gasglu coed tân. Yn sydyn dechreuodd y gwynt chwythu. Edrychodd i fyny tuag at y graig fawr. Gwelodd olau disglair. Wrth iddi edrych ar y goleuni, gwelai siâp gwraig. Roedd y wraig yn gwenu arni. Roedd ganddi groes yn ei llaw. Penliniodd Bernadette o flaen y goleuni. Ar ôl ychydig funudau roedd y goleuni a'r wraig wedi diflannu.

Yn ystod y misoedd wedyn fe welodd Bernadette y golau droeon. Dywedodd y wraig wrthi un diwrnod, "Y fi ydi Mair, mam Iesu. Rwyf am i ti helpu i adeiladu eglwys yn y lle hwn."

Aeth y stori trwy'r wlad fel tân gwyllt. Roedd pobl yn dechrau ymweld â'r llecyn. Er na welodd neb arall y goleuni, roedd pawb yn credu bod Bernadette yn dweud y gwir. Byddai pobl yn dod â chanhwyllau efo nhw a'u goleuo. Byddai pobl eraill yn penlinio ar y llawr ac yn gweddïo.

Un diwrnod fe gafodd neges gan y wraig yn y golau disglair, "Bernadette, rwyf am i ti chwilio am y ffynnon wrth ymyl yr ogof. Os gwnei di chwilio'n ofalus, fe weli di y bydd dŵr yn tasgu o'r ffynnon."

Daeth rhai o bobl yr ardal i wylio Bernadette yn chwilio am y ffynnon. Aeth ar ei gliniau a bu'n tyrchu â'i dwylo am amser maith. Yn sydyn dyma'r dŵr o'r ffynnon yn tasgu i'r awyr.

Roedd mwy a mwy o bobl yn dod i weld beth oedd yn digwydd. Dechreuodd rhai ddod â phobl oedd yn wael gyda nhw. Roedd eraill yn dod â phiseri efo nhw i godi dŵr o'r ffynnon. Roedden nhw'n gobeithio y byddai'r dŵr yn gwella'r afiechydon.

Erbyn heddiw, mae'r ffynnon hon yn Lourdes yn enwog iawn. Bydd pobl o bob rhan o'r byd yn mynd yno. Pobl wael ydi'r rhan fwyaf o'r rhain. Maen nhw'n mynd yno gan obeithio y byddan nhw'n cael eu gwella. Bob blwyddyn o gwmpas Gŵyl y Pasg bydd cannoedd ar gannoedd o blant yn mynd i Lourdes. Plant sydd yn wael ac yn dioddef ydi'r plant yma. Bu Bernadette farw yn y flwyddyn 1879, ond mae pobl drwy'r byd yn cofio amdani. Hi a welodd fam Iesu yn y goleuni disglair.

"A gweddnewidiwyd ef yn eu gŵydd hwy, a disgleiriodd ei wyneb fel yr haul, ac aeth ei ddillad yn wyn fel y goleuni."

Mathew 17:2

O Dduw, Ein Tad,
roedd y disgyblion
Pedr, Iago ac Ioan
wedi dychryn
pan welsant Iesu
ar Fynydd y Gweddnewid.
A phan glywsant lais Duw
yn dweud,
"Hwn yw fy mab, yr Anwylyd,
ynddo ef yr wyf yn ymhyfrydu,
gwrandewch arno."
Dysg ninnau i sylweddoli
fod yna bethau na allwn ni byth eu deall.
Amen.

Oes raid i ni gael prawf o bob dim sy'n digwydd? Oes yna rai pethau na fedrwn ni mo'u deall a does yna ddim ystyr rhesymol iddyn nhw?

Bernadette o Lourdes: 1844–1879

Byw ar gwr y jyngl

Parch at fywyd / dyfalbarhad / dewrder

Albert Schweitzer: 1875-1965

Pan fydd plant yn cael eu bwlio, sut fyddwch chi'n teimlo? Fyddwch chi eisiau amddiffyn y rhai sy'n cael eu bwlio? Neu oes arnoch chi ofn, rhag i chi gael eich bwlio? Sut un ydi'r bwli? Mae'r stori hon yn sôn am fachgen oedd yn teimlo i'r byw pan fyddai plant eraill yn cael eu bwlio.

"Mae Albert yn fachgen mawr cryf," gwaeddai'r plant eraill ar fuarth yr ysgol. Roedd Albert wrth ei fodd yn clywed y geiriau hyn. Ar ôl iddo daro'r plentyn ddwywaith, safodd a'i ddwy goes o boptu iddo. Dechreuodd deimlo'n ddig tuag ato'i hun. Roedd ef yn fachgen llond ei groen, yn cael digon o fwyd a phopeth arall roedd arno ei angen. Doedd hynny ddim yn wir am y plant eraill yn ei ddosbarth.

"Dydw i ddim am ymladd byth eto," meddai wrth ei ffrindiau. Yn y gaeaf, pan oedd y tywydd yn oer, fyddai Albert byth yn gwisgo côt fawr. Doedd y plant eraill ddim yn gallu fforddio dillad cynnes, felly penderfynodd y byddai yntau yr un fath. Dechreuodd ofalu am blant oedd mewn angen. Pan fyddai'n crwydro o gwmpas ei gartref, byddai'n siŵr o ddod o hyd i anifail neu aderyn oedd angen help. Dyna lle byddai wedyn yn rhoi pob gofal i'r creadur. Cyn mynd i gysgu, byddai'n gofyn i Dduw ofalu am bobl ac anifeiliaid oedd mewn angen.

Roedd Albert hefyd yn fachgen oedd â diddordeb mewn llawer o bethau. Byddai wrth ei fodd yn chwarae'r organ yng nghapel ei dad. Bob dydd byddai'n darllen y Beibl. Roedd wrth ei fodd yn darllen hanesion am Iesu. Iddo ef, doedd darllen y straeon ddim yn ddigon, roedd ef eisiau gwneud y pethau roedd Iesu wedi eu gwneud. Yn y Testament Newydd mae hanesion am Iesu yn gwella'r cleifion. Roedd Albert yntau eisiau gwneud yr un peth.

Ar ôl bod yn athro mewn coleg am gyfnod, fe aeth yn ôl i'r coleg i fod yn fyfyriwr. Roedd am astudio i fod yn feddyg. Pan oedd yn 30 oed dechreuodd astudio i fod yn feddyg. Priododd â nyrs, Hèlène Bresslau, ac aeth y ddau i weithio i Affrica.

Y cam cyntaf oedd adeiladu ysbyty. Doedd hynny ddim yn waith hawdd ar gwr y jyngl. Ymhen rhai misoedd roedden nhw wedi codi adeilad bregus iawn. Hwn oedd yr ysbyty. Doedd Albert a'i wraig ddim yn awyddus i godi adeilad tebyg i'r rhai yn Ewrop. Byddai adeiladau felly wedi codi ofn ar y bobl leol.

O dipyn i beth, daeth y bobl leol i glywed am y "meddyg" newydd oedd wedi cyrraedd yr ardal. Roedd pobl y jyngl yn dioddef o bob math o afiechydon – malaria, niwmonia, gwahanglwyf a hyd yn oed frathiadau gan nadroedd. Fesul un byddai Albert a Hèlène yn gofalu amdanyn nhw. Aeth y sôn amdanyn nhw ar hyd ac ar led.

Yn ystod y Rhyfel Byd Cyntaf carcharwyd Albert a'i wraig yn Ffrainc. Yn ystod y cyfnod yma torrodd iechyd Hèlène. Tra oedden nhw yn Ffrainc rhoddodd Hèlène enedigaeth i ferch fach. Ar ôl i'r rhyfel ddod i ben, bu'n rhaid i Albert fynd yn ôl i Affrica ar ei ben ei hun. Roedd Hèlène yn rhy wan i wynebu'r daith. Bob hyn a hyn byddai Albert yn dychwelyd i Ffrainc i weld ei wraig a'i ferch fach.

Bu Albert fyw gydol ei oes ynghanol brodorion Affrica ac yno yn eu canol y bu farw.

"Paid ag esgeuluso'r ddawn sydd ynot ac a roddwyd i ti..."

1 Timotheus 4:14

O Dduw,
roeddet ti wedi
pentyrru doniau
ar y gŵr mawr hwn.
Rho i mi nerth i
ddefnyddio'r ddawn
sydd gen i
i'th wasanaeth.
Amen.

Y syniad allweddol ym mywyd Albert Schweitzer oedd dangos parch at fywyd. Beth yn union ydi ystyr hyn?

Albert Schweitzer: 1875–1965

Ffrind y di-waith

Gweledigaeth / dyfalbarhad / gofal

George Macleod: 1895-1991

Ydych chi wedi bod yn yr Alban? I fod yn fwy manwl, ydych chi wedi clywed am Ynys Iona ar ochr orllewinol yr Alban neu wedi bod arni ? Bydd llawer iawn o dwristiaid yn ymweld â'r ynys hon. Bydd pobl yn dod i Iona i weddïo hefyd. Aelodau ydyn nhw o Gymuned Iona. Sefydlydd y gymuned hon oedd y Parchedig George Macleod. Yn y stori hon fe gawn dipyn o'i hanes.

Gweinidog ar eglwys yn Govan, Glasgow oedd George Macleod. Roedd ardal Govan bryd hynny yn ardal dlawd iawn, iawn. Byddai'r plant yn rhedeg ar hyd y strydoedd yn hanner noeth. Roedd bwyd yn brin. Gofynnai George Macleod iddo'i hun yn aml,

"Sut y galla i bregethu i'r bobl yma a hwythau eisiau bwyd? Sut y galla i bregethu i'r bobl yma nad oes ganddyn nhw ddim byd o gwbl?" Dyma stori un fam.

"Rydw i wedi priodi ers deuddeng mlynedd a dim ond am flwyddyn y mae fy ngŵr wedi gweithio yn ystod y cyfnod hwn. Does yna ddim cyflog yn dod i'r tŷ ac mae'n rhaid imi drwsio dillad y plant dro ar ôl tro. Mae gan yr hogyn hynaf wyth clwt ar ei drowsus. Rydw i'n dweud wrtho fo y bydd o'n gynnes yn y gaeaf! Rydw i newydd dynnu llawes oddi ar hen grys i'r gŵr a'i rhoi ar grys arall iddo fo. Pan fydd y dillad wedi mynd yn rhy garpiog i'w gwisgo mi fyddaf yn gwneud matiau rhacs efo nhw. Ond, er gwaetha'r cyfan, rwy'n dal i obeithio y caiff fy ngŵr waith yn fuan ac y bydd pethau'n gwella."

Penderfynodd George Macleod arbrofi i weld a oedd modd dysgu'r bobl i fyw bywyd llawen a llawn, i gysylltu gwaith â bywyd bob dydd. Aeth drosodd gyda nifer o ddynion eraill i ynys fechan Iona a chymryd meddiant o'r hen abaty oedd yno. Abaty Sant Columba oedd hwn – y sant a ddaeth â'r hanes am Iesu Grist drosodd o Iwerddon i'r Alban. Roedd hynny yn y flwyddyn 563 Oed Crist, a bu abaty ar Ynys Iona am ganrifoedd ar ôl hynny.

Ond bellach dim ond adfeilion oedd ar ôl. Lle bu Sant Columba yn adrodd y pader ac yn llafarganu ei weddïau doedd yno bellach ond pentyrrau o gerrig a drain a mieri. Ac i'r lle hwn y daeth George Macleod a'i gyfeillion yn 1938 i ailadeiladu'r hen fynachlog ac i gychwyn cymdeithas yno, cymdeithas o bobl yn gweithio ac yn myfyrio.

Daeth llawer o bobl Govan yno i helpu gyda'r gwaith a daeth gobaith newydd iddyn nhw. Daeth llawer i weld pwrpas newydd i fywyd ac fe ddiflannodd y tristwch a'r anobaith. Byddai pobl Govan yn dod i'r ynys i dreulio peth amser ac yna'n dychwelyd adref at eu teuluoedd. Byddai'r cyfnod ar Ynys Iona yn rhoi ysbrydoliaeth newydd iddyn nhw ac yn dangos iddyn nhw fod bywyd yn werth ei fyw.

"Wedi eu gollwng aeth i fyny'r mynydd o'r neilltu i weddïo, a phan aeth hi'n hwyr yr oedd yno ar ei ben ei hun."
Mathew 14:23

Helpa ni, Arglwydd,
i beidio gwastraffu amser.
Tueddu i ruthro o gwmpas
ydyn ni i gyd.
Rhuthro o'r naill le i'r llall,
yn gwneud hyn ac arall.
Dysga ni i ymdawelu
ac i chwilio am le
distaw fel Ynys Iona.
Ond does dim rhaid i'r
lle hwnnw fod yn bell.
Helpa ni i dawelu,
i aros yn ddistaw,
i feddwl,
i werthfawrogi
ac i weddïo.
Amen.

Gall unrhyw le fod yn lle "arbennig".
Meddyliwch am y lleoedd sy'n "arbennig" i chi.
Pam maen nhw'n lleoedd "arbennig"?

George Macleod: 1895–1991

Y Pêr Ganiedydd

Dyfalbarhad / ffyddlondeb

Fyddwch chi weithiau'n cyfeirio at eich ffrindiau wrth enw eu cartrefi? Dylan Plas Du neu Megan Fron. Mae'r stori hon yn sôn am ddyn na fyddwn hyd yn oed yn ei alw wrth ei enw, dim ond cyfeirio at enw ei gartref yn unig, sef Pantycelyn.

Roedd William, pan oedd yn fachgen ifanc, eisiau bod yn feddyg. Teimlai y gallai fod o gymorth i bobl yr ardal. Roedd llawer ohonyn nhw'n marw'n ifanc. Roedd llawer o blant bach yn marw hefyd.

Un diwrnod, pan oedd William ar ei ffordd adref, arhosodd i wrando ar Howell Harris yn pregethu y tu allan i eglwys Talgarth. Yn ystod y bregeth, teimlai fod Duw yn galw arno i wneud gwaith arbennig. Ar ei ffordd adref, ar ôl gwrando ar y bregeth, daliai i feddwl am yr hyn a glywodd. Penderfynodd ei fod am fynd yn offeiriad. Cafodd ei benodi'n gurad yn yr eglwys. Doedd o ddim yn hapus fel curad yn yr eglwys.

Yn fuan iawn, dechreuodd bregethu gydag enwad arall sef y Methodistiaid. Golygai hyn y byddai Williams yn pregethu ar hyd ac ar led y wlad. Roedd y bobl oedd wedi cael tröedigaeth yn cyfarfod gyda'i gilydd mewn "seiadau". Yn y "seiadau" hyn bydden nhw'n trafod beth oedd ystyr eu tröedigaeth. Ar un cyfnod roedd oddeutu 450 o seiadau ar hyd a lled Cymru. Byddai William wrth ei fodd yn cwrdd â'r holl bobl ifanc, yn fechgyn a merched. Roedden nhw'n barod iawn i sôn am yr hyn oedd wedi digwydd iddyn nhw. Byddai William yn barod iawn i roi cyngor i'r bobl ifanc hyn.

Roedd William hefyd yn bregethwr mawr. Teithiai trwy Gymru i gyd i bregethu a byddai tyrfaoedd yn dod i wrando arno. Yn ôl yr hyn a ddywedodd ef ei hun, "Yr wyf wedi teithio'n agos i dair mil o filltiroedd bob blwyddyn tros 50 o flynyddoedd."

Ond efallai ein bod yn cofio am Bantycelyn yn bennaf fel emynydd. Mae sôn bod Howell Harris wedi trefnu math o gystadleuaeth i weld a oedd Duw wedi donio un o'r arweinwyr Methodistaidd yn fwy na'i gilydd i gyfansoddi emynau. Yn ôl pob golwg, Pantycelyn enillodd. Felly, roedd cyfrifoldeb arno ef i gyfansoddi emynau. Dechreuodd ar y gwaith yn ifanc iawn pan oedd yn 27 oed. Roedd nid yn unig yn cyfansoddi emynau, ond hefyd yn creu penillion i'w canu ar alawon ysgafn.

Roedd ei wraig Mali yn gantores ac yn deall cerddoriaeth. Mae'n bur debyg ei fod wedi cael cymorth ganddi hi gyda'r alawon. Mae sôn fod cynulleidfa fawr ym Mhen Llŷn, yng Ngogledd Cymru, wedi bod yn canu emynau Pantycelyn am dri diwrnod a thair noson. Meddyliwch am y fath ganu! Yn y llyfr emynau *Caneuon Ffydd* mae yna 88 o emynau Pantycelyn.

Gan fod William Williams wedi cyfansoddi cymaint o emynau, mae'r Cymry wedi rhoi enw arall arno sef "Y Pêr Ganiedydd". O edrych ar emynau Pantycelyn, maen nhw'n cynnwys llawer o eiriau a dywediadau o'r Beibl. Mae'n amlwg ei fod yn gwybod y Beibl yn dda. Chwiliwch am yr emyn hwn yn *Caneuon Ffydd*:

"Iesu, Iesu rwyt ti'n ddigon
Rwyt ti'n llawer mwy na'r byd…"

"Rhoddodd yn fy ngwefusau gân newydd, cân o foliant i'n Duw."

Salm 40:3

O Dduw,
pererin wyf mewn anial dir,
Yn crwydro yma a thraw,
ac yn rhyw ddisgwyl bob yr awr.
Fod tŷ fy Nhad gerllaw."
Amen.

Mae emynau yn mynegi profiadau, profiadau pobl eraill.
Ydi hi'n iawn i ni ganu am brofiadau pobl eraill, sy'n ddieithr i ni?

William Williams, Pantycelyn: 1717–1791

Neges Ewyllys Da

Sefyll dros yr hyn rydych yn ei gredu / ffyddlondeb / dyfalbarhad

"Cymru'n galw. Neges Ewyllys Da Ieuenctid Cymru i Ieuenctid y Byd. Dyma Gymru. Cyfarchion bechgyn a merched Cymru i fechgyn a merched yr holl fyd ar Ddydd Ewyllys Da."

Ie, dyna'r cyfarchiad ar Ddydd Ewyllys Da Plant Cymru ar Mai 18 bob blwyddyn. Dyma'n cyfle ni i holi sylfaenydd y Neges, sef y Parchedig Gwilym Davies.

Ymhle y cawsoch chi'ch geni?

Ym Medlinog, Sir Forgannwg. Ond gan fod fy nhad yn weinidog gyda'r Bedyddwyr fe symudon ni i Faenordeilo, Sir Gaerfyrddin. Ar ôl dyddiau ysgol fe es i Goleg Nottingham a Choleg yr Iesu, Rhydychen. Roeddwn i am fod yn weinidog fel fy nhad. Bûm yn weinidog yng Nghaerfyrddin, y Fenni a Llandrindod.

Ond nid fel gweinidog yn bennaf rydyn ni'n cofio amdanoch:

Na, roedd fy nghalon i ar dân dros heddwch. Ar ôl y Rhyfel Byd Cyntaf (1914-18) fe welais i nad oedd modd datrys problemau Cymru heb help gwledydd eraill. Mi fyddwn i yn treulio tua naw mis bob blwyddyn yng Ngenefa, yn y Swistir, yn trafod problemau gwledydd eraill. Roeddwn i'n teimlo fod gan Gymru, oedd yn genedl fechan, neges arbennig i'w chyflwyno i'r byd. Roeddwn i hefyd yn sicr mai'r ffordd o setlo rhyfel oedd trwy addysgu plant a phobl ifanc.

Er eich bod chi'n crwydro cryn dipyn roeddech chi yn dal i roi sylw mawr i Gymru.

Ar ôl priodi fe symudais i fyw i Aberystwyth. Roedd gen i ddiddordeb mawr mewn pobl. Droeon mi fyddwn i yn siarad â chriw o sipsiwn ar gyrion Aberystwyth. Cofiwch chi, roedd rhai pobl yn synnu fod dyn "parchus" fel fi yn siarad â phobl felly. Ond, dyna sut mae dod i ddeall pobl, trwy siarad efo nhw. Mi rydw i yn cofio dweud rhyw dro, 'y drygioni pennaf yn ein byd yw rhyfel. Mae'n rhaid i ni wneud ein byd yn un gymdeithas fawr heb iddi ffiniau lliw, na gwlad na chrefydd.' Felly roedd gen i ddau gariad mawr, sef pobl ifanc a heddwch byd. Ym 1922 cychwynnodd Neges Heddwch Ieuenctid Cymru i Ieuenctid y Byd.

Sut ymateb fu yna?

Wel, y neges gyntaf, dim ond un glywodd y genadwri, sef Rheolwr Tŵr Eiffel ym Mharis. Y flwyddyn ganlynol, fawr neb yn clywed y neges. Ym 1924 fe anfonwyd y neges gan orsaf radio'r BBC. A wyddoch chi, wrth ddarlledu'r neges hon, y fi oedd y cyntaf i ddarlledu yn Gymraeg ar y BBC. Derbyniais ddau ateb i'r neges hon. Un gan Archesgob Uppsala yn Sweden a'r llall gan Weinidog Addysg Gwlad Pŵyl.

Pam dewis Mai 18?

Ar y dyddiad hwn y cyfarfu y Gyngres Heddwch Ryngwladol am y tro cyntaf erioed yn yr Hague, yr Iseldiroedd, a hynny yn 1899 pan oeddwn i'n bedair oed. Pwrpas y Gyngres hon oedd creu byd heb ryfel a dyna oedd pwrpas Neges Ewyllys Da a hefyd ceisio cael ieuenctid y byd i ddod at ei gilydd i greu byd o heddwch.

Fedrwch chi gofio ambell ateb gawsoch chi?

Fe ddywedodd un gŵr amlwg wrthyf, 'Rydych chi'n siarad yn enw gwlad fechan Cymru, nad oes angen i'r un wlad arall ei hofni. Bydd pob gwlad arall yn croesawu'ch arweiniad.'

Beth fuasai eich neges i ieuenctid Cymru heddiw?

Mae'n rhaid troi pob carreg i geisio heddwch byd. Dydi o ddim yn waith hawdd o gwbl ond dyfal donc a dyr y garreg. Rwy'n berffaith sicr mai trwy addysgu mae gwneud hynny. Fe ddywedodd Iesu Grist, "Gwyn eu byd y tangnefeddwyr...", sef y bobl sy'n chwilio am heddwch. A chofiwch sut mae'r adnod yn gorffen, "hwy a elwir yn blant i Dduw".

Y Parchedig Gwilym Davies, diolch yn fawr i chi.

"Gwyn eu byd y tangnefeddwyr,
oherwydd cânt hwy eu galw'n feibion Duw."
Mathew 5:9

Dysg ni, Arglwydd,
i'th wasanaethu fel yr haeddi,
i roi heb gyfri'r gost;
i frwydro heb ystyried y clwyfau;
i weithio heb geisio gorffwys;
i lafurio heb ddisgwyl unrhyw wobr
ond gwybod ein bod yn gwneud dy ewyllys di.
Amen.

(Gweddi o waith Ignatius o Loyola)

Ydych chi'n credu fod gan Gymru gyfraniad i'w wneud i heddwch byd?
Rhestrwch ddau neu dri o bethau a thrafodwch ymhlith eich gilydd.

Gwilym Davies: 1895–1955

Hanes Iesu ar gân

Dyfalbarhad / gwneud ein gorau

Fyddwch chi'n hoffi gwrando ar gerddoriaeth? Pa fath o gerddoriaeth fyddwch chi'n hoffi? Mae'r stori hon yn sôn am un o gerddorion mwya'r byd.

Meddyg a deintydd oedd tad George Handel. Byddai bob cyfle yn sôn am ei fab. "Rwyf am i'r mab fod yn enwog ryw ddydd. Mae'n rhaid iddo gael digonedd o lyfrau o'i gwmpas er mwyn iddo ddarllen ac astudio. Rwy'n gobeithio y daw yn gyfreithiwr ar ôl iddo dyfu i fyny."

Un diwrnod, pan ddaeth tad George i'r tŷ, clywodd sŵn mawr yn dod o'r ystafell yn y llofft. Aeth i fyny a gwaeddodd yn y drws, "Beth ydi'r sŵn aflafar yma?" Eisteddai George a phob math o deganau cerddorol o'i gwmpas, trwmped, drwm a ffliwt.

"Dim mwy o'r sŵn yma," meddai ei dad.

"Ond Dad, rydw i'n hoffi cerddoriaeth."

"Gwranda," meddai'r tad, "dim ond pobl dlawd ar y stryd sy'n chwarae cerddoriaeth. Rwyf am i ti fod yn gyfreithiwr a dim arall. Byddi'n mynd i'r ysgol reit fuan a bydd diwedd ar y nonsens yma." Gafaelodd yn y teganau a'u taflu i'r tân.

Ymlwybrai George i'r ysgol bob dydd. Bachgen trist iawn ydoedd. Ond ar y Sul roedd yn fachgen hapus. Byddai'n arfer mynd i'r eglwys gyda'i fodryb Anna. Gwrandawai ar yr organ fawr yn cael ei chwarae.

"Buaswn wrth fy modd yn eistedd i fyny acw yn chwarae'r organ fawr," meddai wrtho'i hun. Un diwrnod gofynnodd ei fam iddo, "George, pam rwyt ti mor drist?" Dechreuodd George feichio crio, "Mam, fedra i ddim byw heb gerddoriaeth!"

Pan oedd George yn 7 oed rhedodd ar ôl y goets oedd yn cario ei dad i weld un o'r bobl fawr. Daliai George i redeg. Yn y diwedd bu'n rhaid stopio'r goets a chodi'r bachgen. Ar ôl cyrraedd y palas, aeth George am dro o gwmpas yr ystafelloedd. Daeth ar draws yr ystafell lle'r oedd yr organ fawr. Dechreuodd chwarae'r offeryn.

"Pwy sydd yn chwarae'r organ?" gofynnodd perchennog y palas.

"Fy mab, George," meddai'r tad braidd yn swil.

"Mae'n organydd wrth reddf," meddai'r perchennog. "Cofiwch roi gwersi iddo. Mi fydd yn organydd mawr ryw ddydd."

Handel: 1685-1759

Ildiodd y tad. O hynny ymlaen doedd dim diwedd ar allu George fel cerddor. Ysgrifennodd operâu oedd yn cael eu perfformio ar hyd a lled y byd. Dechreuodd ysgrifennu math newydd o gerddoriaeth, sef oratorio. Ysgrifennodd hanesion o'r Beibl ar gân. Er pan oedd yn blentyn, roedd wedi meddwl am ysgrifennu hanes Iesu ar gân. Byddai'r stori yn sôn am y ffordd roedd y proffwydi wedi dweud y byddai Iesu yn cael ei eni. Yna hanes bywyd Iesu a'r ffordd y bu farw ar y groes. Yna ei hanes yn codi o'r bedd. Roedd hwn yn gyfnod cyffrous iawn iddo.

Am bron i fis cyfan bu'n gweithio ar yr oratorio. Byddai gwas yn mynd â bwyd i'w ystafell. Ond yn aml iawn byddai'r bwyd wedi ei adael heb ei fwyta. Roedd y gannwyll yn llosgi'n isel iawn bob dydd. Un bore pan aeth y gwas â brecwast iddo gwaeddodd Handel,

"Mae'r gwaith wedi'i orffen!" Dechreuodd y dagrau redeg i lawr ei ruddiau. "Clywais angylion Duw yn canu'r nodau," meddai wrth ei was. Roedd *Y Meseia*, sef yr oratorio, wedi ei chwblhau.

Bu Handel farw yn ŵr dall ac wedi'i barlysu. Ond mae'n byw am byth yn ei waith ac yn arbennig yn yr oratorio, *Y Meseia*.

"Moliannaf enw Duw ar gân,
mawrygaf ef â diolchgarwch."
Salm 69:30

Diolch i Ti, O Dduw,
am gerddorion a chantorion
ar hyd yr oesoedd
sydd wedi canu cân
i Ti.
Amen.

Oes gennym ni hawl i fynd yn groes i'r hyn mae pobl ifanc eisiau ei wneud gyda'u bywyd?
Trafodwch o safbwynt:
(a)Rhieni
(b)Pobl ifanc

Handel: 1685-1759

Y merthyr cyntaf

Ffyddlondeb / dewrder

Steffan: y ganrif gyntaf

Wyddoch chi beth ydi merthyr? Pobl ydyn nhw sy'n barod i farw dros yr hyn maen nhw'n ei gredu ynddo. Ar draws y canrifoedd mae sôn am ferthyron. Mae'n bur debyg mai Steffan oedd y merthyr cyntaf. Cawn ei hanes yn llyfr yr Actau yn y Testament Newydd. Dyma stori Steffan.

Yn gynnar yn hanes yr eglwys, apwyntiodd yr apostolion saith o ddiaconiaid i'w helpu. Yn ôl pob hanes, Steffan oedd y cyntaf o'r saith i gael ei ddewis. Roedd Steffan yn ddyn da. Iddew oedd Steffan oedd yn siarad yr iaith Roeg. Felly ef oedd y dyn gorau i ofalu am wragedd gweddw oedd yn siarad yr iaith Roeg. Roedden nhw'n byw yn y gymdeithas Gristnogol yn Jerwsalem. Nid yn unig roedd yn gofalu am y gwragedd gweddw, roedd hefyd yn sôn am Iesu wrth bobl y ddinas i gyd. Doedd rhai o'r Iddewon oedd yn byw yn Jerwsalem ddim yn hoffi'r ffordd roedd Steffan yn sôn am Iesu.

"Mae'n rhaid i ni wneud rhywbeth efo Steffan," meddai un o'r Iddewon. "Mae'r ffordd y mae o'n sôn am Iesu wrth y bobl…"

"Beth wyt ti'n feddwl?" meddai un arall.

"Wel, dydi o'n sôn dim am Moses, dydi o'n sôn dim am Dduw, dim ond am Iesu bob amser."

"Rwyt ti'n iawn," awgrymodd y llall. "Gwell fyddai i ni ddweud hynny wrth yr awdurdodau."

"Mae'n rhaid i ni ddweud wrth Lys yr Iddewon, sef y Sanhedrin," meddai un arall.

Ymhen dim amser roedd aelodau'r Cyngor wedi galw Steffan. Safodd o'u blaenau. Dechreuodd ddweud wrthyn nhw pam roedd o'n sôn am Iesu Grist. Atgoffodd nhw hefyd o hanes eu cenedl a'u pobl. Dywedodd wrthyn nhw,

"Mae hanes wedi dangos yn glir nad ydych chi erioed wedi gwrando ar Dduw. Rydych chi wedi mynnu cerdded eich ffordd eich hunain. Chi wrthododd Iesu Grist. Chi fradychodd a gwerthu Iesu. Chi groeshoeliodd Iesu ar y groes. Chi laddodd Iesu Grist."

O glywed y geiriau hyn roedd aelodau'r Cyngor yn gandryll ac yn flin iawn wrtho.

"Mae'n rhaid i ni gael gwared â'r dyn yma am byth," meddai un aelod o'r Cyngor.

Llusgwyd Steffan allan o'r ddinas. Dechreuodd y bobl daflu cerrig ato. Roedd y dorf yn gweiddi'n groch. Roedd Steffan yn amlwg wedi cythruddo aelodau'r Cyngor. Wrth i bobl daflu cerrig tuag ato roedd Steffan yn gweddïo,

"Arglwydd Iesu, derbyn fy ysbryd." Yna penliniodd a gofyn i Dduw faddau i'r rhai oedd yn taflu cerrig tuag ato.

Roedd rhai o'r dorf yn gweiddi, "Mae'n rhaid i ni ladd y dyn hwn. Mae o'n gwneud drwg mawr i ni."

Ar ôl i bobl fod wrthi'n taflu cerrig ato am gryn amser, bu farw Steffan. Cafodd Steffan ei alw i helpu'r apostolion a bu'n weithiwr diwyd a brwd i'r diwedd.

"Ac wrth iddynt ei labyddio, yr oedd Steffan yn galw, 'Arglwydd Iesu, derbyn fy ysbryd.' Yna penliniodd, a gwaeddodd â llais uchel, 'Arglwydd, paid â dal y pechod hwn yn eu herbyn.'"

Actau 7:59-60

Duw fo yn fy mhen
ac yn fy neall,
Duw fo yn fy llygaid
ac yn fy edrychiad,
Duw fo yn fy ngenau
ac yn fy llefaru,
Duw fo yn fy nghalon
ac yn fy meddwl,
Duw fo yn fy niwedd
ac yn fy ymadawiad.
Amen.

(Gweddi Primlyfr Caersallog)

Am iddo godi gwrychyn yr Iddewon fe gafodd Steffan ei ladd ac yntau'n ifanc.
Petai Steffan wedi sôn am Iesu yn ddistaw bach, oni fyddai wedi gwneud mwy o waith drosto?

Steffan: y ganrif gyntaf

Llygaid i'r dall

Cryfder / dewrder

Beth am i chi gau eich llygaid am funud? Dechreuwch gerdded o gwmpas yr ystafell. Ydi, mae hi'n anodd iawn. Rwy'n siŵr eich bod yn mynd yn erbyn pob dim. Caewch eich llygaid unwaith eto. Meddyliwch am y pethau na fedrwch eu gwneud. Darllen, gwylio'r teledu, chwarae pêl, edrych ar y cyfrifiadur. Beth felly am bobl sy'n ddall? Beth sy'n digwydd iddyn nhw? Erbyn hyn mae yna nifer o bethau i'w helpu. Mae llyfrau arbennig iddyn nhw i'w darllen. Mae'r stori y tro hwn yn sôn am Louis Braille. Ef oedd y dyn wnaeth gymaint i helpu pobl ddall.

Pan oedd Louis yn dair blwydd oed fe gafodd ddamwain fawr. Byddai Louis wrth ei fodd efo'i dad yn y gweithdy. Trin lledr oedd gwaith ei dad. O fore gwyn tan nos byddai Louis yn dilyn ei dad, yn chwarae efo'r celfi ac yn arogli'r lledr.

"Tyrd i eistedd ar y gadair yma tra bydda i'n mynd i'r ystafell drws nesa," meddai'r tad wrth Louis, "a chofia di, paid â chyffwrdd mewn dim."

Ond wnaeth Louis ddim gwrando. Cododd un o'r celfi, sef y mynawyd a cheisio ei wthio trwy ddarn o ledr. Ond roedd y lledr yn galed. Yna wrth iddo wthio'n galetach a chaletach, llithrodd y mynawyd i lygad y plentyn.

Pan ddaeth ei dad yn ôl, roedd y bachgen bach wedi syrthio ar lawr ac yn beichio crio. Sylwodd ei dad ei fod wedi ei anafu'n ddrwg iawn. Bu mewn poen mawr am ddyddiau. Dechreuodd yr haint ledu i'r llygad arall. Am fisoedd bu'r meddygon yn gweithio'n galed i geisio gwella Louis. Ond doedd dim yn tycio. Roedd Louis yn ddall yn ei ddau lygad.

Ar ôl iddo dyfu i fyny, aeth i ysgol arbennig ar gyfer y deillion. Roedd â diddordeb mawr yn y ffordd roedd pobl yn dysgu darllen. Pan ddaeth yn athro yn y coleg fe weithiodd yn galed i gael gwyddor ar gyfer y deillion. Mae gwyddor Braille yn cynnwys nifer o ddotiau sy'n codi o'r dudalen. Pan fydd pobl ddall yn eu cyffwrdd, bydd y dotiau yn hawdd i'w hadnabod. Erbyn hyn, mae llyfrau Braille ar gyfer y deillion. Mae peiriant hefyd ar gael i helpu'r deillion i

Louis Braille: 1809-1952

ysgrifennu mewn braille. Mae tapiau ar gael i'r deillion wrando ar storïau yn cael eu darllen iddyn nhw.

Louis Braille oedd y dyn a roddodd lygaid i'r deillion, a'u galluogi i fyw bywyd normal.

"A daeth deillion a chloffion ato yn y deml, ac iachaodd hwy."

Mathew 21:14

O Dduw,
diolch i Ti am yr hyn yr ydw i'n medru ei wneud.
Helpa fi i wneud y pethau hyn er daioni,
i helpu eraill, fel y gwnaeth Louis Braille.
Amen.

Beth ydi'r pethau fedrwch chi eu gwneud orau?
Rhestrwch nhw.
Beth am y pethau rydych chi'n cael anhawster efo nhw?
Tybed fuasech chi'n gallu gwneud y rhain yn well petaech chi'n gwneud mwy o ymdrech?
Trafodwch.

Louis Braille: 1809–1952

Milwr da

| Ffyddlondeb / cryfder / dewrder |

Fyddwch chi'n hoffi clywed band yn chwarae? Efallai eich bod chi yn gallu chwythu utgorn neu drombôn. O gwmpas y Nadolig yn y dinasoedd mawr bydd band yn chwarae carolau. Fel arfer, band Byddin yr Iachawdwriaeth fydd yno. Mi fydd y chwaraewyr yn gwisgo dillad glas tywyll. Bydd dynion a merched yn chwarae yn y band. Mae'r stori hon yn sôn am sylfaenydd Byddin yr Iachawdwriaeth.

Yn ninas Nottingham, yn Lloegr, y cafodd William Booth ei fagu. Roedd ei deulu'n dlawd iawn. Pan oedd yn 15 oed dechreuodd gymryd diddordeb yn hanes Iesu Grist. Byddai'n darllen y Beibl bob dydd. Roedd William eisiau byw fel Iesu Grist. Roedd Iesu'n helpu'r tlawd a'r digartref. Felly, penderfynodd William fyw ei fywyd i helpu eraill. Priododd â Catherine ac aeth i fyw i Lundain. Yn y ddinas honno roedd pobl yn byw mewn tlodi mawr. Bu William a Catherine yn byw efo nhw ar y strydoedd.

Roedd William nid yn unig yn eu helpu, ond hefyd yn sôn am Iesu Grist wrth y bobl. Unwaith, pan oedd yn pregethu mewn pabell fawr, fe ddaeth corwynt o rywle a chwythu'r babell yn ddarnau mân. Ond roedd William yn benderfynol o ddal ati i bregethu a sôn am Iesu Grist. Byddai'n pregethu ar ochr y stryd, mewn hen gwt neu hyd yn oed ar lawr y ddawns. Am chwe blynedd bu'n sôn am Iesu a helpu'r bobl yn ninas Llundain. O'r diwedd, fe gafodd adeilad iddo'i hun. Roedd o mor falch!

"Catherine, mae gen i newydd da i ti!" meddai wrth ei wraig un gyda'r nos. "Rwy'n meddwl ein bod ni wedi cael adeilad, lle y gallwn ni bregethu, sôn am Iesu Grist a hefyd lle cawn ni ddod â phobl i mewn i gael rhyw fath o gysur."

Daeth gwên fawr dros wyneb Catherine. Roedd hithau hefyd yn rhannu llawenydd ei gŵr. Yn raddol roedd pobl yn dechrau gwrando ar yr hyn oedd gan William i'w ddweud. Roedd ef yn pregethu yn erbyn y drwg a welai bob dydd yn y ddinas. Doedd ef ddim yn hapus o weld plant yn gweithio am oriau hirion. Fe fydden nhw'n gweithio o bump o'r gloch y bore tan naw o'r gloch yr hwyr. Roedd hefyd yn teimlo bod pobl yn treulio gormod o'u hamser yn y tafarnau. Doedd perchnogion y tafarnau ddim yn hoffi clywed yr hyn oedd gan William Booth i'w ddweud.

"Mae'n rhaid i ni gau ceg y dyn yma," meddai un o'r perchnogion, "mae hwn yn gwneud drwg mawr i ni. Beth am i rai ohonoch chi fechgyn cryfion fynd i ymosod arno, ac os gwnewch chi hynny fe gewch chi ddiod am ddim yn y dafarn yma."

Felly y bu. Roedd rhywun yn ymosod ar William Booth yn gyson. Bu Catherine, ei wraig, yn wael am gyfnod hir. Yn ystod y cyfnod hwn bu William yn gofalu amdani ddydd a nos. Bob cyfle byddai'n ysgrifennu am ei hanesion efo'r bobl dlawd. Ar ôl i'w wraig farw, cyhoeddodd lyfr yn dweud sut roedd y bobl dlawd yn byw. Doedd y bobl gyffredin ddim yn gwybod am gyflwr y bobl dlawd. Dechreuodd yr arian lifo i mewn.

Derbyniodd £100,000. Roedd hyn yn arian mawr yr adeg hynny. Bellach roedd yn gallu rhoi cartrefi i'r digartref. Roedd "byddin" William Booth yn dechrau gorymdeithio trwy ddinasoedd a threfi Prydain i gyd. Byddai pobl yn eu hadnabod yn ôl eu gwisg, eu band a hefyd eu bod yn "filwyr da" i Iesu Grist. Erbyn heddiw, mae aelodau o Fyddin yr Iachawdwriaeth i'w gweld ym mhob rhan o'r byd.

"Ymgryfhewch yn yr Arglwydd ac yn nerth ei allu ef. Gwisgwch amdanoch holl arfogaeth Duw er mwyn i chwi fedru sefyll yn gadarn…"

Effesiaid 6:10-11

Diolch i Ti, O Dduw,
am bobl ddewr fel William Booth,
a ddywedodd:
Tra bydd merched yn wylo fe ymladdaf drostynt,
tra bydd plant yn newynu fe ymladdaf drostynt,
tra bydd dynion yn mynd i garchar fe ymladdaf drostynt.
Gwna finnau, Arglwydd, yn debyg i William Booth,
yn gwneud fy ngorau dros blant
sydd mewn angen.
Amen.

A ddylai eglwysi a chapeli Cymru ddilyn esiampl Byddin yr Iachawdwriaeth a mynd allan at y bobl?

William Booth: 1829–1912

Ffrind y gwahangleifion

Dewrder / cryfder / ffyddlondeb

Y Tad Joseph Damien: 1840-1889

Ydych chi'n cofio'r hanes am Iesu yn gwella'r gwahangleifion? Roedd deg ohonyn nhw ac ar ôl iddyn nhw gael eu gwella, dim ond un ohonyn nhw ddaeth yn ôl i ddiolch. Afiechyd creulon iawn ydi'r gwahanglwyf. Mae'n ymosod ar y croen. Yn adeg Iesu Grist roedd pobl yn taflu cerrig at y gwahangleifion. Byddai'r gwahangleifion yn cael eu herlid o'u cartrefi. Roedden nhw yn mynd i fyw efo'i gilydd mewn rhan o'r pentref neu'r ddinas neu hyd yn oed ar ynys bell. Dyma stori am offeiriad a aeth i fyw at griw o wahangleifion ar Ynys Molokai.

Galwodd yr Esgob yr offeiriaid ynghyd. "Rwyf yn poeni am y bobl sy'n byw ar Ynys Molokai. Fel y gwyddoch, mae'r gwahangleifion yn byw gyda'i gilydd ar yr ynys hon. Rwyf angen i un ohonoch fynd i weithio ar yr ynys. Ond cofiwch, efallai na fyddwch chi'n dod yn ôl i'r tir mawr."

"Sut hynny?" meddai un o'r offeiriaid.

"Fel y gwyddoch, mae'r ynys yn llawn o wahangleifion. Y peryg ydi y bydd pwy bynnag sy'n mynd yno yn mynd i ddal yr afiechyd creulon," meddai'r Esgob.

"Mi rydw i am fynd," meddai Joseph Damien.

Edrychodd pawb arno. Roedd pob un o'r offeiriaid yn credu ei fod yn ddyn dewr iawn.

Hwyliodd y Tad Damien i Ynys Molokai. Yno y bu'n gweithio'n ddiwyd am ddeuddeng mlynedd. Gofalai am y cleifion. Roedd yn eu bwydo ac yn iacháu eu clwyfau. Bob gyda'r nos byddai'n sôn wrthyn nhw am Iesu Grist. Roedden nhw wrth eu bodd yn clywed yr hanesion amdano. Y stori orau un oedd honno yn sôn am Iesu yn iacháu'r gwahangleifion.

"Gawn ni'r stori yna eto," oedd yr un gân bob nos.

Roedd y Tad Damien yn teimlo ei fod yn un â'r gwahangleifion. Roedd yn hapus iawn yn eu plith.

Un bore, wrth godi o'r gwely, teimlodd y Tad Damien ryw deimlad rhyfedd yn ei droed. Aeth i weld un o'r meddygon oedd yn gweithio ar yr ynys.

"Mae'n wir ddrwg gen i," meddai'r meddyg yn dosturiol, "mae arna i ofn eich bod yn dioddef o'r gwahanglwyf."

Daliodd i weithio'n galed ymhlith ei gyd-gleifion.

"Mae rhai pobl yn tosturio wrthyf," meddai wrth ei ffrind, "ond mi rydw i'n hapus gan fy mod yn un ohonyn nhw bellach."

Roedd y Tad Damien yn ddyn hapus am ei fod yn gallu helpu Duw ar Ynys Molokai. Roedd wedi caru'r cleifion i'r eithaf. Am dair blynedd y bu'n dioddef o'r afiechyd. Bu farw ymhlith ei bobl a chafodd ei gladdu o dan y goeden roedd yn arfer eistedd oddi tani pan oedd yn ddyn iach.

"Safasant bellter oddi wrtho, a chodi eu lleisiau arno: '"Iesu, feistr, trugarha wrthym.'"

Luc 17:12-13

O Dduw,
mae yna sawl math o afiechyd
sy'n llorio pobl
a'u gwneud nhw'n llai na phobl.
Rho nerth i feddygon a nyrsys
i ofalu am y claf ym mhob gwlad.
Amen.

Fyddech chi'n barod i wneud yr hyn a wnaeth y Tad Damien?
Beth fyddai'n eich rhwystro chi rhag mynd i Ynys Molokai?

Y Tad Joseph Damien: 1840–1889

Smyglo Beiblau

Dyfalbarhad / ffyddlondeb

William Tyndale: 1494–1536

Fyddwch chi'n hoffi stori am smyglwyr? Fel arfer, maen nhw'n smyglo pethau fel tlysau a diodydd. Mae'r stori hon yn sôn am smyglo Beiblau! Mae'r hanes yma yn mynd â ni yn ôl dros bedwar cant a hanner o flynyddoedd. Arwr ein stori ydi William Tyndale.

Roedd Tyndale yn sicr bod Duw yn ei alw i wneud gwaith arbennig. Teimlai y dylai'r bobl gyffredin yn Lloegr fedru darllen y Beibl yn eu hiaith eu hunain, sef Saesneg. Yr adeg hynny dim ond yr esgobion a'r offeiriaid oedd yn gallu darllen y Beibl. Tra oedd yn aros yn Llundain daeth ar draws gŵr cyfoethog iawn o'r enw Humphrey Monmouth. Derbyniodd Monmouth ef i'w gartref gan roi llety iddo, ac amser iddo astudio'r Ysgrythurau. Arhosodd yno am flwyddyn, yn astudio, pregethu a gwrando ar bregethwyr eraill. Barnai fod safon y pregethu yn isel iawn. Roedd hyn yn gwneud i waed Tyndale ferwi. Dywedodd un waith,

"Cyn pen dim bydd y bachgen sy'n gyrru'r wedd yn gwybod mwy am y Beibl na'r Pab ei hun." Gwyddai Tyndale y byddai'n anodd iawn iddo gyhoeddi'r Beiblau yn Lloegr, felly aeth drosodd i'r Almaen.

Yn Cologne, daeth ar draws cyhoeddwr oedd yn barod i'w helpu. Ond byddai'n rhaid i bopeth gael ei wneud yn y dirgel. Y gwaith cyntaf oedd cyfieithu'r Testament Newydd. Gan fod Tyndale yn hyddysg yn yr ieithoedd yr ysgrifennwyd y Beibl, sef Groeg a Hebraeg, roedd ef yn gallu cyfieithu o'r ieithoedd gwreiddiol hyn. Yna aethpwyd ati i gyfieithu'r Hen Destament.

Clywodd un gŵr fod yr esgobion yn chwilio am y Beiblau oedd wedi eu smyglo. Aeth i weld un o'r esgobion,

"Oni fyddai'n syniad da, syr, i ni brynu'r Beiblau a dod â nhw drosodd i Lundain i'w llosgi?"

"Syniad da iawn 'machgen i," atebodd yr esgob. Rhoddodd nifer o'r esgobion arian iddo i wneud y gwaith drostyn nhw. Ond doedd y gŵr hwn ddim yn ffrind i'r esgobion. Ffrind i Tyndale oedd ef a rhoddodd yr arian a gafodd gan yr esgobion i Tyndale i argraffu mwy o Feiblau. Deuai mwy a mwy o Feiblau drosodd o'r cyfandir i Loegr. Cafodd y Testament Newydd ei argraffu yn Worms, ac anfonwyd y copïau i Loegr wedi'u cuddio mewn llieiniau cotwm, sacheidiau o flawd a bwndeli o lin. Roedd galw mawr am y Beiblau hyn ym mhrifysgolion Rhydychen a Chaergrawnt. Ond nid yn unig y bobl ddysgedig oedd yn galw amdanyn nhw, ond y bobl gyffredin yn ogystal.

Un diwrnod bradychwyd Tyndale gan un o'i ffrindiau. Daliwyd ef a'i garcharu mewn dynjwn hen gastell ym Mrwsel. Ar ôl blwyddyn yn y carchar, fe'i llosgwyd wrth y stanc. Geiriau olaf Tyndale oedd, "O Dduw, agor lygaid Brenin Lloegr!"

Ymhen tair blynedd, gorchmynnodd Brenin Lloegr fod Beibl Saesneg i'w roi ym mhob eglwys. Gorchmynnodd hefyd y dylai'r Beibl gael ei ddal ar gadwyn rhag i neb ei ddwyn. Roedd y Beibl wedi ei glymu o gwmpas y ddarllenfa. Gellir dweud na fu marwolaeth William Tyndale yn ofer. Fel yr oedd William Morgan yn 'dad' y Beibl Cymraeg, William Tyndale yn sicr oedd 'tad' y Beibl Saesneg.

"Pan ddatguddir dy air, bydd yn goleuo ac yn rhoi deall i'r syml."

Salm 119:130

Nawr boed i'r Ysbryd
a roes y gair,
ac a'm galwodd i, gobeithio,
i'w ddehongli,
ei gymhwyso, yn rymus ac yn raslon
i galonnau pechaduriaid.
Amen.

Meddyliwch gymaint mae unigolion yn gallu ei wneud dros Dduw.
Mae'r llyfr hwn yn sôn am sawl unigolyn a weithiodd dros Dduw.
Trafodwch mor bwysig ydi gwerth yr unigolyn.

William Tyndale: 1494–1536

Yma y safaf

Dewrder / gosod esiampl / ffyddlondeb

Martin Luther: 1483–1546

Beth petai eich athro neu athrawes yn dod i fewn i'r dosbarth bob dydd a moesymgrymu o'ch blaen. Sut fuasech chi'n teimlo? Byddai un athro yn moesymgrymu bob bore o flaen dosbarth o fechgyn. Gofynnwyd iddo pam roedd yn gwneud hyn. A'r ateb, "Does gen i ddim syniad beth fydd y bechgyn yma ar ôl iddyn nhw dyfu i fyny." Yn y dosbarth hwnnw roedd bachgen o'r enw Martin Luther.

Pan fyddai Martin yn fachgen drwg, byddai ei fam yn dweud wrtho, "Cofia di, Martin, os wyt ti'n ddrwg bydd Duw yn troi'n gas tuag atat ti." Roedd hyn yn codi ofn ar y bachgen. Un diwrnod pan oedd ef a'i ffrind yn mynd am dro, cododd storm enbyd. Dechreuodd daranu a goleuo mellt. Aeth y ddau i gysgodi o dan goeden. Trawodd y fellten ei ffrind a bu farw.

Roedd Martin yn sicr fod ei ffrind wedi bod yn ddrwg, wedi pechu yn erbyn Duw. "Mae Duw wedi cosbi fy ffrind am ei fod wedi pechu," wylodd Martin. "Os bydd yn fy nghadw i, yna mi af i'r fynachlog i fod yn fynach." Ac i'r fynachlog yr aeth. Roedd y mynaich eraill yn falch o'i weld gan ei fod yn ŵr dysgedig. Tra bu yn y fynachlog roedd yn anniddig iawn. Iddo ef, roedd Duw yn greulon ac yn gas. Bu'n sgwrsio un diwrnod gydag un o'r mynaich eraill.

"Rwyt ti'n edrych yn drist bob amser, beth sy'n dy boeni di?" gofynnodd un mynach iddo.

"Teimlo ydw i fod Duw yn fy nychryn," atebodd Martin.

"Edrych," meddai'r mynach arall, "pam na wnei di ddarllen y Beibl? Mae'r Beibl yn dangos yn glir fod Iesu Grist wedi dod i'r byd, nid i ddychryn pobl ond i'w caru."

Yn y dyddiau hynny doedd y Beibl ddim yn cael ei ddarllen, hyd yn oed yn yr eglwysi. Dechreuodd Martin ddarllen y Beibl am y tro cyntaf. Gwelodd am y tro cyntaf fod y mynach yn dweud y gwir.

"Rwyt ti'n berffaith iawn, mae Iesu Grist yn dweud bod Duw yn dad ac yn ein caru bob un ohonom," meddai Martin yn llawen.

Ond doedd yr eglwysi bryd hynny ddim yn dysgu hyn. Roedd

yr esgobion a'r offeiriad yn bobl gyfoethog a phwerus. Aeth i Rufain i weld y Pab. Doedd gan Martin ddim llawer o feddwl ohono yntau chwaith. Roedd Martin yn benderfynol o ddweud wrth y bobl am ddrygau'r eglwys.

Un diwrnod aeth i'r farchnadfa a hoeliodd femrwn ar ddrws yr eglwys. Daeth pobl o bob cwr o'r wlad i ddarllen yr hyn oedd wedi ei ysgrifennu. Yn fuan iawn, roedd pawb yn yr Almaen wedi clywed am y mynach oedd wedi meiddio mynd yn groes i ddaliadau'r eglwys. Bu'n rhaid i Martin fynd o flaen Cyngor yr Eglwys. Safodd yn gadarn o'u blaenau ac meddai,

"Dydw i ddim yn barod i dynnu fy ngeiriau yn ôl. Os gellwch chi ddangos i mi yn nhudalennau'r Beibl fy mod yn dweud celwydd, yna byddaf yn barod i dynnu pob gair yn ôl. Mae'n rhaid i mi ufuddhau i eiriau'r Beibl a dim arall. Yma y safaf. Bydded i Dduw fy helpu."

Roedd Luther mewn peryg mawr o gael ei losgi i farwolaeth. Ond roedd llywodraethwr y rhan honno o'r Almaen yn ffrind iddo. Cuddiwyd ef yn y castell. Yma cyfieithodd y Beibl i iaith y bobl. Credai yn sicr y dylai pawb ddarllen y Beibl yn ei iaith ei hun.

"Gwnaethost ddaioni i'th was, yn unol â'th air, O Arglwydd."

Salm 119:65

Diolch i Ti, O Dduw,
am bobl sy'n
barod i sefyll
yn gadarn dros
yr hyn maen nhw'n gredu.
Gwna finnau'n ddewr.
Amen.

Ydych chi'n credu fod Martin Luther yn iawn yn sefyll yn erbyn cred yr Eglwys?

Martin Luther: 1483–1546

Teulu Mawr Trefeca

Dewrder / gosod esiampl / ffyddlondeb

Yn ôl pob hanes, gŵr digon gwyllt oedd Howell Harris yn ei arddegau. Byddai'n meddwi ac yn hapchwarae. Ond newidiodd ei fywyd yn gyfan gwbl ar Sul y Blodau yn 1735. Clywodd Ficer Talgarth yn pregethu a phenderfynodd o'r munud hwnnw fyw ei fywyd yn pregethu a sôn am Iesu Grist. Roedd am i bobl eraill glywed am neges Iesu. Teithiai ar gefn ceffyl i bob rhan o Gymru ac i Loegr i bregethu.

Yn araf, gwanychodd ei iechyd. Bu'n rhaid iddo aros gartref yn Nhrefeca am gyfnod. Rhaid oedd ailfeddwl am ei waith. Fel hyn yr aeth y sgwrs rhyngddo a ffrind un noson.

Howell Harris: Mae arna i ofn y bydd rhaid i mi ailfeddwl am y gwaith rydw i'n ei wneud. Dyw fy iechyd i ddim fel y bu. Roeddwn i'n gallu mynd o gwmpas y wlad a theithio dros gant a hanner o filltiroedd yr wythnos i bregethu. Ond fedra i ddim gneud hynny'n awr. Rwyf am ddechrau rhywbeth newydd yn Nhrefeca yma. Mi hoffwn i weld nifer o bobl yn byw efo'i gilydd fel un "teulu" mawr.

Ffrind: Un "teulu" mawr. Wel, mi fydd hynny'n golygu tipyn o waith trefnu. A beth fyddan nhw'n ei wneud trwy'r dydd?

Howell Harris: Y gwaith cyntaf un fydd codi adeilad newydd yma. Dymchwel yr adeilad yn gyntaf wrth gwrs. A chodi adeilad newydd fydd yn ddigon mawr i ddal oddeutu cant o bobl.

Ffrind: Ond mi ydw i'n dal i feddwl beth fyddwch chi'n ei wneud efo'r bobl. Meddyliwch chi am y plant yn rhedeg o gwmpas ddydd a nos.

Howell Harris: Rwyf wedi bod yn meddwl y byddai'r tadau'n gallu dal ymlaen gyda'u crefft. Ffermio, gwaith saer coed a saer maen neu unrhyw grefft arall. Fe allai'r mamau eu helpu neu ofalu am y plant.

Ffrind: Onid ydych chi'n mynd i drafferth fawr a'ch iechyd chi'n fregus?

Howell Harris: Rwy'n siŵr y bydd fy iechyd yn gwella. Meddyliwch am y syniad o un "teulu" mawr yn cydweithio. Fel y cofiwch chi, mi wnaeth yr Eglwys Fore hyn ac mi fu yn llwyddiannus iawn. Ac mi fyddwn innau'n hoffi gwneud yr un peth.

Ffrind: Sut y bydd pethau'n digwydd o ddydd i ddydd? Ydych chi wedi meddwl am hynny?

Howell Harris: Wel do. Fel hyn roeddwn i'n gweld pethau. Codi tua 4 o'r gloch y bore a chael brecwast, wel i'r rhieni! Cyfle wedyn iddyn nhw wrando ar bregeth. Y plant i gael brecwast tua 6 o'r gloch. Wedyn cyfle i'r rhieni weithio tan amser cinio. Yna, ar ôl cinio, cyfle i'r "teulu" i gyd glywed am y bywyd Cristnogol. Gweithio wedyn o tua 3 o'r gloch tan 8 o'r gloch y nos. Swper a rhoi'r plant yn eu gwlâu. Wedyn addoli unwaith eto cyn noswylio am 10 o'r gloch.

Ffrind: Wel, mae hynny'n swnio'n ddiwrnod llawn iawn i mi. Mae'n siŵr y byddai'r rhieni'n gallu troi eu llaw at bethau fel gwneud basgedi, gwaith lledr, rhwymo llyfrau, argraffu, cerfio, nyddu ...

Howell Harris: Wel wir, mae gennych chi syniadau ardderchog. Wyddoch chi, rwy'n edrych ymlaen yn arw at godi'r adeilad yma ac i gael y "teulu" ynghyd. Mi fyddwn i wrth fy modd yn arbrofi gyda dulliau amaethyddol newydd oherwydd mi fydd yna 700 erw o dir o gwmpas Trefeca newydd.

Ffrind: Wel, mi fydd rhaid i mi eich gadael chi, Howell. Mi fydda i yn siŵr o gadw mewn cysylltiad â chi dros y misoedd nesaf. Bendith Duw ar eich gwaith, beth bynnag wnaiff ddigwydd.

"...ni bûm anufudd i'r weledigaeth nefol..."
Actau 26:19-20

O Dduw, diolch am Howell Harris,
a fu trwy Gymru,
yn corddi eneidiau pobl
trwy'r broydd i gyd.
Amen.

A ddylai Cristnogion rannu eu heiddo fel y gwnaeth "Teulu Trefeca"?

Howell Harris: 1714–1773

Y Beibl yn iaith y bobl

Dyfalbarhad / cryfder

Ym 1588 cafodd y Cymry y Beibl yn eu hiaith eu hunain. Y gŵr oedd yn bennaf cyfrifol am hyn oedd William Morgan. Bu'n offeiriad mewn sawl lle yng Ngogledd Cymru. Gorffennodd y gwaith pan oedd yn offeiriad yn Llanrhaeadr ym Mochnant. Dewch i ni gynnal cyfweliad efo'r Dr William Morgan.

Federwch chi ddweud dipyn am eich magwraeth?

Mi ges i fy ngeni yn y Tŷ Mawr, Wybrnant, ym mhlwyf Penmachno. Roedd fy nhad yn denant ar ystad Plas Gwydir. John ap Morgan oedd enw fy nhad a Lowri oedd enw fy mam. Roedd y ddau yn dod o deuluoedd digon cefnog. Roedd yna bump o blant ar yr aelwyd a minnau oedd yr ail fab.

Lle cawsoch chi eich addysg?

Fel y gwyddoch chi, roedd teulu'r Wynniaid, Plas Gwydir, yn deulu cefnog iawn ond hefyd yn deulu galluog a diwylliedig. Ganddyn nhw y cefais i fy addysg gynnar. Pan oeddwn i oddeutu 24 oed fe es i Goleg Sant Ioan yng Nghaergrawnt. Ymhen tair blynedd roeddwn wedi graddio. Wedyn fe ddechreuais ar radd M.A. Ar gyfer y radd honno roedd rhaid i mi astudio pynciau fel Seryddiaeth, Groeg a Hebraeg. Cofiwch chi, bu astudio'r ieithoedd hyn yn help mawr wrth gyfieithu'r Beibl.

Federwch chi ddweud ychydig wrthyn ni am y gwaith o gyfieithu'r Beibl?

Fel y gwyddoch chi, roedd yr Hen Destament wedi ei ysgrifennu mewn Hebraeg. Roedd y Testament Newydd, ar y llaw arall, yn yr iaith Roeg. Mi roedd yna hefyd gopi o'r Beibl mewn iaith arall, sef Lladin. Tra oeddwn yn fyfyriwr yn y Coleg yng Nghaergrawnt roeddwn i wedi astudio'r tair iaith yma. Roeddwn i'n cyfieithu o'r ieithoedd hyn. Roedd yn golygu gwaith manwl iawn.

Gawsoch chi help gan bobl eraill?

Roedd William arall, William Salesbury, wedi bod wrthi'n

William Morgan: 1545-1604

cyfieithu'r Testament Newydd. Gwendid gwaith Salesbury oedd bod ei iaith y tu hwnt i'r bobl gyffredin. Felly, roedd hi'n bwysig fy mod i'n ysgrifennu mewn Cymraeg fyddai pawb yn ei ddeall. Mi roedd Edmwnd Prys, Archddiacon Meirionydd, yn fyfyriwr efo mi yng Nghaergrawnt. Fe gefais help ganddo ef. Bu'r Esgob Richard Vaughan yn gymorth mawr i mi. A phan oeddwn i'n teimlo fel rhoi'r ffidil yn y to, byddai'r Archesgob Whitgift, Archesgob Gaergaint, yn fy siarsio i fynd ymlaen.

Mae yna sôn hefyd eich bod yn ddyn cwerylgar iawn ar brydiau.

Wel, mae'n siŵr bod hynny'n wir. Roedd yna gryn helynt rhyngof a theulu'r wraig. Bu'n rhaid i mi ymddangos gerbron Llys y Seren yn Llundain i bledio fy achos. Ond mae'n rhaid dweud fod nifer o'r achosion yn chwerthinllyd. Meddyliwch, cyhuddo fy ngwraig Catherine o fod yn 'gomon' a'i bod yn mynd o dafarn i dafarn, ac mi roedd hyn yn fy ngwylltio'n gacwn.

Ar ôl i chi orffen y gwaith beth ddigwyddodd wedyn?

Wel, mi ges fy ngorseddu'n Esgob Llandâf. Esgobaeth dlawd iawn oedd Llandâf bryd hynny. Mi fûm i yno o 1595 i 1601. Penderfynodd yr Archesgob Whitgift mai fi oedd y dyn i Lanelwy. Ym 1601 fe ges fy ngorseddu yn Esgob ar yr Esgobaeth leiaf yng Nghymru. Ac yno y bûm i hyd ddiwedd fy ngyrfa.

Ond er gwaetha'r mân gecru, a'ch gwaith fel offeiriad, fe aeth y gwaith o gyfieithu'r Beibl yn ei flaen. Mawr ydi'n dyled i chi, William Morgan.

"Yr wyf wedi gosod fy mywyd ar ufuddhau i'th ddeddfau; y mae eu gwobr yn dragwyddol."
Salm 119:112

Ysbryd Glân,
meddylia trwof fi
nes i'th syniadau di
fod yn syniadau i mi.
Amen.

Pa mor bwysig ydi'r iaith Gymraeg i chi?

William Morgan: 1545-1604

CYFNOD ALLWEDDOL 3

Pencampwr byd

Dyfalbarhad / ymddiriedaeth

Yn ôl Arthur White, pencampwr byd ar godi pwysau, roedd Iesu Grist yn ddyn caled ond mi roedd o'n ddyn da. Yn y cyfweliad sy'n dilyn, mae White yn sôn amdano'i hun cyn ei dröedigaeth.

Buoch yn codi pwysau am flynyddoedd. Beth oedd hyn yn ei olygu i chi?

Y cwbl. Roedd popeth arall yn eilbeth. Enillais bencampwriaeth Prydain chwech o weithiau, Ewrop bedair o weithiau a phencampwriaeth y byd deirgwaith. Roeddwn i'n byw bob eiliad i godi pwysau. Dyna i gyd oedd ar fy meddwl i.

Ond mi fuoch chi yn ystod y cyfnod hwn yn byw bywyd o dor-cyfraith?

Do, mae hynny'n hollol wir. Yn y cyfnod hwnnw roeddwn i yn ddyn busnes llwyddiannus, tŷ mawr gen i yma yn Llundain a *villa* yn Sbaen, ceir mawr a digonedd o arian. Roeddwn i hefyd yn crwydro'r byd mewn gornestau codi pwysau. I ddweud y gwir, roedd gen i bopeth roeddwn i eisiau. Ond yn raddol mi ddois i dan ddylanwad cyffuriau. Yn y diwedd, mi wnaethon nhw gymryd drosodd fy mywyd i. Yn y pen draw, mi gollais i'r cyfan – y busnes, y ceir moethus a'r arian i gyd. Popeth, mi aeth y cyfan, a hynny mewn byr amser. Mi gollais i'r cyfan. Mi wnaeth fy ngwraig fy ngadael i ac mi roedd hynny'n loes fawr i mi.

Beth yn union ddigwyddodd i newid eich bywyd?

Wel i ddechrau, roeddwn i'n meddwl y gallwn i ddefnyddio Duw. Mi rois her iddo. Os oedd o mor dda â hynny, ac os oedd o'n bod, yna deled i roi trefn arna i. Chlywais i ddim llais yn galw arna i, na chôr o angylion yn canu ond yn araf mi oedd yna rywbeth tu mewn i mi. Mi aeth yr ofn a'r tensiwn o'm mywyd i. Mi stopiais i gymryd cyffuriau. Roeddwn i'n sicr fod Iesu Grist yn fyw a'i fod o'n trawsnewid fy mywyd i.

Oedd hi mor hawdd â'r hyn rydych chi yn ei ddweud?

Oedd a nac oedd. Er i mi stopio cymryd cyffuriau, roeddwn i'n deffro yn y nos yn dyheu am y cyffuriau hynny. Ac er fy mod i wedi dweud wrth fy ngwraig fy mod wedi penderfynu dilyn Iesu Grist, mi gymerodd hi dipyn o amser i ni ddod yn ôl at ein gilydd. Roeddwn i wedi brifo fy ngwraig ac felly roedd hi'n ofni dod yn ôl ataf. Dydi hi ddim yn hawdd bod yn Gristion ond, coeliwch fi, roedd dilyn Iesu yn llawer gwell na'r bywyd roeddwn i'n ei fyw.

Beth yn union ydi Tough Talk?

Criw o ddynion tebyg i mi. Mi rydyn ni i gyd yn dod o Ddwyrain Llundain. Pob un yn dod o'r un math o gefndir. Efallai y gallech chi'n galw ni'n "gymeriadau amheus". Rydyn ni i gyd yn hogiau sydd yn codi pwysau. **Ond**, yr hyn sy'n bwysig i bob un ohonom ni ydi ein bod ni wedi darganfod Iesu Grist ac mae o wedi newid bywydau pob un ohonom ni. Rydyn ni'n mynd o gwmpas Prydain ac Ewrop erbyn hyn i ddangos ein doniau fel codwyr pwysau, ond yn cael cyfle hefyd i sôn am bŵer arall. Y pŵer a newidiodd ein bywydau ni yn *Tough Talk*. Dydyn ni ddim yn ddawnswyr na chantorion, ond yn gwneud yr hyn rydyn ni'n medru ei wneud, sef codi pwysau a chanmol Iesu Grist.

A beth am Iesu?

Saer oeddwn i ar y dechrau a saer oedd Iesu Grist. Dyn caled iawn oedd o ond yn ddyn da ac yn Arglwydd ar fy mywyd i.

Arthur White, diolch i chi am rannu eich profiadau efo ni ac am fod mor onest.

"Yr wyf yn diolch i Grist Iesu ein Harglwydd, yr hwn a'm nerthodd, am iddo fy nghyfrif yn deilwng o'i ymddiriedaeth a'm penodi i'w wasanaethu: myfi, yr un oedd gynt yn ei gablu, ei erlid a'i sarhau."
Hoff adnod Arthur White
Timotheus 1:12-13

O Dduw,
mae eisiau nerth go arbennig i godi pwysau:
mae'n rhaid cael cyhyrau a chorff cryf.
Wrth dy ddilyn Di mae angen nerth arbennig iawn hefyd i ddal ati i frwydro 'mlaen, doed a ddelo.
Helpa ni i ddal ati.
Amen.

Ydi pobl yn dal i gofio am gefndir pobl fel Arthur White?
Fuasech chi'n gallu gwrando ar y math yma o ddyn gan gofio'i gefndir?

Arthur White: 1951–

Chwain yn y carchar

Dewrder / maddeuant / ffyddlondeb

Ydych chi'n credu ei bod hi'n bwysig dysgu maddau i'n gilydd? Ydi o'n iawn i ddal dig tuag at bobl eraill? Yn y stori hon cawn hanes gwraig a garcharwyd yn ystod yr Ail Ryfel Byd. Er iddi gael ei phoenydio fe faddeuodd i'w phoenydiwr.

"Mae 'na le i ryw ugain arall," gwaeddodd un o'r gwarchodwyr. Dyma ei gyd-warchodwyr yn gwthio ugain o wragedd i grombil y wagen. Yn eu plith roedd dwy chwaer – Corrie a Betsie. Roedden nhw ar eu ffordd i'r carchar. Roedd wyth deg ohonyn nhw yn y wagen oedd yn cael ei thynnu gan drên. Am bedwar diwrnod bu'r trên yn araf bwffian trwy'r wlad. Yna, dyma gyrraedd pen y daith, sef carchar Ravensbruck. Gwyddai'r ddwy chwaer na fydden nhw byth yn cael dod allan o'r carchar hwn yn fyw.

Ar ôl mynd i mewn drwy'r giatiau haearn, bu'n rhaid i'r merched gymryd cawod. Roedd hyn yn golygu tynnu eu dillad o flaen y gwarchodwyr. Ond roedd gan Corrie rywbeth i'w guddio. Beibl a moddion ar gyfer ei chwaer. Beth allai hi wneud?

"Mae'n rhaid i mi fynd i'r toiled," meddai wrth un o'r gwarchodwyr.

"Gwnewch yn y dreiniau yn fan'na," oedd yr ateb pendant yn ôl. Ar ei ffordd i gornel y gawodfa fe welodd hi ddwy fainc ar bennau'i gilydd.

"Dyna le da i guddio'r Beibl a'r moddion." Ac felly y bu.

Ar ôl ymolchi yn y gawod, aeth i chwilio am y Beibl a'r moddion a'u cuddio unwaith eto o dan ei dillad.

Ond beth oedd yn digwydd yn awr? Roedd y gwarchodwyr yn archwilio pob un o'r merched ar eu ffordd o'r gawod. "Maen nhw'n siŵr o weld y Beibl y tro hwn," meddai wrthi'i hun. Dechreuodd weddïo tra oedd yn sefyll yn y gynffon o ferched oedd yn disgwyl i gael eu harchwilio.

Roedd hi'n gwybod bod Duw yn barod wedi ateb ei gweddïau. Do, fe gafodd le i guddio'r Beibl a'r moddion. Roedd hi'n gwybod y byddai Duw'n helpu'r eilwaith.

Ond fe ddigwyddodd rhywbeth rhyfedd iawn. Fe gafodd y wraig oedd yn sefyll o'i blaen ei harchwilio'n drylwyr. Corrie oedd y nesaf. Ond am ryw reswm wnaeth y gwarchodwyr ddim cymryd fawr sylw ohoni. Fe'i hanwybyddodd yn llwyr. Aeth yn syth at Betsie oedd yn sefyll tu ôl iddi.

Digwyddodd yr un peth yn union wrth iddyn nhw adael yr adeilad. Pan ddaeth y gwarchodwr ar draws Corrie dywedodd, "Ymlaen, brysiwch, ymlaen â chi," heb ei harchwilio o gwbl. Gwthiodd hi allan o'r adeilad a hithau a'i Beibl o dan ei dillad. Bu cryn ddefnydd ar y Beibl ar ôl y diwrnod hwnnw. Bob bore byddai Corrie yn darllen y Beibl i'w chyd garcharorion. Fe fydden nhw hefyd yn gweddïo'n ddistaw bach ac yn cyd-ganu emynau yn ddistaw bach.

Ond beth petai un o'r gwarchodwyr yn dod i mewn i'r ystafell? Byddai'n sicr o ddwyn y Beibl. Ond ddaeth yna'r un gwarchodwr i mewn o gwbl. Ymhellach ymlaen daethpwyd i wybod pam. Roedd y rhan yma o'r carchar yn llawn o chwain. Doedd y gwarchodwyr ddim eisiau chwain ar eu dillad. Felly, yr unig beth i'w wneud oedd cadw draw. Credai Corrie fod pob chwannen yn wyrth fechan gan Dduw.

Ar ôl misoedd yn y carchar, bu farw Betsie. Ac ymhen tridiau ar ôl ei marwolaeth cafodd Corrie ei galw i'r swyddfa. "Mae'n rhaid eu bod wedi darganfod y Beibl," meddai wrthi'i hun.

Cafodd ddarn o bapur ac arno'r geiriau "Rhyddhawyd". Roedd hi'n rhydd i adael y carchar. Roedd hi wedi gwirioni'i phen. Ond pam? Fe ddarganfuwyd mai camgymeriad oedd y cyfan. Ond roedd Corrie ymhell, bell i ffwrdd erbyn hynny.

Penderfynodd roi ei bywyd i gyd i Dduw. Un noson, mewn eglwys yn yr Almaen, ar ôl iddi orffen siarad â'r gynulleidfa, daeth dyn ati i ysgwyd ei llaw. Pwy oedd o tybed? Ef oedd y gwarchodwr yn y carchar yn Ravensbruck. Cofiodd Corrie am ei greulondeb.

"Fedra i ddim maddau iddo," meddai. Ond clywodd lais Duw. Ysgydwodd ei law a thrwy hynny maddeuodd i'r gwarchodwr. A dyna fu hanes Corrie am weddill ei hoes – dysgu pobl i faddau i'w gilydd. Bu farw yn 1983 yn 91 oed.

"Yr Arglwydd yw fy mugail."
Salm 23:1

O Dad, helpa fi bob amser i faddau.
Paid â gadael i mi ddal dig.
Amen.

Trafodwch y syniad o faddeuant.
Beth mae maddeuant yn ei wneud i'r hwn sy'n maddau?

Corrie Ten Boom: 1892–1983

Cymeriad aflonydd

Gwneledigaeth / ffyddlondeb / teyrngarwch

Tom Nefyn Williams: 1895-1958

Pregethwr ac efengylydd oedd y Parchedig Tom Nefyn Williams. Dechreuodd ar ei waith fel gweinidog yn ystod y Rhyfel Byd Cyntaf. Daeth ei weinidogaeth i'w therfyn pan oedd yn 63 oed yn 1958. Bu'n gweinidogaethu drwy ddau ryfel byd. Dyma ran o ddyddiadur dychmygol Tom Nefyn.

Mawrth 17eg, 1915 – Dardanelles

Wedi darllen y Beibl eto heddiw – Beibl Mam. Mae arna i ofn am fy mywyd rhag ofn i mi golli fo yn y ffosydd. Mae bywyd mor gyflym. Ac mewn rhyfel mae'n rhaid i ddyn fynd am ei hoedl. Does dim amser i feddwl bron. Mi ydw i'n meddwl y buasai'n well i mi anfon y Beibl i Nhad rhag ofn i rywbeth ddigwydd iddo fo yn nrycin yr heldrin. Rhaid i mi gyfaddef nad ydw i yn cael gafael ar y gobaith y mae'r Beibl yn sôn amdano. Efallai y daw dydd gobaith maes o law.

Mai 9, 1918 – Nefyn

Cerddais at y groes yng nghanol Nefyn heno. Dechreuais sôn am Iesu Grist wrth y bobl – pobl Nefyn oeddan nhw. Ambell un yn deud fy mod i'n dechrau drysu – y rhyfel wedi effeithio ar fy meddwl i meddan nhw. Gofyn wnes i bobl Nefyn oedden nhw wedi ei weld O? Mi ddaeth hen wraig â'i chadair i mi gael sefyll arni er mwyn i'r bobl gael fy ngweld i. "Tomos Williams," meddai hi, "cymerwch hon," meddai gan bwyntio at y gadair i mi sefyll arni. Mi ddywedais wrthyn nhw, "Gyfaill, clyw, mi fuo raid i mi fynd pob cam i Dardanelles, a thrwy uffern Rhyfel Byd, i'w nabod O. Ond a welsoch chi O?

Awst 10, 1926 – Y Tymbl

Mynd â chriw o bobl ifanc y Tymbl i wersylla ar dir oedd yn perthyn i frawd fy nain yn Afonwen, Eifionydd. Cael amser anfarwol. Y plant a'r ieuenctid wedi mwynhau'u hunain. Cael dipyn o hwyl efo Shiwdlyn y ci. Ffefryn gan bawb.

Medi 3, 1937 – Gerlan, Bethesda

Mae yna ryfel arall wedi torri allan. Mae byddinoedd yr Almaen wedi ymosod ar wlad Pwyl. Mi roedd capel y Gerlan yn llawn heddiw.

Mi bregethais y bore yma ar yr adnod, "Yn ôl y dydd y bydd dy nerth." Mi roedd angen nerth ar bawb ohonom heddiw. Roedd yr eglwys eisoes wedi gwrthwynebu y Mesur Milisia, sef yr hawl i gonsgriptio bechgyn ifanc rhwng 20 ac 21 oed. Diwrnod trist iawn yn hanes y ddynoliaeth.

Ebrill 2, 1949 – Edern

Codi'n blygeiniol heddiw. Mynd i Lerpwl, i'r Ysbyty Brenhinol, i weld un o'r aelodau. Cael cyfle amser te i baratoi ar gyfer y plant a'r bobl ifanc. Am i'r plant ddysgu'r pwt yma er mwyn ei adrodd ar ddechrau a diwedd oedfa.

"Cofiaf yr Iesu a'r groes
Dilynaf ef
Byddaf yn garedig wrth bawb
Dywedaf y gwir
Caraf bopeth tlws
Parchaf fywyd
Mynnaf fod yn Gristion
Nerthed Duw fi."

"Pwy bynnag, felly, fydd yn ei ddarostwng ei hun o fod fel y plentyn hwn, dyma'r un sydd fwyaf yn nheyrnas nefoedd."

Mathew 18:4

O Dduw, diolch am bobl
sy'n gweld fod yna waith i'w wneud
ac yn bwrw iddi o ddifri.
Mi fuaswn innau yn hoffi gwneud yr un fath
efo dy help di.
Amen.

"Ac o'i bregethau i gyd
Y fwyaf oedd ei fywyd."

William Morris

Pa mor wir ydi'r geiriau hyn am Tom Nefyn Willams?

Tom Nefyn Williams: 1895–1958

Damwain?

| Dewrder / ffyddlondeb |

Rhwng 1971 a 1979 roedd yr Arlywydd Idi Amin yn rheoli Uganda. Unben creulon oedd Amin. Roedd pawb oedd yn anghytuno ag ef mewn perygl einioes. Yn eu plith, roedd Cristnogion yn wynebu peryglon mawr. Un o'r rhain oedd Archesgob yr eglwys yn Uganda, sef Janani Luwum.

Dyn pwerus iawn oedd Amin. Roedd ganddo fyddin gref o filwyr. Pan fyddai'r Arlywydd yn rhoi gorchymyn, byddai'r milwyr yn gweithredu ar unwaith. Pwy bynnag oedd yn anghydweld ag ef byddai'n rhoi gorchymyn i'w filwyr i'w lladd. Byddai rhai o wrthwynebwyr Amin yn "diflannu". Doedd neb yn gwybod beth oedd yn digwydd i'r bobl hyn. Efallai eu bod nhw'n cael eu harteithio neu eu saethu.

Er bod Amin yn ddyn pwerus, roedd yn ddyn ofnus iawn. Roedd wedi gwneud cymaint o elynion. Pennaeth yr eglwys yn Uganda ar y pryd oedd yr Archesgob Janani Luwum. Roedd Amin yn ei gasáu am ei fod yn siarad ar ran y bobl gyffredin. Ond anodd iawn oedd arestio dyn fel Luwum. Doedd o ddim wedi gwneud unrhyw ddrwg o gwbl. Un noson, aeth milwyr o gwmpas y pentrefi. Daliwyd un o'r dynion a'i arteithio am bum diwrnod.

"Mae'n rhaid i ni gael enwau a chyfeiriadau pobl sy yn erbyn yr Arlywydd," meddai'r milwyr. Gwrthododd y dyn roi unrhyw enw o gwbl. Daliwyd ati i'w boenydio. Daliodd yntau i wrthod. Ar ôl pum diwrnod, ildiodd y gŵr gan ddweud yn wyllt, "Yr Archesgob Luwum."

Ymhen dwy awr roedd milwyr Amin yn curo ar ddrws yr Archesgob.

"Mae gynnau yn y tŷ yma," gwaeddasant dan wthio eu ffordd i mewn i balas yr Archesgob.

Yn ddyfal y buon nhw'n chwilio. Ond ni ddarganfuwyd dim. Arestiwyd yr Archesgob. Ar radio Uganda y diwrnod wedyn dywedwyd fod gynnau ac arfau wedi eu darganfod ym mhalas yr Archesgob. Ddiwedd yr wythnos galwyd yr Archesgob i balas Amin. Bu'n rhaid iddo eistedd yn llygad yr haul o fore gwyn tan ddau o'r gloch y pnawn. Roedd bron â llewygu.

Janani Luwum: 1922–1970

Gorchmynnodd Amin i'w filwyr fynd allan o'r ystafell.

"Rydw i am gyf-weld y dyn hwn fy hun," meddai.

Ar y newyddion bore trannoeth cyhoeddwyd bod damwain fawr wedi digwydd a bod Archesgob Uganda wedi ei ladd. Roedd lluniau o'r ddamwain yn y papurau newydd. Gyda'r nos, roedd lluniau o'r ddamwain ar y teledu. Ond nid yr un car oedd yn y lluniau yn y papurau â'r rhai ar y teledu.

Fu yna ddim gwasanaeth angladd. Gwrthododd yr Arlywydd drosglwyddo'r corff i'w deulu. Yn ôl pob hanes, claddwyd corff yr Archesgob liw nos. Y Sul canlynol roedd yr Eglwys Gadeiriol yn orlawn. Roedd y bobl yn awyddus iawn i gofio am yr Archesgob. Fe fuon nhw'n canu *Emyn y Pasg* er mwyn dangos eu ffydd yn Nuw.

"Gwyn eu byd y tangnefeddwyr."

Mathew 5:9

Diolch i ti, O Dduw,
am bawb sy'n barod
i sefyll yn gadarn
dros yr hyn maen nhw'n gredu.
Amen.

Gallwn feddwl am bethau y buasem yn hoffi eu gwneud, ond ei bod hi'n anodd eu gwneud. Rhestrwch y pethau y gallwn i gyd eu gwneud i wneud cymdeithas well.

Janani Luwum: 1922–1970

"Dr Livingstone, mae'n debyg?"

Anturiaeth / dewrder / gweledigaeth

David Livingstone: 1813-1873

Cododd o'i wely heb ddim brecwast a chychwyn am y ffatri. Chwech o'r gloch y bore oedd hi! Gwyddai y byddai yno drwy'r dydd hyd ddeg neu un ar ddeg o'r gloch y nos. Dyna oedd bywyd iddo am chwe diwrnod yr wythnos. Gwell fyddai ganddo fynd am dro i chwilio am nythod adar a physgota efo llaw ar lan yr afon. Ond dyna oedd plant yr ardal i gyd yn ei wneud, gweithio yn y gwaith cotwm o fore gwyn tan nos. Gwyddai'n iawn beth oedd gwaith caled. Tybed a oedd deg oed yn rhy ifanc i weithio oriau hirion? Ond doedd dim dewis. Y ffatri amdani!

I gyfnod fel hyn y ganed David Livingstone. Dywedodd, ar ôl iddo dyfu i fyny, fod y caledi yma wedi bod yn rhan bwysig o'i fywyd. "Petawn i'n dechrau ar fy mywyd unwaith eto mi fuaswn i'n hoffi cael fy nwyn i fyny yn y ffordd anodd yma." Ond doedd hi ddim yn waith i gyd yn y cyfnod cynnar hwnnw. Câi gyfle i astudio. A bu hynny'n help mawr iddo gan iddo gael ei ddewis gan Gymdeithas Genhadol Llundain i baratoi ar gyfer bod yn genhadwr.

Ar ôl cwblhau ei waith yn y Ganolfan Genhadol, fe'i hanfonwyd i Affrica. Bryd hynny y "cyfandir tywyll" oedd Affrica. Ychydig iawn o ddynion gwyn oedd wedi troedio'r cyfandir hwn. Ar ei daith gyntaf, croesodd ar draws Affrica o Angola yn y Gorllewin i Mozambique yn y Dwyrain. Dilynodd gwrs yr afon Zambezi o'i tharddiad i'r aber lle llifa'r afon i'r môr. Roedd llawer o drigolion yr ardaloedd hyn yn barod i'w helpu a byddai yntau'n gofalu amdanyn nhw â gofal mawr. Er ei fod yn cofnodi'n fanwl bob agwedd o'r daith gan fanylu ar yr elfennau gwyddonol, y peth pwysig iddo bob amser oedd mai cenhadwr yn enw Iesu Grist ydoedd.

Trwy gydol ei fywyd fel cenhadwr roedd un peth yn peri cryn bryder iddo. Caethwasiaeth. Ceisiodd ddysgu'r brodorion i dyfu cnydau ac i wneud defnydd o'u fforestydd yn hytrach na manteisio ar wendid eu cymdogion a'u gwerthu fel caethweision. Ceisiodd eu dysgu yn y ffordd Gristnogol i weld fod pob unigolyn yn blentyn i Dduw. Yn ei farn ef, doedd gan neb hawl i drin pobl fel caethweision. Ond yn araf deg iawn roedd y gwaith yn mynd yn ei flaen. Yng nghanol ei lafur a'i ddycnwch cafodd gomisiwn gan lywodraeth Prydain i anturio yng nghanolbarth a dwyrain y "cyfandir tywyll".

Daliodd ati i frwydro yn erbyn caethwasiaeth ond bellach roedd ganddo nod arall, sef chwilio am darddiad yr afon Nîl. Erbyn hyn, roedd dros ei hanner cant a doedd ynni ei ieuenctid ddim ganddo. Wynebodd wrthwynebiad bob cam o'r daith. Credai pawb ei fod wedi marw. Anfonodd papur newydd Americanaidd griw dan arweiniad John Rowlands i chwilio amdano. Cymro, a gafodd ei fagu mewn tloty yn Llanelwy, Gogledd Cymru, oedd Rowlands. Fe'i mabwysiadwyd gan Americanwr o'r enw Henry Stanley. Cymerodd Rowlands ei enw newydd oddi wrth ei dad mabwysiadol. Ac mewn lle o'r enw Vjiji ar lan Llyn Tanganyika y daeth Stanley ar draws Livingstone. Mae'r cyfarchiad yn fyd-enwog, "Dr Livingstone, mae'n debyg?" Roedd Livingstone yn fyw ac yn iach.

Ymhen deunaw mis ar ôl y cyfarchiad enwog hwn roedd Livingstone wedi marw. Daethpwyd â'i gorff i Abaty Westminster, Llundain, i'w gladdu.

"Bwrw dy dynged ar yr Arglwydd, ymddiried ynddo, ac fe weithreda."

Salm 37:5

O Dduw, dydw i ddim yn gwybod dim am galedi bywyd.
Mi ydw i wedi fy magu ar aelwyd gysurus,
Yn cael digon o fwyd,
Yn cael addysg yn yr ysgol,
Yn cael chwarae efo ffrindiau.
Paid â gadael i mi anghofio am y rheiny
sy'n gorfod wynebu caledi bob dydd o'u hoes.
Amen.

Sut y byddech chi'n teimlo petaech yn gorfod wynebu caledi mewn bywyd?
Beth fuasai "caledi" i chi?

David Livingstone: 1813-1873

Disgwyl yr annisgwyl

Dyfalbarhad / ffyddlondeb / ymddiriedaeth / gosod esiampl

Rowan Williams ydi'r Cymro cyntaf erioed i gael ei orseddu'n Archesgob Caergaint. Cyn ei benodi'n Archesgob Caergaint, ef oedd Archesgob Cymru. Dyma ychydig o gerrig milltir yn ei hanes:

- Rowan Douglas Williams.
- Geni, Ystradgynlais, 1950.
- Symud i fyw i'r Mwmbwls.
- Aelod o gôr Eglwys yr Hollsaint, Ystumllwynarth.
- Ficer yr eglwys, Y Parchedig Eddie Hughes, yn ddylanwad mawr arno.
- Ysgol Ramadeg Dinefwr.
- B.A. Coleg Crist, Caergrawnt – 1971
- M.A. Coleg Crist, Caergrawnt – 1975
- Coleg yr Atgyfodiad, Mirfield – 1975
- Offeiriad – 1978
- Priodi â Jane – 1981
- Rhiannon ei ferch yn cael ei geni – 1988
- Pip ei fab yn cael ei eni – 1996
- Athro Diwinyddiaeth, Rhydychen – 1986 – 1992
- Esgob Mynwy – 1991
- Archesgob Cymru – 1999
   Archesgob Caergaint – 2003

Ychydig wythnosau cyn iddo hel ei bac a mynd am Gaergaint, cafwyd cyfle i ofyn pedwar o gwestiynau iddo. Dyma oedd ei atebion:

Pa lyfrau wnaeth ddylanwadu arnoch chi pan oeddech yn blentyn?
Yn gynnar iawn roeddwn i'n diddori mewn llyfrau o straeon gwerin, mythau a chwedlau a hefyd llyfrau hanes. Fedra i ddim enwi un llyfr arbennig ond roeddwn i'n synhwyro rywsut y gallai'r byd fod yn lle gwahanol, boed yn y gorffennol neu ym myd chwedloniaeth ac mae hynny yn rhoi'r syniad i chi o bethau rhyfedd yn digwydd rownd y gornel. Rwy'n credu bod a wnelo hyn â'm cred grefyddol, sef bod y byd yn lle rhyfedd a diddorol. Mae Duw yn dal i ddisgwyl rownd y gornel.

Rowan Williams: 1950-

Fyddech chi'n hoffi bod yn blentyn yn tyfu i fyny heddiw?

Mae hi'n anodd iawn cymharu tyfu i fyny mewn gwahanol gyfnodau oherwydd dim ond y bobl sy'n tyfu i fyny yn y cyfnod hwnnw sy'n gwybod yn iawn. Rwy'n credu weithiau fod plant heddiw yn colli peth o'r rhyddid oedd gen i fel bachgen – chwarae yn yr awyr iach, mynd am dro a phethau felly, yn enwedig pan oeddwn i yn f'arddegau.

Oes yna le i blant yn yr eglwys heddiw?

Mae'n rhaid i unrhyw eglwys sy'n gwneud ei gwaith o ddifrif groesawu plant a dydw i ddim yn credu y dylen nhw ymddwyn fel oedolion bob amser! Y dyddiau hyn mae yna ddigon o gyrsiau a digon o weithgareddau ar gyfer plant, a diolch amdanyn nhw. Mae'n bwysig iawn ein bod yn trin plant o ddifrif fel aelodau o'r eglwys, nid fel aelodau sy'n llenwi'r seddau, nid yn unig fel aelodau o eglwys yfory ond fel aelodau o'r eglwys heddiw.

Beth ydi'ch syniad chi o eglwys ar gyfer y ganrif hon?

Bydd yr eglwys yn y ganrif hon, yn fy marn i, yn lle o amrywiaeth a bydd nifer o wahanol fathau o addoliad yn digwydd ochr yn ochr, ac nid ar y Sul yn unig y bydd hyn yn digwydd. Bydd gweithgareddau yn digwydd yn ystod yr wythnos, gwahanol bethau ar gyfer gwahanol fath o bobl. Credaf fod yna amser diddorol iawn o'n blaenau, nid yn unig yma ond ar draws y byd i gyd.

Diolch i'r Archesgob am roi o'i amser i ateb y cwestiynau.

"Byddwch yn dirion wrth eich gilydd, yn dyner eich calon, yn maddau i'ch gilydd..."

Effesiaid 4:32

O Dduw,
rho i Rowan
y gallu i arwain yn ddoeth
ac i wneud d'ewyllys Di bob amser.
Amen.

Beth fyddech chi'n ei ddweud ydi gwaith archesgob?

Rowan Williams: 1950–

Cael ei losgi tros ei gred

Dewrder / ffyddlondeb

Polycarp: 69-155 oc

Roedd y Cristnogion cynnar yn wynebu peryglon mawr. Roedden nhw'n gwrthod addoli duwiau'r Rhufeiniaid. Duwiau fel Mawrth, Iau a Mithras. Dim ond un duw oedd gan y Cristnogion, sef Tad Iesu Grist. Yn wir, roedd y Rhufeiniaid yn addoli yr Ymerawdwr. Iddyn nhw roedd ef hefyd yn dduw i'w addoli. Roedd yr Ymerawdwr yn disgwyl i bawb yn yr Ymerodraeth ei addoli ynghyd ag addoli'r duwiau eraill.

Penderfynodd yr Ymerawdwr ymosod ar arweinwyr y Cristnogion.

"Mae'n rhaid i ni gael gwared â dilynwyr y Crist yma ar unwaith," meddai wrth ei filwyr. "Os bydd yr arweinwyr yn cael eu lladd efallai y bydd y bobl gyffredin wedyn yn gwrthod addoli Crist ac yn addoli ein duwiau ni."

Un o'r arweinwyr hyn oedd Polycarp, Esgob Smyrna. Roedd Polycarp mewn gwth o oedran. Clywodd ei ffrindiau fod milwyr yn Ymerawdwr yn chwilio amdano.

"Mae'n well i ti fynd i guddio neu mi fydd y milwyr yn siŵr o'th ddal." Bu Polycarp yn cuddio yn nhŷ un o'i ffrindiau am ddyddiau. Ond, un bore, rhuthrodd tri o filwyr yr Ymerawdwr i mewn. Roedd hi'n rhy hwyr. Ymosodwyd ar bawb oedd yn y tŷ a daethpwyd o hyd i Polycarp yn cuddio yn seler y tŷ.

Daethpwyd ag ef i'r arena fawr. Roedd torf fawr wedi ymgynnull. Roedden nhw wedi cael pnawn i'w gofio. Rasus y cerbydau rhyfel. Ymladd rhwng y gladitoriaid, a'r llewod wedi ymosod ar y rhai oedd yn erbyn yr Ymerawdwr. Pnawn i'w gofio'n wir! Ac yna dyma'r newyddion bod Esgob Smyrna wedi'i ddal. Felly dyma'r dorf yn aros i weld beth oedd yn mynd i ddigwydd iddo.

"Lladdwch ef! Llosgwch ef!" bonllefai'r dorf.

Arweiniwyd ef o flaen y dorf. Clywodd lais yn galw arno, "Polycarp, rwyf am i ti fod yn ddewr. Cofia dy fod yn was i mi." Roedd yn sicr mai llais Iesu oedd y llais hwn. Meddai un o'r milwyr wrtho,

"Dywed dy fod yn mynd i addoli Cesar ac fe'th ollyngaf yn

rhydd. Melltithia'r Crist." Ac meddai Polycarp,

"Am wyth deg a chwech o flynyddoedd rwyf wedi dilyn Iesu Grist. Fedra i ddim ei wadu yn awr," atebodd Polycarp.

"Llosgwch ef!" gwaeddai'r dorf unwaith yn rhagor.

Tra oedd Polycarp yn gweddïo dechreuodd rhai o'r dorf baratoi tanllwyth o dân. Dyna lle'r oedden nhw'n casglu priciau a gwellt i wneud coelcerth werth chweil. Taflwyd Polycarp i'r tân. Trywanodd un o'r milwyr ef â dagr. Dyna lle'r oedd y milwyr yn gwylio'r goelcerth. Roedden nhw'n sicr bod Polycarp yn gweddïo tra oedd y fflamau'n llosgi o'i gwmpas.

Er bod llawer o'r dorf yn gweiddi, roedd yna ambell un wedi rhyfeddu o'i glywed yn gweddïo ac yntau wedi cael ei gam-drin.

"Yn sicr," meddai un o'r dorf, "roedd Polycarp yn ddyn arbennig iawn. Roedd o'n fodlon marw dros yr hyn roedd o'n ei gredu.

Ac felly, ar Chwefror 23, yn y flwyddyn 155, y bu Polycarp farw.

"Dwg ar gof iddynt eu bod i ymostwng i'r awdurdodau sy'n llywodraethu, i fod yn ufudd iddynt, a bod yn barod i wneud unrhyw weithred dda.   Titus, 3:1

O Dduw, boed i'r bywyd syml rwyf fi wedi ei ddilyn gael ei dderbyn gennyt ti.
Amen.

Oes raid i ni sefyll yn gadarn dros yr hyn rydyn ni'n ei gredu?
Fyddech chi'n barod i sefyll fel y gwnaeth Polycarp?

Polycarp: 69–155 oc

Dal ati i'r diwedd

> **Dyfalbarhad / dewrder / gofal**

Betsi Cadwaladr: 1789-1860

Yn y dyddiadur dychmygol hwn cawn dipyn o hanes Betsi, neu Elizabeth Davies. Pan aeth i weithio i Lerpwl yn 14 oed, doedd ei ffrindiau na'i chyflogwyr ddim yn gallu ynganu ei chyfenw, sef Cadwaladr. Fe'i ganed ar dyddyn Penrhiw, ger Bala yn Sir Feirionnydd.

Medi 15, 1793

Wedi bod yn gweithio yn Lerpwl ers rhai wythnosau. Mae'r bobl yn ei chael hi'n anodd i ddweud "Cadwaladr". Rwyf wedi penderfynu newid fy enw yn gyfan gwbl i Elizabeth Davies. Enw hawdd iawn i'w ddweud. Rwy'n darllen y Beibl ges i gan Thomas Charles bob nos yn ddi-ffael...

Gorffennaf 20, 1816

Cael cyfle i deithio gyda'r teulu i bob rhan o Ewrop. Ymweld heddiw â maes brwydr Waterloo lle trechwyd byddin Napoleon. Rydw i wrth fy modd yn gweld y gwahanol olygfeydd...

Medi 9, 1818

Wedi cael digon ar Lerpwl! Yn Llundain erbyn hyn yn gweini i deulu lle mae'r penteulu yn gapten llong. Ar grwydr unwaith yn rhagor. Gweld dipyn mwy ar y byd yn awr...

Mawrth 10, 1832

Ar un o ynysoedd Môr y De. Cyfarfod â chenhadwr o Gymro, John Davies. Fe'i ganed ym mhlwyf Llanfihangel yng Ngwynfa, Sir Drefaldwyn. Rwy'n gobeithio mynd i Affrica. Maen nhw'n dweud fod hen athro Ysgol Sul i mi yno yn rhywle. Ond mae Affrica yn lle mawr iawn, medden nhw!

Ionawr 12, 1854

Er fy mod yn 65 oed rydw i'n hwylio i'r Crimea i helpu'r milwyr.

Rhagfyr 17, 1854

Wedi cyrraedd Caergystennin heddiw ar ôl taith hir a helbulus iawn. Tybed ydw i'n mynd yn rhy hen?

Mawrth 30, 1855

Yn yr ysbyty yn Balaclava. Amgylchiadau difrifol. Mae'r ysbyty yn fudr ac yn drewi. Llawer o'r milwyr wedi eu hanafu'n ddrwg iawn. Dim adnoddau yma o gwbl. Y moddion a'r cyffuriau yn brin iawn. Mae hi'n anodd iawn trin y clwyfau, hen offer ac adnoddau...

Ebrill 2, 1855

Mwy o filwyr yn marw. Ers wythnos mae 42 o filwyr wedi marw. Mae'r ffrae rhyngof a Florence Nightingale yn gwaethygu. Dydi hi ddim yn fodlon fy mod i a chriw o nyrsys eraill wedi dod yma o gwbl. Mae hi wedi fy nghyhuddo o wneud mwy o ddrwg nag o les yn yr ysbyty. Mae hyn wedi fy mrifo. Caf gyfle i droi at Feibl Thomas Charles yn y man. Mae'n siŵr o godi fy nghalon!

Mai 5, 1855

Methu cysgu dim neithiwr. Dal i feddwl am eiriau cas Florence. Dydw i ddim wedi bwyta dim ers dau ddiwrnod. Mae gweld cyflwr y milwyr a chasineb Florence tuag ataf yn effeithio ar fy iechyd...

Mawrth 3, 1856

Rydw i wedi colli pwysau. Dydw i ddim yn bwyta fawr ddim erbyn hyn. Ofnaf y bydd rhaid i mi ddychwelyd i Lundain.

Mai 1, 1856

Wedi cyrraedd Llundain heddiw. Rwyf am aros efo fy chwaer yn y ddinas fawr!

Ymhen pedair blynedd roedd Betsi Cadwaladr wedi marw. Fe'i claddwyd yn Llundain, ond ni ŵyr neb bellach ymhle.

"Casewch ddrygioni. Glynwch wrth ddaioni."
Rhufeiniaid 12:9

Ein Tad.
Mae hi'n anodd weithiau byw dan straen.
Helpa ni i wneud beth rwyt ti eisiau i ni ei wneud
er bod yna anawsterau ar y ffordd.
Amen.

Oni fyddai'n well petai Betsi wedi gadael yr ysbyty yn Balaclava?
Onid oedd y tensiwn rhyngddi a Florence Nightingale yn creu mwy o anawsterau?

Betsi Cadwaladr: 1789–1860

Y Salmau Cân

Rhannu / ymddiriedaeth

Does neb yn gwybod yn union ymhle y ganed Edmwnd Prys. Ond credir mai yn y Gydros yn Sir Feirionnydd y ganed ef. Dyma gyfweliad dychmygol rhyngddo ef a'r awdur.

Fedrwch chi grynhoi eich hanes yn fyr?

Offeiriad fûm i gydol f'oes. Ar ôl i mi raddio yng Ngholeg Sant Ioan, Caergrawnt, fe ges fy urddo'n offeiriad yn 1568. Wedyn mi fûm i'n offeiriad ym Maentwrog a Ffestiniog ac yna yn Llwydlo ar y Gororau. Yna mi ges i fy mhenodi yn Archddiacon Meirionnydd. Roeddwn i'n byw wedyn yn Nhyddyn Du, yn fy hen blwyf ym Maentwrog. Ac yno y bûm i'n byw weddill fy oes.

Roeddech chi hefyd yn dipyn o fardd, medden nhw.

Fe sgwennais i lawer iawn o gywyddau. Roedd y mwyafrif ohonyn nhw ar destunau crefyddol. Wyddoch chi, mi sgwennais i un ar bêl-droed, coeliwch neu beidio! Mi wnes i hefyd sgwennu awdlau a nifer fawr o englynion.

Ydi o'n wir bod yr englynion hyn wedi eu hysgrifennu yn yr iaith Ladin?

Ydi, mae hynny'n berffaith wir. Roeddwn i'n gryn feistr ar yr iaith Ladin. Roeddwn i'n dipyn o feistr ar yr iaith Hebraeg, iaith yr Hen Destament. A deud y gwir, roeddwn i'n medru wyth iaith i gyd. Mi fyddai William Cynwal, bardd oedd yn byw yn yr ardal acw, yn dweud mai dangos fy hun oeddwn i pan oeddwn i'n sgwennu yr englynion Lladin yma. Wel, pawb â'i farn yntê! Cofiwch chi, mi roedd Cynwal yn dweud pethau mawr amdana i. Roedd o'n haeru nad oeddwn i'n fardd o gwbl ac y byddai'n well i mi fugeilio fy mhobl yn hytrach nag ymhél â barddoniaeth.

Ond dal ati wnaethoch chi?

Ie. Fel y gwyddoch chi, doedd canu emynau ddim yn rhan o wasanaethau'r eglwys bryd hynny. Mi geisiais i lenwi'r bwlch drwy drosi o'r salmau ar fesurau y gallai'r bobl eu canu. Fel y gwyddoch

Edmwnd Prys: 1544-1623

chi, mae yna 150 o salmau yn y Llyfr Salmau yn yr Hen Destament ac felly fe es ati i'w gwneud nhw'n benillion y byddai'r bobl yn gallu eu canu. Mi oedd yna resymau am hyn wrth gwrs. Un rheswm oedd ceisio gwneud ystyr y salmau yn gliriach. Mae rhai o'r salmau yna'n ddigon anodd eu deall. Rheswm arall oedd y gallai'r bobl gyffredin ddysgu'r penillion hyn ar eu cof. Mi ymddangosodd yr holl salmau, 150 ohonyn nhw i gyd, fel atodiad i'r Llyfr Gweddi Gyffredin ym 1621.

Fedrwch chi roi enghraifft neu ddwy i ni o'ch Salmau Cân?
Gwnaf. Fe rof i ddyfyniad o'r gân ac fe gewch chi ddyfalu pa salm. Dyma'r gyntaf:
"Yr Arglwydd yw fy mugail clau,
Ni ad byth eisiau arnaf."

Salm 23

"Yr Arglwydd cenwch lafar glod
A gwnewch ufudd-dod llawen fryd
Dewch o flaen Duw â pheraidd dôn
Trigolion daear fawr i gyd."

Salm 100

Wel, ardderchog.

Edmwnd Prys, diolch i chi am fod mor barod i ateb y cwestiynau.

"Molwch yr Arglwydd. Canwch i'r Arglwydd gân newydd."

Salm 149:1

Diolch i ti, O Dduw, am bobl
sy'n barod i ddefnyddio eu doniau i'th wasanaeth Di.
Amen.

Pa mor bwysig ydi addasu neges y Beibl i'n cyfnod ni?
Oes yna le i ailsgwennu'r Beibl mewn iaith gyfoes?

Edmwnd Prys: 1544–1623

Teithio Cymru

Ffyddlondeb / cyfeillgarwch

Yn ystod tymor y Grawys 1188 aeth Gerallt Gymro (Giraldus Cambrensis) ar daith drwy Gymru gydag Archesgob Baldwin (Archesgob Caergaint). Pwrpas y daith hon oedd codi milwyr ar gyfer y drydedd groesgad. Cychwynnodd y ddau o Henffordd ar Ddydd Mercher Lludw a thrwy ardaloedd y De, yna i'r gogledd a chyrraedd Caer erbyn y Pasg. Yn y llythyr dychmygol hwn, mae Gerallt yn hel meddyliau am ei daith ac yn diolch i'r Archesgob Baldwin am ei gwmnïaeth.

Y Sulgwyn, 1188

F'annwyl Dad yn Nuw, yr Archesgob Baldwin,

Dim ond gair i ddiolch am eich cwmnïaeth ar daith fythgofiadwy o gwmpas Cymru. Gan obeithio eich bod wedi cael bendith o ymweld â'r gwahanol fannau ac o gyfarfod â'r bobl. Dim ond gobeithio nad oedd ein taith yn ofer. Fel y clywsoch, fe addawodd sawl un ymuno yn y croesgadau. Roeddech chi'n sôn droeon eich bod â'ch bryd ar fynd i Jerusalem. Tybed ydych chi wedi dod i benderfyniad erbyn hyn?

Rwy'n dal i feddwl amdanoch chi yn gwrthod credu fy stori pan fuon ni yn Aberhonddu. Ydi, mae hi'n hollol wir. Rydw i wedi siarad efo'r bachgen ddringodd i fyny mur Eglwys Llanfaes i chwilio am gywion yn nyth y golomen. Do, mi fuodd yno am dri diwrnod gan fod ei fysedd wedi glynu ar fur yr eglwys. Ac i brofi fod hyn wedi digwydd, mae olion ei fysedd i'w gweld yn glir ar garreg y mur.

Roeddwn yn falch eich bod yn cytuno â mi ar un peth pwysig – does unman yng Nghymru yn debyg i Faenorbŷr yn Sir Benfro. Man fy ngeni! Dyma yn sicr y lle harddaf yng Nghymru gyfan. Do, mi roeddech chi yn cytuno efo mi pan welsoch chi'r olygfa fendigedig.

Ydych chi'n cofio galw yng Nghaernarfon – y lle hwnnw efo'r castell bychan hwnnw ar ben y bryn? Roeddech chi wedi blino'n lân erbyn hynny. A dweud y gwir, roeddech chi'n amau oedd y daith o werth o gwbl. Ond wrth gwrs wedi blino oeddech chi. A braidd yn flin! Mi syrthioch chi i gysgu yn ymyl y goedwig honno a phan wnaethoch chi ddeffro dyna lle'r oedd yr aderyn hwnnw yn canu nerth esgyrn ei ben. 'Yr eos' meddech chithau a finnau yn dweud nad oedd yr eos byth yn dod i Gymru. Ydych chi'n cofio'r ateb roesoch i mi? "Wel dyna aderyn call." Mi wnaeth eich ateb godi dipyn ar galonnau'r ddau ohonom ni. Mi fuon ni'n chwerthin gryn dipyn ar ôl hynny.

Dydw i ddim yn gwybod a ddylwn i sôn am Afon Menai? Mi gawson ni gyfnod digon anodd yn fan'na. Chi yn pregethu'n huawdl, fel arfer, a'r bechgyn ifanc yna yn eich gwatwar. Ond er gwaetha'r gwatwar fe gawson ni lawer iawn o fechgyn ifanc oedd yn barod i ymuno â'r Groesgad.

Hawdd iawn fyddai i mi fynd ymlaen i sôn am ragoriaethau'r daith ond mae'n well i mi derfynu hyn o lith. Mae gen i ychydig mwy o wybodaeth i chi. Rwyf wedi cael cynnig bod yn esgob yn Llandâf ac mae'n bur debyg y caf gynnig Bangor hefyd. Ond, fel y gwyddoch, dim ond un esgobaeth sy'n mynd â'm bryd a honno ydi Tŷ-Ddewi. Yn y cyfamser rwyf am fynd ati i sgrifennu am y daith. Rwyf wedi meddwl am benawdau i'r llyfrau'n barod, "Itinerarium Kambriae" (Taith drwy Gymru) a "Descriptio Kambriae" (Disgrifiad o Gymru).

Ysgrifennwch ataf pan gewch gyfle,

Yn rhwymau'r Efengyl,
Giraldus

"Y mae haearn yn hogi haearn, ac y mae dyn yn hogi meddwl ei gyfaill."

Diarhebion 27:17

O Dduw,
mi rydw i yn edmygu Gerallt Gymro
am deithio o gwmpas Cymru yn rhoi darlun i ni o Gymru'r cyfnod hwnnw.
Ond tybed oedd ei nod yn cyd-fynd â'th ffordd Di o fyw?
Helpa fi i chwilio am ateb i'r cwestiwn hwn.
Amen.

Ydych chi'n cofio beth oedd pwrpas taith Gerallt a'r Archesgob?
Recriwtio milwyr i fyddin y groesgad. Ydych chi'n credu y dylai pobl grefyddol wneud hyn?

Gerallt Gymro: 1146-1223

Mynd yr ail filltir

Ymddiriedaeth / dewrder / goddefgarwch

Gladys Aylward: 1904–1970

Cenhades yn Tsieina oedd Gladys Aylward. Un diwrnod cafodd ei galw i lys y pennaeth, neu'r Mandarin, yn Yangcheng, sef rhanbarth o Tsieina. Dowch i ni ei holi i weld beth ddigwyddodd.

Gladys, sut oeddech chi'n teimlo pan gawsoch chi alwad i fynd i weld y Mandarin?

Wel, y cwestiwn cyntaf ddaeth i'm meddwl oedd, 'Beth ydw i wedi wneud?' Fy ngwaith i oedd cadw llety i bobl yr ardal. Bob cyfle roeddwn i'n ei gael mi fyddwn i'n sôn am Iesu Grist. Roeddwn i'n meddwl mai dyna'r rheswm i mi gael fy ngalw i'w weld. Ond, beth bynnag, mi roeddwn i wedi dychryn cryn dipyn.

Wel, deudwch wrtha ni, beth yn union ddigwyddodd?

Mi wnes i foesymgrymu o'i flaen. Yna fe ddywedodd wrtha i bod mamau Yangcheng yn lapio traed eu plant efo cadachau er mwyn eu cadw'n fach ac yn ddestlus. "Mae'n rhaid i hyn stopio," meddai, "ac mi rydw i eisiau i chi fynd o amgylch y pentrefi i ddweud wrth y mamau. Chewch chi ddim llawer o arian ond mi gewch ful bychan a gwarchodwyr i fynd efo chi." Y fi? Pam fi? Meddyliwch am fynd i fyny i'r mynyddoedd. Meddyliwch amdanaf i, y ferch oedd wedi bod yn forwyn fach yn Llundain, yn dod yn Arolygwr Traed yn Yangcheng!

Sut hwyl gawsoch chi?

Gwaith anodd iawn oedd dringo'r mynyddoedd a'r gelltydd serth. Ond, a dweud y gwir, mi roeddwn i wrth fy modd! Roeddwn i'n cael sôn am Iesu Grist wrth bawb roeddwn i'n taro arnyn nhw ar y ffordd.

Mi gawsoch chi'ch galw'r eildro i weld y Mandarin?

Do. Mi roedd yna derfysg yn un o garchardai'r ardal.

Ond pam oedd y Mandarin eich angen chi o bawb?

Wel, yr hyn ddywedodd o wrtha i oedd, "Mae gennych chi Dduw sydd yn eich gwarchod. Dyna rydych chi'n ddweud wrtha ni. Felly, fe gewch chi fynd i mewn at y carcharorion ac fe fydd eich Duw yn sicr o ofalu amdanoch!

Aethoch chi i mewn?

Roedd y carcharorion fel anifeiliaid gwyllt. Roedden nhw mewn cewyll fel anifeiliaid yn y sŵ. Roedden nhw'n ymladd. Roedd un ohonyn nhw yn rhedeg yn wyllt â chyllell anferth yn ei law. Mi ges i nerth o rywle. "Rhowch y gyllell yna i mi y munud yma," meddwn wrtho. Ac yn wir i chi, dyma'r dyn yn stopio yn y fan a'r lle a rhoi'r gyllell yn fy llaw. A'r munud hwnnw, dyma bob un ohonyn nhw'n stopio a'r lle yn mynd yn ddistaw bach. Mi ddechreuais i siarad efo nhw. Roedden nhw yn cael eu trin yn union fel anifeiliaid rheibus. Yr unig beth roedden nhw'n ei wneud drwy'r dydd a'r nos oedd eistedd, pob un yn ei gawell ei hun. Mi es i'n syth i weld llywodraethwr y carchar ac fe ddywedais i wrtho fod yn rhaid iddo wneud newidiadau mawr yn y carchar.

Wnaeth o wrando arnoch chi?

Do, fe ges i gefnogaeth y Mandarin. Fe ges i fynd i weithio i'r carchar. Bob pnawn byddai'r carcharorion yn cael gwneud pethau roedden nhw â diddordeb ynddyn nhw. Byddai rhai ohonyn nhw'n cael cyfle i nyddu, eraill yn malu grawn. Mi ddois i â chwningod i'r carchar. Byddai rhai o'r carcharorion yn eu bwydo a gofalu amdanyn nhw. Yn wir, ymhen dim roedd yna gannoedd o gwningod yn y carchar, bron iawn mwy nag oedd yno o garcharorion! A chofiwch, roeddwn i'n cael cyfle i ddweud hanesion am Iesu Grist wrthyn nhw hefyd!

"Cariwch feichiau eich gilydd…"
Galatiaid 6:2

O Dduw,
mi ydw i'n cael digon o bob dim.
Helpa fi i weld anghenion pobl eraill
ond yn fwy na dim helpa fi
i wneud rhywbeth bach i'w helpu.
Paid â gadael i mi eu hanwybyddu.
Helpa fi i wneud am fy mod i eisiau,
nid am fod rhaid i mi.
Amen.

Beth ydi ystyr "mynd yr ail filltir"?

Gladys Aylward: 1904–1970

"Mi ydw i wedi maddau iddo"

> Maddeuant / dewrder

"…Mi ydw i'n mynd i dy ladd di."

"Paid â bod yn wirion. Pwy wyt ti? Be wyt ti'n ei wneud yn fan 'ma? Be ydi dy enw di?"

Sylwodd y plismon, Arthur Rowlands, yng ngolau'i fflachlamp, fod gwn dwbl-baril wedi'i lifio yn anelu'n syth tuag ato.

Atebodd y dyn, "Robert Boyden", neu eiriau tebyg. Taniodd y gwn. Teimlodd y plismon fel petai rhywun wedi taflu rhawiad o dân i'w wyneb. Roedd o'n llosgi. Syrthiodd ar ei liniau. "Dyma'r diwedd," meddai wrtho'i hun ac yna clywodd leisiau o'i gwmpas. Roedd y postmon lleol wedi cael ei godi o'i wely gan sŵn yr ergyd ac roedd yr heddwas oedd efo Arthur Rowlands wedi cyrraedd. Pan gyrhaeddon nhw Arthur, roedd gwaed ar ei wyneb, ei helmed ar lawr a'i fflachlamp yn dal ynghynn. Erbyn 4:15 y bore roedd wedi cyrraedd Ysbyty Cyffredinol Aberystwyth. Yn ôl y meddygon, roedd wedi ei anafu'n ddifrifol iawn; roedden nhw'n sicr y byddai'n ddall. Yn wir doedden nhw ddim yn sicr y byddai byw. Cafodd drallwysiad gwaed. Bu'n anymwybodol am oriau. Cyrhaeddodd ei wraig, Olwen. Cafodd fynd i'w weld. Er na allai hi weld fawr ddim ohono gan fod bandeisi dros ei wyneb, cododd ei chalon pan glywodd ei nyrs yn dweud fod ei byls wedi cryfhau wrth iddi siarad efo fo. Cyn diwedd y pnawn hwnnw roedd wedi ei symud i ysbyty arall yng Nghas-gwent. Y bore wedyn cafodd lawdriniaeth i geisio adfer ei wyneb. Ond er yr holl ymdrechion, neges y llaw-feddyg, Emlyn Lewis, oedd,

"Mae'n arw gen i, Arthur. Weli di byth mwy. Y gwn yna ddaru dy saethu di oedd y peth ola weli di."

I Arthur Rowlands y geiriau yma oedd yn troi a throi yn ei ben, "Weli di byth mwy…" Dechreuodd ei byls wanio unwaith eto. Daeth ei frawd a'i frawd-yng-nghyfraith i'w weld. Rywsut roedd rhaid gwneud rhywbeth i geisio edrych ymlaen i'r dyfodol. Dechreuodd feddwl am ei wraig a'i ddau blentyn, Carol a Gareth. Dyma ddechrau'r daith yn ôl.

Ar Bont ar Ddyfi y noson honno, Awst 1, 1961, wynebodd Arthur Rowlands y gwallgofddyn a'i saethodd. Roedd yr ardal i

(ochr) Arthur Rowlands: 1922-

gyd yn ferw gwyllt, roedd yn rhaid dal y dihiryn. Bu heddluoedd o sawl ardal yn chwilio amdano. Roedd ganddyn nhw enw, Robert Boyden, neu enw tebyg. Ymhen wythnos roedd Boynton, dyna'r enw cywir, yn Swyddfa'r Heddlu ym Machynlleth yn cael ei holi, diolch i'r gath!

Tua phump o'r gloch fore Llun, Awst 7, cododd Robert Jones o Aberllefenni i ollwng y gath oedd yn swnian yn y tŷ. Clywodd Llywela'r ferch sŵn ei thad a chododd i'r ffenestr. Gwelodd ddyn yn yr ardd yn bwyta pys. Rhedodd Robert Jones allan a galw'r cymdogion. Galwyd yr heddlu. Cyn pen dim, roedd plismyn a chŵn wedi cyrraedd. Llwyddodd y ci Derry i godi'r trywydd. Roedd y fagl yn cau amdano. Roedd Derry ar ei sodlau. Cododd Boynton ei wn a saethu'r ci yn ddrwg iawn. Ceisiodd saethu at yr heddweision. Syrthiodd a dyna pryd yr hyrddiodd yr heddwas arno a chael cymorth un o'r cyhoedd i afael yn dynn ynddo.

Anodd iawn yn ystod y mis cyntaf wedi'r digwyddiad oedd maddau i'r gwallgofddyn yna. Ond, erbyn hyn mae Arthur Rowlands wedi maddau'n llwyr i'r dihiryn. Yng ngeiriau'r cyn-blismon, "Os oes gan rywun le i ddiolch y fi ydi hwnnw."

"O Dad, maddau iddynt, oherwydd ni wyddant beth y maent yn ei wneud."

Luc 23:34

O Dad,
mi fydda i'n meddwl weithiau bod maddau i rywun yn dangos yn glir mai person gwan ydw i.
Onid gwrthod maddau i rywun sy'n dangos fy mod yn berson cryf a chadarn?
Ac eto, maddau i'w elynion wnaeth Iesu Grist.
Helpa fi i ddod i benderfyniad pa ffordd sy'n iawn.
Amen.

Pa mor hawdd ydi maddau?
Fuasech chi yn gallu maddau i rywun am wneud drwg i chi neu'ch teulu?

Arthur Rowlands: 1922–

Codi gwrychyn yr awdurdodau

Dewrder / ffyddlondeb

John Penri: 1563-1593

Gorchmynnodd y Frenhines Elizabeth 1 fod rhaid i bawb fynychu eglwys y plwyf ar y Sul. Yn y gwasanaethau defnyddid y Llyfr Gweddi Gyffredin i arwain yr addoliad. Gwrthwynebai llawer iawn o bobl Cymru y ddeddf hon. Un o'r rhain oedd John Penri.

Yng Nghefn-brith yn yr hen Sir Frycheiniog y ganed Penri, ond cafodd ei addysg yn mhrifysgolion Caergrawnt a Rhydychen. Pan ddaeth yn ôl i Gymru cafodd ei siomi'n arw, "Mae'r Cymry yn bobl anwybodus iawn. Maen nhw hefyd yn ofergoelus ac yn gwbl ddifater ynglŷn â chrefydd," meddai'n bur ddigalon.

Y rheswm am hyn yn ei farn ef oedd bod yr offeiriaid yn esgeuluso'r bobl. Yn un peth roedd ganddyn nhw blwyfi enfawr ac anodd iawn oedd cadw golwg ar bob enaid o fewn y plwyfi. Ond yr hyn oedd yn poeni Penri'n fwy na dim oedd y ffaith bod yr offeiriaid yn pregethu yn Saesneg a doedd y bobl gyffredin ddim yn eu deall. Heriodd Penri y Senedd…

"Mae'n rhaid i ni sefyll yn gadarn. Mae yna gymaint o anwybodaeth ac anfoesoldeb yn y wlad. Oes raid i ni fyw mewn anwybodaeth hyd nes y byddwn ni wedi dysgu'r iaith Saesneg? Rhaid dysgu ein hoffeiriaid i bregethu yn Gymraeg. Pam na chawn glywed yr Efengyl yn cael ei thraethu yn ein hiaith ein hunain?"

Ond ni chafodd fawr o sylw. Yn wir, ffyrnigodd Whitgift, Archesgob Caergaint ar y pryd.

"Galwaf arnoch i wneud rhywbeth â'r gŵr Penri yma. Pa hawl sydd ganddo i feirniadu ein hoffeiriaid a'u condemnio am bregethu yn yr iaith Saesneg? Rwyf fi, fel Archesgob yr Eglwys, yn mynd i sefyll yn gadarn a mynnu ei fod yn cael ei garcharu am ddwyn y fath anfri ar yr Eglwys. Awgrymaf ei fod yn cael mis o garchar," meddai Whitgift.

Ac felly y bu, carcharwyd ef. Ar ôl cyfnod yn y carchar, ffodd i'r Alban ac yno y bu am dair blynedd yn dal i ysgrifennu ar y pwnc. Yn ôl i Lundain y dychwelodd i geisio dysgu'r Gymraeg i fwy o offeiriaid er mwyn eu hanfon i Gymru. Tra oedd yn y ddinas fawr, daeth yn ffrindiau a phobl eraill oedd yn dal yr un syniadau ag ef. Credai fod gan bob unigolyn hawl i addoli Duw fel y mynnai.

"Does dim rhaid i chi fynd i'r eglwys i addoli Duw. Fe gewch addoli ymhle y dymunwch chi." Cododd nyth cacwn unwaith yn rhagor. Roedd yn mynd yn groes i orchymyn Elizabeth 1. Carcharwyd ef unwaith yn rhagor. Pan oedd yn y carchar yr eildro anfonodd lythyrau a phamffledi yn pledio'i achos. Daeth ei elynion o hyd i'r papurau hyn. Fe'u defnyddiwyd i'w gyhuddo o fod yn annheyrngar i'r Frenhines. Wedi'r cwbl hi oedd pen yr eglwys y pryd hwnnw. Yr hyn roedd Penri yn ei wneud oedd annog y bobl i wrthryfela yn ei herbyn hi. Plediodd ei achos yn gadarn.

"Nid bod yn annheyrngar ydw i. Dim ond gofyn ydw i am i bobl fy ngwlad cael clywed am Iesu Grist yn eu hiaith eu hunain. Mae gennym ni hawl i glywed yr Efengyl yn yr iaith Gymraeg. Mae Cymru yn wlad anfoesol. Mae Cymru yn wlad anwybodus. Yr unig ffordd i sgubo ymaith yr anwybodaeth a'r anfoesoldeb ydi dysgu'r bobl yn eu hiaith eu hunain am yr Efengyl."

Ofer fu'r protestio. Ac yntau ond yn ddeg ar hugain oed fe'i dienyddiwyd am ei ddaliadau. Collodd ei fywyd yn poeni am ei gyd-wladwyr.

"Carwch eich gelynion a gweddïwch dros y rhai sy'n eich erlid."
Mathew 5:44

O Dduw, Ein Tad,
weithiau mi ydw i yn anwybyddu'r Gymraeg,
yn gwrthod siarad Cymraeg,
yn gwrthod ysgrifennu Cymraeg,
yn gwrthod darllen Cymraeg.
Pan fydda i'n teimlo felly
helpa fi i gofio am aberth pobl fel John Penri.
Amen.

Pa mor bwysig ydi'r iaith Gymraeg yn ein hymwneud â'n gilydd bob dydd?
Oes angen mynd i eithafion fel y gwnaeth John Penri?

John Penri: 1563–1593

Arwr y strydoedd

Maddeuant / cryfder

Nicky Cruz: 1938-

Fyddwch chi weithiau yn hoffi bod yn aelod o'r gang? Mynd o gwmpas yr ardal yn gwneud drygau o bob math? Mae'n hawdd iawn bod efo criw o rai 'run fath â chi. Mae'r stori hon yn sôn am un oedd yn aelod o gang ar strydoedd Efrog Newydd. Ond un noson mewn cyfarfod Cristnogol fe ddigwyddodd rhywbeth...

Gwylltiodd Nicky yn gandryll. Os nad oedd yr athro yn gallu cadw trefn yna roedd ef am roi'r bachgen arall yn ei le unwaith ac am byth. Cydiodd yn y gadair a tharo'r bachgen ar ei ben. Pan awgrymodd y prifathro ei fod am ffonio'r heddlu, ateb Nicky oedd, "Gwnewch ac mi fyddwch chi'n farw." Gyda'r geiriau yna rhedodd allan o'r ysgol.

Ble bynnag roedd Nicky, byddai'n sicr o godi trwbl. Pan oedd yn fachgen ifanc yn Puerto Rico, roedd mewn trwbwl byth a hefyd. Trwy ei gyfnod yn yr ysgol roedd wedi creu llawer iawn o elynion iddo'i hunan. Roedd ei rieni am ei weld yn gadael y cartref. Rhoddwyd ef ar awyren i fynd i Efrog Newydd. Yno câi fyw gyda'i frawd Frank. Ond byr iawn y bu ar aelwyd ei frawd. Bu ffrae rhyngddyn nhw ac allan ag ef i fyw ar y strydoedd. Yno daeth ar draws gangiau o fechgyn ifanc gwyllt. Roedd criw ohonyn nhw mewn dillad duon ac M yn goch ar eu cefnau. Daeth yn ffrindiau â'r bechgyn. Dywedodd un ohonyn nhw wrth Nicky,

"Os wyt ti eisiau dod yn aelod o'r gang, byddwn yn ymosod arnat ti. Os doi di allan yn fyw, fe gei di fod yn rhan o'r tîm. O.K?"

Cytunodd Nicky. Cafodd gweir fythgofiadwy. Roedd yn awyddus i ddod yn un o'r gang. Roedd eisiau cael ei dderbyn gan rywun. Ar ôl chwe mis fe ddaeth yn arweinydd y gang. Doedd ganddo ofn neb na dim. Ond roedd yn dal yn fachgen unig.

Un noson cafodd y gang wahoddiad i gyfarfod Cristnogol. Gwrthododd Nicky fynd. Meddai un o'r gang wrtho, "Pam wyt ti ddim yn mynd i'r cyfarfod? Oes arnat ti ofn?" Roedd yn rhaid iddo fynd ar ôl clywed y geiriau yna.

Roedd aelodau o sawl gang yn bresennol yn y cyfarfod. Dechreuodd y pregethwr siarad efo nhw. Eisteddodd pawb i wrando, "Fe wnawn ni'r casgliad yn awr," meddai'r pregethwr, "a bydd gang y Man Man yn dod o gwmpas i gasglu'r arian."

"Iawn," meddai Nicky, "fe gasglwn yr arian a rhedeg i ffwrdd."

Ond ar ôl casglu'r arian, penderfynodd Nicky y byddai'n mynd â'r casgliad at y pregethwr.

"Y ffŵl gwirion," meddai un o'r gang. "Rho fo yn dy boced a dos am dy fywyd."

Ond am y tro cyntaf roedd Nicky wedi gwneud y peth iawn. Pan ddaeth Nicky â'r casgliad at y pregethwr tawelodd pawb yn yr eglwys. Edrychodd y pregethwr arno ac meddai wrtho,

"Mae Duw yn dy garu **di**. Mae o eisiau maddau i **ti**. Mae o eisiau dy newid **di** yn gyfan gwbl."

Edrychodd Nicky o'i gwmpas. Roedd pob llygad yn y gynulleidfa arno. Edrychodd ar ei ffrindiau. Plygai ambell un ei ben rhag edrych arno. Edrychai'r lleill ar y waliau a'r nenfwd.

Ildiodd Nicky i alwad y pregethwr. Penliniodd o'i flaen a rhoddodd y pregethwr ei ddwylo ar ei ben.

Do, daeth Nicky yn Gristion. Yn ystod yr wythnos ganlynol fe'i trywanwyd gan aelod o gang arall. Wnaeth Nicky ddim ymosod yn ôl. Gadawodd y gang. Daliodd i fyw ar y strydoedd. Bellach roedd yn helpu pawb a welai. Daeth yn aelod o gang arall ond gang gwbl wahanol oedd hon. Roedd y gang hon yn cadw cartref i bobl oedd dan ddylanwad cyffuriau. Daeth llawer i'w adnabod fel ffrind. Bellach roedd yn gallu rhoi ei amser i gyd i helpu eraill. Nid meddwl amdano'i hun oedd ei nod bellach ond bod yn ddwylo i Iesu Grist ar strydoedd Efrog Newydd.

"...oblegid nid yr hyn a wêl dyn y mae Duw'n ei weld. Yr hyn sydd yn y golwg a wêl dyn, ond mae'r Arglwydd yn gweld beth sydd yn y galon."
1 Samuel 16:7

O Dduw,
diolch nad ydyn ni'n gorfod dangos ein hunain i gael dy sylw di.
Amen.

Ydych chi'n credu fod hanes Nicky Cruz yn rhy dda i fod yn wir?

Nicky Cruz: 1938–

Ffrind y carcharorion

Dewrder / dyfalbarhad

Ydych chi wedi edrych yn ofalus ar gefn y papur pum punt? Llun pwy sydd ar y dde? Ydi, mae ei henw o dan y llun. Cofiwch, nid dyma oedd ei henw bedydd. Fe'i bedyddiwyd â'r enw Betsy Gurney. Roedd hi'n dod o gartref cyfoethog iawn.

Pan oedd yn blentyn roedd hi bob amser yn gwisgo dillad lliwgar. Roedd ganddi glogyn sgarlad ac esgidiau porffor gyda charrai coch. Byddai pobl yr ardal yn edrych ddwywaith ar Betsy Gurney. Dyma stori am Betsy, neu Elizabeth Fry, fel y daeth i gael ei hadnabod, yn helpu carcharorion yn y carchar yn Llundain.

Bob bore byddai Llywodraethwr y carchar yn cael gair efo'r gweithwyr i gyd. Bob bore byddai'r un cwestiwn, "Pwy sydd am fynd i mewn i garchar y merched?" Doedd neb eisiau wynebu'r merched.

Roedd degau o ferched yn byw gyda'i gilydd. Byddai'r merched yn ymladd â'i gilydd. Os byddai rhywun dieithr yn mynd i mewn at y merched, fe fydden nhw i gyd yn ymosod ar y person hwnnw. Doedd neb yn glanhau'r ystafelloedd. Doedd yna ddim dŵr i'r merched ymolchi, ac roedd y plant bach yn cerdded ynghanol budreddi. Doedd neb yn gofalu am y merched. Roedd ar bawb eu hofn.

Un diwrnod, ar ôl iddi briodi â dyn cyfoethog o'r enw Joseph Fry, fe ddywedodd wrth ei gŵr, "Rydw i am fynd i weithio i garchar Newgate yn Llundain. Rydw i'n gwybod ei fod yn waith anodd iawn, ond rwy'n siŵr efo help Duw y byddaf yn sicr o lwyddo." Ac felly y bu.

Bob dydd o'r wythnos byddai Elizabeth yn treulio ei hamser yn y carchar. Ar y cychwyn roedd y merched yn gas iawn tuag ati. Roedd rhai yn rhegi, eraill yn poeri arni ac ambell un yn ymosod arni.

Dechreuodd ar ei gwaith trwy ddysgu'r mamau sut i ofalu am eu plant. Byddai hi ei hun yn magu rhai o'r plant er mwyn i'r mamau gael cyfle i ddarllen a sgwennu. Bob dydd byddai Elizabeth yn adrodd storïau o'r Beibl. Ar y dechrau, doedd y merched yn gwrando dim arni. Ond, o dipyn i beth, mi fydden nhw'n eistedd ar y llawr yn gwrando ac yn mwynhau'r hanesion. Fe fyddai hi'n dweud wrth y merched fod Duw wedi ei hanfon i weithio yn eu plith.

"Dewch i ni helpu'n gilydd. Gyda'n gilydd fe allwn ni wneud y carchar yn lle gwell. Os gofynnwn, bydd Duw yn sicr o'n helpu."

Byddai yn gweddïo efo'r merched. Pan fyddai Elizabeth yn gweddïo, byddai rhai o'r merched yn crio. Er mwyn helpu'r merched, daeth Elizabeth â rhai o'i ffrindiau i'w helpu yn y carchar. Byddai'r ffrindiau ac Elizabeth yn gofalu am y plant bach, yn gwnïo, yn trwsio dillad ac yn dysgu'r carcharorion i ddarllen a sgwennu. Am 30 o flynyddoedd y bu Elizabeth a'i ffrindiau yn helpu'r carcharorion yng ngharchar Newgate. Fe ddangosodd gariad Iesu Grist iddyn nhw.

"...bûm yng ngharchar a daethoch ataf."
Mathew 25:37

Cariad wyt ti,
a gwelir yr holl ddioddef,
anghyfiawnder a thrueni,
sy'n teyrnasu yn y byd hwn.
Edrych yn drugarog ar y tlawd,
y gorthrymedig, a phawb sydd o dan faich
camwedd, llafur neu alar.
Llanw'n calonnau â thosturi dwfn at y rhai sy'n dioddef
a phrysura ddyfodiad dy deyrnas,
teyrnas cyfiawnder a gwirionedd.
Amen.
Eugène Bersier (1831–1889)

Oes yna ffordd well i drin carcharorion na'u cloi o fewn pedair wal?
Oni fyddai'n well iddyn nhw wneud gwaith gwirfoddol yn y gymuned?

Elizabeth Fry: 1780–1845

Newid byd

Ffyddlondeb / ymddiriedaeth

Ann Griffiths: 1776–1805

Annwyl Lisa,

Mae'n rhaid i mi ysgrifennu atoch i ddweud beth sydd wedi digwydd. Fel y gwyddoch, roedd hi'n ŵyl Mabsant yn nhref Llanfyllin wythnos diwethaf. Roedd yn rhaid i mi gael mynd yno i fwynhau fy hun. Ond roedd hi'n wahanol rywsut y tro hwn. Fel y gwyddoch, rwyf wedi dechrau darllen y Beibl. Mae'r darlleniadau o'r Beibl a'r gweddïau wedi aros efo mi. Mi fydda i yn ailadrodd rhai o adnodau'r Beibl. Dyma i chi un ohonyn nhw. Adnod fer iawn ydi hi ond mae hi'n adnod bwysig iawn, "Duw cariad yw."

Beth bynnag, mynd wnes i'r ŵyl i Lanfyllin. Fe ddaeth ffrind i mi efo mi. Cawsom amser da yn yr ŵyl. Buom yn dawnsio ... ond roedd hi'n anodd iawn dawnsio gan fod yr hyn roeddwn i wedi'i ddysgu yn y Beibl yn pwyso'n drwm ar fy meddwl. Ar ôl i mi dreulio cryn awr yno gwelais fod yna griw o bobl yn sefyll tu allan i'r capel. Dyma'r ddwy ohonom ni yn mynd yno. Ar ochr y stryd roedd pregethwr yn pregethu o'i hochr hi.

"Dewch, enethod, dewch i wrando ar y pregethwr."

"O ble mae o'n dod?" gofynnais innau. "Y Parchedig Benjamin Jones o Bwllheli ydi o," oedd yr ateb.

Dyma ni'n closio yn nes ato. Yn sydyn, gwelais fod y pregethwr yn edrych i fyw fy llygaid i. Roedd o'n siarad efo fi. Roeddwn i yn deall y pregethwr yma. Fel y gwyddoch chi mae'r pregethwyr yn anodd iawn i'w deall. Maen nhw'n defnyddio geiriau mawr ac yn sôn am syniadau tu hwnt i mi. Ond roeddwn i yn deall y pregethwr yma. O'r Hen Destament roedd o'n pregethu os ydw i'n iawn. Soniodd am y gwas oedd yn mynd i gael ei ladd. Yna, yn sydyn, cofiais am Iesu Grist. Fel y cafodd ef ei groeshoelio ar y Groes. Yna'n sydyn dyma fo'n dechrau sôn am Iesu Grist. Dyma fo'n edrych unwaith eto arna i. A dyma fo'n dweud yn uchel, "Mae Iesu Grist wedi marw drosoch chi... chi... chi... chi." A dyna lle'r oedd o yn edrych arnom ni fesul un.

Fe ddaethon ni oddi yno cyn iddo fo orffen pregethu. Fedrwn i ddim aros yno ddim mymryn mwy. Y fath bregeth. Fe ddaethon ni adref i Ddolwar Fach yn hapus iawn. Ar brydiau mi roedden ni yn rhedeg. Dro arall yn dawnsio wrth feddwl am yr hyn glywson ni gan y Parchedig Benjamin Jones.

Ydych chi yn adnabod y pregethwr? Glywsoch chi Mr Jones yn pregethu? Y peth pwysig amdano oedd ein bod yn ei ddeall. Ond yn fwy na hynny, roedd o fel petai o'n siarad efo fi. Nid siarad efo'r waliau fel roedd y ffeirad yn yr eglwys erstalwm. Ond roedd y pregethwr hwn yn siarad efo fi am Iesu Grist.

Mae'n siŵr y byddwch chi'n falch o glywed fy mod am roi fy mywyd i gyd i Iesu Grist. Mi rydw i wedi penderfynu darllen y Beibl a gweddïo bob dydd. Os bydd arna i angen help wnewch chi fy helpu? Rwy'n gwybod eich bod chithau hefyd yn ffrind da i Iesu Grist. Rwy'n siŵr y bydda i angen help i ddarllen a deall y Beibl. Mae yna rai pethau nad ydw i yn eu deall yn iawn.

Efallai y byddwch yn ddigon caredig i dderbyn fy llythyrau ac os cewch amser ac iechyd y byddwch mor garedig â'u hateb.

Yn gywir iawn,
Ann.

O.N – Mae'r adnod hon wedi bod ar fy meddwl drwy'r dydd, "O Dad, maddau iddynt canys ni wyddant beth maent yn ei wneuthur."

"Iesu Grist, yr un ydyw ddoe a heddiw ac am byth."
Hebreaid 13:8

Diolch i Ti, O Dduw
am bobl yn ein hanes
sydd wedi rhoi i ni
emynau yn ein hiaith,
emynau oedd yn brofiadau
i'r emynwyr.
Amen.

Chwiliwch am rai o emynau Ann Griffiths yn *Caneuon Ffydd*.
O edrych ar yr emynau, oedd Iesu Grist yn bwysig iddi?

Ann Griffiths: 1776–1805

Cyfle wedi'i golli?

Gosod esiampl / dewrder / sefyll dros yr hyn oedd yn ei gredu / gonestrwydd

---

Ydych chi'n meddwl ei bod hi'n iawn defnyddio grym neu drais? Ydych chi'n meddwl ei bod hi'n iawn gwneud niwed i rywun? Ydi trais yn datrys problemau neu'n gwneud pethau'n waeth yn y pen draw? Yn y stori hon cawn hanes Terry Waite. Ar ôl darllen y stori, tybed beth fuasech chi wedi'i wneud?

Glaniodd awyren o Brydain ar faes awyr Beirut. Ymhlith y teithwyr roedd Terry Waite. Pwrpas ei daith oedd ceisio rhyddhau gwystlon oedd wedi eu carcharu gan derfysgwyr.

Roedd criw o ddynion yn ei ddisgwyl. "Dowch efo ni i gyfarfod â'r gwystlon."

Ufuddhaodd Terry Waite. "Mi wnawn ni bob dim i'ch helpu," meddai un arall o'r dynion. I mewn i gefn y car â mwgwd am ei lygaid. Cychwynnodd y car ar gyflymder anhygoel. Ymhen dim roedd y car yn mynd ar hyd ffordd garegog. Teimlai Waite y car yn mynd o ochr i ochr. Stopiodd. "Pryd ga i weld y gwystlon?"

"Yn y munud," oedd yr ateb swta.

Arweiniwyd ef i ystafell. Roedd y mwgwd am ei lygaid o hyd. Rhoddwyd ef i eistedd ar gadair. Syrthiodd i gysgu. Deffrowyd ef gan un o'r dynion a'i arwain o'r ystafell i fan. Ar ôl mynd am ychydig filltiroedd, stopiodd y fan ac arweiniwyd ef i ystafell arall. Tynnodd un o'r dynion y mwgwd oddi ar ei lygaid. Gwthiwyd ef i gell a chlowyd y drws. Mae'n amlwg ei fod wedi cael ei gamarwain gan y dynion. Roedd ef bellach yn wystl. Am y dyddiau oedd yn dilyn bu'r dynion yn dod â bwyd iddo. Ond roedden nhw'n gwrthod yn bendant ateb ei gwestiynau.

Un bore rhoddwyd y mwgwd yn ôl ar ei lygaid. Tybed ai hwn oedd y dydd roedd yn cael ei ryddhau? Na, dim ond ei symud o un gell i'r llall. Rhoddwyd cadwyn am ei goesau a'i ryddhau unwaith y dydd i fynd i'r toiled. Yno, yn nhywyllwch y gell roedd yn gweddïo. "Am ba hyd?... Pam?... O! Dduw, helpa fi." Byddai'n gweddïo fel hyn drwy'r dydd.

Un diwrnod, gwthiwyd ef i'r toiled fel arfer. Gwelodd wn wedi ei adael yno. Cyflymai ei galon. Ai dyma ei gyfle? Mae'n amlwg fod un o'r gwarchodwyr wedi gadael y gwn yn y toiled. Petai'n defnyddio'r gwn a saethu'r gwarchodwyr, byddai ar ei ffordd allan o'r gell? Dyma'r cwestiwn oedd yn llifo trwy ei feddwl. Hwn oedd ei gyfle. Ei unig gyfle i ddianc.

Ond gwyddai petai'n codi'r gwn y byddai'n rhaid ei ddefnyddio. Byddai'n rhaid iddo anafu rhywun neu hyd yn oed ladd. Gwyddai na allai wneud hyn. Credai fod defnyddio grym yn gwbl anghywir, hyd yn oed yn y sefyllfa roedd ynddi'n awr. Gwyddai y bydden nhw'n ei arteithio.

Galwodd ar y gwarchodwr. Pwyntiodd at y gwn. Cythrodd y gwarchodwr yn y gwn. Hyrddiwyd Terry Waite yn ôl i'w gell. Roedd y cyfle i ddianc wedi'i golli.

Bu'n rhaid iddo aros yn y gell am 1,763 o ddyddiau i gyd. Dioddefodd boen dychrynllyd. Byddai chwilod yn cnoi ei draed yn ystod y nos. Roedd y gell yn llaith ac arogl chwys ymhobman. Roedd yr unigrwydd yn llethol. Pryderai am ei deulu gartref ym Mhrydain ond wnaeth o ddim edifaru nad oedd o wedi defnyddio'r gwn.

Fe'i rhyddhawyd ef yn Nhachwedd 1991 ar ôl pum mlynedd mewn caethiwed.

"Bendithiwch y rhai sy'n eich erlid, bendithiwch heb felltithio byth."

Rhufeiniaid 12:14

Y tro nesaf, O Arglwydd,
y caf i'r cyfle i
wneud drwg
helpa fi i feddwl
ydw i yn gwneud
y peth iawn ai peidio?
Diolch am Iesu
a faddeuodd y cyfan
i'r rhai oedd yn ei erlid.
Amen.

Ydi hi'n iawn defnyddio trais ar unrhyw adeg?
Ydi defnyddio grym yn gwneud mwy o ddrwg yn y pen draw?

Terry Waite: 1939–

Llosgi'r ysgol fomio

Dewrder / sefyll dros yr hyn oedd yn ei gredu

Gweinidog gyda'r Bedyddwyr oedd Lewis Valentine. Bu'n weinidog yn Llandudno a Rhosllannerchrugog. Ond mae llawer yn cofio amdano, nid fel gweinidog yn unig, ond fel bardd ac emynydd, ond yn fwyaf arbennig fel un o'r criw a losgodd yr Ysgol Fomio ar dir Penyberth, Llŷn. Yn ystod y Rhyfel Byd Cyntaf bu Lewis Valentine yn filwr. Credai yr hyn oedd yn cael ei ddweud, sef mai hwn oedd y rhyfel i derfynu pob rhyfel. Daeth o'r rhyfel hwnnw yn drist a phenderfynodd na fyddai'n chwarae ei ran mewn unrhyw ryfel byth wedyn.

Trwy gydol tri degau'r ganrif ddiwethaf roedd Winston Churchill wedi rhybuddio bod rhyfel arall ar y gorwel. Daeth gair o'r Weinyddiaeth Ryfel yn Llundain fod cynllun i godi erodrôm yn Llŷn. Y bwriad oedd dysgu hedfan awyrennau rhyfel a gollwng bomiau ym Mhorth Neigwl. Bu llawer o brotestio. Penderfynwyd creu pamffledi a phosteri. Y slogan oedd, "Lloegr a'i llu yn llygru Llŷn!"

Daeth nifer o ddynion at ei gilydd. Yn eu plith, roedd Saunders Lewis, D.J. Williams a Lewis Valentine. Y bwriad oedd llosgi'r Ysgol Fomio. Roedd y llosgi i ddigwydd ar nos Lun, 7 Medi, 1936. Dyma gyrraedd y llecyn. Gwnaed yn sicr nad oedd neb yno. Aeth rhai o'r criw, saith i gyd, o gwmpas y lle i wneud yn siŵr nad oedd neb yn eu gweld. Doedd yr un creadur byw ar gyfyl y lle. Roedden nhw wedi mynd â rhaff efo nhw. Pwrpas y rhaff oedd i glymu'r gwyliwr nos, ond gan nad oedd neb yno fu dim rhaid defnyddio'r rhaff o gwbl. Dyma ddechrau chwistrellu'r petrol ar y cytiau. Gweithred beryglus iawn. Roedd rhaid sugno'r petrol o duniau bychain ac yna chwistrellu'r cytiau.

"Mi ro i ugain munud i chi fynd yn glir cyn i ni danio," meddai un ohonyn nhw.

Rhedodd y gweddill am y ceir, menig am eu dwylo a hosanau am eu sgidiau rhag i neb weld ôl bysedd nac ôl traed. Ond bu'n rhaid tanio cyn i'r ugain munud ddod i ben. Yn y pellter dechreuodd ci gyfarth yn wyllt. Sylweddolwyd bod y gwyliwr nos ar ei ffordd yn ôl. Doedd dim amdani ond tanio a hel eu traed cyn gynted ag oedd bosib. Doedd dim eiliad i'w wastraffu. Yn sicr, doedden nhw ddim eisiau cael eu dal yn rhedeg i ffwrdd. Roedd yr Ysgol Fomio ar dân!

Yn dilyn y digwyddiad cerddodd Lewis Valentine a dau arall i mewn i swyddfa'r heddlu ym Mhwllheli.

"Fel y gwyddoch, mae'r Ysgol Fomio ar dân. Rydyn ni wedi dod yma i ddweud mai ni sy'n gyfrifol am gynnau'r tân," meddai un ohonyn nhw wrth y rhingyll.

Rhoddodd y tri eu henwau a'u cyfeiriadau'n llawn i'r heddlu y noson honno. Bore drannoeth roedd y tri o flaen eu gwell yn y llys yng Nghaernarfon. Cafodd y tri eu rhyddhau ar fechnïaeth. Ar ôl gwrandawiad yng Nghymru a Lloegr fe'u carcharwyd am naw mis.

Tybed a oedd Lewis Valentine yn edifar am yr hyn a wnaeth y noson honno? "Yr wyf yn gwbl ddiysgog – yr oedd yn rhaid wrth y weithred hon. Nid wyf wedi cael achos i newid dim ar fy meddwl."

"Er mwyn fy mrodyr a'm cyfeillion, dywedaf. 'Bydded heddwch i ti'."

Salm 122:8

"O! Dywysog ein tangnefedd,
maddau falchder ym mhob gwlad.
Gwna ni oll yn ostyngedig
i feddiannu gras y Tad."
Amen.

(W. Rhys Nicholas)

Wrth edrych yn ôl ar ddigwyddiad Penyberth, tybed a oedd Lewis Valentine a'i griw yn iawn, wedi'r cwbl? Ai gweithred o drais oedd hon yn y pen draw?

Lewis Valentine: 1893–1986

Dyddiaduron o uffern!

Dyfalbarhad / dewrder / goddefgarwch

Anne Frank: 1929-1945

Am dros ddwy flynedd, rhwng Mehefin 1942 ac Awst 1944, bu Anne Frank yn cadw dyddiadur. Ganed Anne, oedd yn ferch i Iddewon, yn Frankfurt am Main, yn yr Almaen. Ym 1933 daeth plaid newydd i rym, y Sosialwyr Cenedlaethol o dan arweiniad Adolf Hitler. Un o nodweddion y blaid hon oedd eu bod yn wrth-Iddewig. Penderfynodd Edith ac Otto Frank nad oedd dyfodol iddyn nhw yn yr Almaen ac felly rhaid oedd ffoi i Amsterdam, yn yr Iseldiroedd.

Ym 1940, pan oedd Anne yn 11 oed, ymosododd yr Almaen ar yr Iseldiroedd yn ystod yr Ail Ryfel Byd. Bellach roedd rhaid i'r teulu chwilio am guddfan neu gael eu dienyddio. Gyda theulu Van Pels a Fritz Pfeffer cuddiodd teulu'r Franks yn rhandy'r tŷ oedd yn perthyn i Otto. Yno, dan amodau difrifol, ysgrifennodd Anne ei dyddiadur. Dyma rannau o'r dyddiaduron.

Dydd Sul, Medi 27, 1942.

F'annwyl Kitty,
Bu Mam a finnau yn trafod heddiw. Dechreuais grio. Mae Dad yn annwyl efo mi bob amser; mae'n fy neall. Ar brydiau fel hyn fedra i ddim dioddef Mam! Rydw i yn dipyn o ddirgelwch iddi ...

Dydd Gwener, Ebrill 2, 1943.

F'annwyl Kitty,
Aros yn fy ngwely i ddisgwyl i Dad ddweud fy mhader efo fi. Daeth Mam i mewn i'r ystafell a dweud nad oedd Dad yn barod a gofyn gâi hi ddweud y pader efo mi. 'Na' oedd yr ateb ...

Dydd Mawrth, Ebrill 27, 1943.

F'annwyl Kitty,
Mae pawb yn y tŷ yng ngyddfau'i gilydd. Mam a fi, Mr Van Daan a Dad, Mam a Mrs Van Daan. Mae hi'n annymunol iawn yma. Fel arfer mewn helyntion fel hyn mae methiannau Anne yn dod yn amlwg iawn.

Dydd Llun, Rhagfyr 27, 1943.

F'annwyl Kitty,
Nos Wener (noswyl Nadolig) mi ges i anrheg Nadolig am y tro cyntaf yn fy mywyd. Roedd Miep wedi pobi teisen Nadolig flasus efo "Heddwch 1944" wedi ei ysgrifennu arni. Roedd popeth wedi ei lapio'n daclus a lluniau wedi eu glynu wrth bob parsel. Aeth y gwyliau heibio'n gyflym ...

Dydd Sadwrn, Mawrth 25, 1944.

F'annwyl Kitty,

...Rydw i wedi newid yn llwyr. Pob dim o 'nghwmpas i yn wahanol. Mae fy marn i a'm syniadau i gyd yn wahanol. Mae fy holl agwedd i yn wahanol. Does yna ddim byd yr un fath. Does yna ddim byd yn fewnol nac yn allanol yr un fath... ond mi rydw i wedi newid er gwell... Does gen i fawr o arian na dim byd bydol. Dydw i ddim yn dlws, yn ddeallus nac yn alluog ond mi rydw i yn hapus...Ces fy ngeni'n hapus, mi rydw i yn hoff iawn o bobl ac mi hoffwn i weld pawb arall yn hapus.

Dydd Gwener, Gorffennaf 21, 1944.

F'annwyl Kitty,

Mae pethau'n gwella! Fe geisiwyd lladd Hitler gan gadfridog o Almaenwr o bawb. Mae'r Führer yn ffodus iawn o fod wedi ei arbed. Cafodd rhai o'r swyddogion oedd yn ei ymyl eu lladd. Dyma'r prawf gorau fod llawer iawn o swyddogion wedi cael digon ar Hitler a'i ryfel... Rhywbryd tua hanner awr wedi deg y bore ar Awst 4, 1944, stopiodd car tu allan i'r tŷ. Arestiwyd yr wyth oedd yn cuddio yn y tŷ. Cymerwyd Anne i garchar Westerbrook am gyfnod ac yna i wersyll Bergen-Belsen. Bu farw rywbryd rhwng canol Chwefror a Mawrth 1945. Mae'n bur debyg bod ei chorff wedi ei daflu i feddau torfol yn Bergen-Belsen.

"Do, carodd Duw y byd cymaint nes iddo roi ei unig Fab, er mwyn i bob un sy'n credu ynddo ef beidio â mynd i ddistryw ond cael bywyd tragwyddol."

Ioan 3:16

O Dduw,
mae'n anodd cyd-fyw,
fi a'm rhieni
fi a'm chwaer
fi a'm brawd
fi a Nain a Taid
fi a phawb arall
fi a fi fy hun, weithiau.
Os gweli'n dda,
wnei di fy helpu.
Amen.

Rhowch eich hun yn esgidiau Anne.
Rhestrwch yr anawsterau o gyd-fyw dan amodau caeth.
Pa mor hawdd fyddai goresgyn yr anawsterau hyn?

Anne Frank: 1929–1945

Darganfod y bacteria drwg

Dyfalbarhad / sylwgarwch

Louis Pasteur: 1822-1895

Fyddwch chi'n hoffi edrych drwy'r meicrosgop? Trwy wydrau hwn rydym ni'n gallu gweld y bach yn fawr. Ydych chi wedi edrych ar betal blodyn, adain glöyn byw neu hyd yn oed flewyn o'ch gwallt o dan y meicrosgop? Maen nhw'n edrych yn anferth, wir i chi! Dyma i chi stori am un, pan oedd yn blentyn bach, oedd wrth ei fodd yn edrych ar wahanol bethau o dan y meicrosgop.

Ar ôl iddo dyfu i fyny, daeth Louis yn athro mewn coleg ym Mharis, yn Ffrainc. Wrth ei waith bob dydd fe welai greaduriaid bach, bach o dan y meicrosgop. Dyma'r bacteria oedd yn peri i fwydydd a diodydd fynd yn ddrwg. A nhw yn eu tro oedd yn gyfrifol fod pobl ac anifeiliaid yn mynd yn sâl. Er eu bod nhw'n fychan, roedden nhw'n beryglus iawn. Pan soniodd Louis am hyn wrth y gwyddonwyr eraill, wnaethon nhw ddim ond chwerthin am ei ben. Roedd Louis yn benderfynol o brofi ei fod yn iawn.

Bu wrthi yn arbrofi efo gwin. Yn fuan iawn ar ôl ei botelu roedd y gwin yn mynd yn ddrwg. Os oedd y gwin yn cael ei gadw heb i'r aer fynd ato, yna roedd yn cadw'n win da. Gwelodd hefyd fod gwres yn lladd y bacteria. Mae llefrith yn cael ei gynhesu er mwyn lladd y bacteria. Yr enw a roir ar hyn erbyn heddiw ydi 'llefrith wedi ei basteureiddio'. Fe ddaw y gair 'pasteureiddio' o enw Pasteur.

Dechreuodd Pasteur astudio cŵn oedd yn byw yn yr ardal. Yn y cyfnod hwnnw os oedd rhywun yn cael ei frathu gan gi cynddeiriog, byddai'r person hwnnw'n sicr o farw. Felly, rhyw ddiwrnod fe ddaethpwyd â chi cynddeiriog at Pasteur. Sugnodd y gwenwyn o geg y ci efo tiwb. Roedd hyn yn waith peryglus iawn.

Un diwrnod fe ddaeth mam â'i phlentyn at Pasteur, "Mae o wedi cael ei frathu gan gi mawr sydd ar y stryd ac mae'n siŵr o farw," meddai'r fam dan grio. "Mae o wedi ei frathu tua deg o weithiau," meddai wedyn.

"Peidiwch â chrio," meddai Pasteur, "fe wnaf fy ngorau." Roedd rhaid rhoi bacteria da i mewn i gorff y bachgen. Am saith diwrnod bu Pasteur yn chwistrellu bacteria da i gorff y bachgen.

Roedd y bacteria da yn gweithio yn erbyn y bacteria drwg.

    Ar y seithfed diwrnod, neidiodd y bachgen o'i wely. Roedd yn holliach. Aeth y sôn am Louis Pasteur drwy'r byd i gyd. Ar y dechrau, doedd y gwyddonwyr na'r meddygon ddim yn cyd-weld â'r hyn roedd Pasteur yn ei ddweud. Ond, erbyn hyn, mae pawb yn derbyn mai Pasteur oedd yn iawn o'r dechrau.

"Oddi wrth y Goruchaf y daw ei ddawn i iacháu."
Ecclesiasticus 38:2

Ysbyd Glân,
meddylia trwof fi
nes i'th syniadau di
fod yn syniadau i mi.
Amen.

(Amy Carmichael)

Trafodwch y modd mae gwyddoniaeth wedi gwella ein ffordd o fyw.

Louis Pasteur: 1822–1895

Byw er mwyn eraill

Dyfalbarhad / meddwl am eraill / pendantrwydd

Fyddwch chi'n hoffi chwarae efo pethau sy'n perthyn i'ch rhieni? Efallai bod y genethod yn hoffi chwarae efo dillad eu mamau. Gwisgo i fyny a rhoi colur ar eu hwynebau. A beth am y bechgyn? Defnyddio offer chwarae golff, neu eistedd yn y car a chwarae efo'r llyw! Dyma stori am ferch fach oedd wrth ei bodd yn mynd i'r cwpwrdd gwydr oedd yn llawn o offer ei thad. Marya Sklodowska, neu Madame Curie fel y daeth i gael ei hadnabod, oedd y ferch fach honno. Mae'r stori hon yn dweud ei hanes yn tyfu i fyny i fod yn wyddonydd enwog.

Ganwyd Marya yn Warsaw, prifddinas Gwlad Pwyl. Pan oedd yn eneth fach byddai wrth ei bodd yn chwarae o gwmpas y tŷ. Yn y gwanwyn a'r haf byddai'n gwylio'r adar yn nythu, y blodau yn blaguro a'r coed yn deilio. Yn yr hydref a'r gaeaf pan fyddai'r tywydd yn oeri byddai'n chwarae â chelfi ei thad yn y tŷ. Yn y cwpwrdd gwydr roedd offer gwyddonol. Roedd hi'n sicr ei bod, ar ôl iddi dyfu i fyny, am fod yn wyddonydd.

Aeth i brifysgol Paris, yn Ffrainc. Ar ôl iddi orffen ei gwaith yn y brifysgol, roedd hi'n awyddus iawn i fynd yn ôl i'w mamwlad yng Ngwlad Pwyl. Bu'n gweithio'n galed iawn. Doedd hi ddim fel myfyrwyr eraill. Doedd hi byth yn mynd allan i fwynhau ei hun, doedd hi ddim yn prynu dillad newydd ac, yn wir, doedd hi ddim yn prynu bwyd. Roedd hi'n byw i'w gwaith. Fel gwyddonydd, roedd hi'n arbrofi yn ei hystafell yn atig ei fflat. Prin y byddai hi'n gadael ei hystafell. Ar ôl i'r ddarlith orffen, byddai Marya yn mynd yn syth i'w hystafell. Doedd ganddi ddim ffrindiau o gwbl.

Ond, un diwrnod, daeth ar draws Ffrancwr o'r enw Pierre Curie. Roedd yntau, fel Marya, yn wyddonydd ac yn treulio pob awr o'r dydd yn ei labordy. Dechreuodd y ddau drafod gyda'i gilydd. Byddai'r ddau'n treulio llawer o'u hamser yn atig Marya.

Ymhen ychydig fe ofynnodd Pierre iddi ei briodi. Ac yn wir, ymhen rhai misoedd, priododd y ddau a byw mewn fflat ym Mharis. Yng ngwaelod yr ardd roedd siéd fechan bren. Yno y byddai'r ddau yn treulio'u hamser yn arbrofi ar wahanol bethau.

Daeth Marya a Pierre yn enwog drwy'r byd. Nhw oedd y rhai cyntaf i ddarganfod 'radiwm'. Erbyn heddiw mae radiwm yn cael ei ddefnyddio i wella pobl sy'n dioddef o ganser.

Hawdd iawn fyddai iddyn nhw wneud arian o'u darganfyddiadau, ond roedden nhw'n barod i rannu eu gwybodaeth efo pawb yn rhad ac am ddim. Roedden nhw'n barod i deithio'r byd i sôn am eu darganfyddiadau wrth wyddonwyr eraill. Fe dderbyniodd Wobr Nobel ym 1903. Bu Marya farw yn 1934. Roedd ei gwaith o drin y radiwm wedi effeithio ar ei hiechyd. Rhoddodd Marya ei bywyd i wasanaethu pobl eraill. Doedd hi ddim yn meddwl amdani ei hun, dim ond am bobl eraill bob amser.

"Estyn dy law. Estynnodd yntau hi, a gwnaed ei law yn iach."

Marc 3:5

Arglwydd, bydded i mi garu dy holl greadigaeth,
y ddaear a phob gronyn o dywod sydd ynddi.
Bydded i ni garu pob deilen, pob pelydryn
o'th oleuni di.
Amen.

(Fyodor Dostoyevsky)

Ydych chi'n credu bod ffordd y gwyddonydd o feddwl yn wahanol i ffordd y Cristion?
Ym mha ffordd?

Marya Sklodowska (Marie Curie): 1867–1934

Gelyn Adolf Hitler

Dewrder / gosod esiampl

Dietrich Bonhoeffer: 1906-1945

Mae'n bur debyg eich bod wedi clywed eich taid a nain yn sôn am gyfnod y rhyfel. Roedd hi'n gyfnod anodd iawn. Roedd bwyd yn brin a phobl yn byw mewn ofn. Roedd y plant o'r trefi mawr yn dod i fyw tros gyfnod y rhyfel i gefn gwlad Cymru. Yr ifaciwîs oedden nhw'n cael eu galw. Byddai awyrennau o'r Almaen yn hedfan dros Brydain ac yn bomio'r dinasoedd mawr. Roedd y mwyafrif o bobl yr Almaen yn cefnogi'r arweinydd, sef Adolf Hitler. Ond roedd rhai unigolion yn ei erbyn. Mae'r stori hon yn sôn am un o'r rheiny. Fe safodd Dietrich Bonhoeffer yn gadarn yn erbyn Hitler.

Doedd rhieni Bonhoeffer ddim yn bobl grefyddol iawn. Meddyg oedd ei dad, a'i fam yn ferch i hanesydd. Roedd ei nain ar ochr ei fam wedi bod yn ddisgybl i'r cerddor enwog Franz Liszt. Er nad oedden nhw ddim yn bobl grefyddol, fe benderfynodd Dietrich pan oedd yn bedair ar ddeg oed ei fod am fod yn weinidog. Roedd hyn yn dipyn o sioc i'w rieni a'i deulu.

"Pam wyt ti isio bod yn weinidog?" meddai'i fam, "mi fase'n well i ti chwilio am swydd arall."

"Rwyt ti'n fachgen galluog iawn," meddai ei dad, "beth am i ti fynd yn feddyg neu yn wyddonydd? Mi faset ti'n gwneud dy ffortiwn."

Ond gwrthod gwrando ar ei rieni wnaeth Dietrich a mynd ymlaen i'r brifysgol i astudio i fod yn weinidog. Pan oedd yn fyfyriwr dangosodd ei fod yn fyfyriwr arbennig iawn. Yn fuan iawn, fe gafodd swydd fel athro yn y coleg. Ond doedd o ddim yn hapus iawn yn y gwaith hwnnw. Fe ddaeth i Lundain a bu'n weinidog ar ddwy eglwys yn y ddinas honno.

Pan ddechreuodd yr Ail Ryfel Byd roedd Dietrich yn awyddus iawn i fynd yn ôl i'r Almaen i gael bod efo'i bobl ei hun. Yn y cyfnod hwn, roedd yn dweud wrth ei bobl fod Adolf Hitler yn ddyn drwg. Penderfynodd milwyr Hitler fod rhaid ei ddal a'i garcharu. Treuliodd ddeunaw mis yn y carchar. Ar y dechrau, doedd o ddim yn cael ysgrifennu at ei rieni. Ond fe ddaeth yn ffrindiau â wardeniaid y carchar ac ar ôl chwe mis fe gafodd gyfle i ysgrifennu llythyrau at ei rieni a'i ffrindiau. Roedd hefyd yn cadw dyddiadur manwl o'r hyn oedd yn digwydd yn y carchar.

Ar ôl cyfnod yn y carchar yn Tegel, fe gafodd ei symud i garchardai eraill. Ymhob un o'r carchardai byddai'n cael cyfle i ysgrifennu llythyrau, dyddiaduron a hefyd nifer o lyfrau.

Un bore, yn gynnar, daeth milwyr i mewn i'r carchar.

"Y carcharor Bonhoeffer," meddent.

Gwyddai yntau a'i gyd-garcharorion beth oedd yn mynd i ddigwydd. Gafaelodd dau o'r milwyr ynddo a'i arwain tuag at ddrws y gell. Meddai Bonhoeffer wrth ei gyd-garcharor, Payne Best, "Dyma'r diwedd, ond i mi dyma gychwyn bywyd newydd."

Hwn oedd y tro olaf iddo siarad â'i ffrindiau. Fe gafodd ei grogi ar goeden y tu allan i'r carchar. Erbyn heddiw, mae plac ar y goeden honno gyda'r geiriau hyn arni,

'Dietrich Bonhoeffer, tyst i Iesu Grist ymhlith ei ffrindiau.'

"Dywedodd Iesu wrtho, 'Myfi yw'r ffordd a'r gwirionedd a'r bywyd'."

Ioan 14:6

Arglwydd Iesu Grist,
Buost ti'n dlawd
ac mewn trallod, yn garcharor ac wedi dy adael fel fi.
Yr wyt ti'n aros gyda mi
pan fydd pawb arall wedi fy ngadael;
nid wyt ti'n anghofio amdanaf, yr wyt yn chwilio amdanaf.
Yr wyt yn ewyllysio fy mod yn d'adnabod di
ac yn troi atat.
Arglwydd, clywaf dy alwad a dilynaf di.
Helpa di fi.
Amen.

(Dietrich Bonhoeffer)

Beth oedd ystyr geiriau olaf Bonhoeffer?
"Dyma'r diwedd, ond i mi dyma gychwyn bywyd newydd."

Dietrich Bonhoeffer: 1906–1945

Taflu'r Testament i'r tân

Dewrder / gonestrwydd

Sadhu Sundar Singh: 1889–1929

Ydych chi wedi clywed am grefydd y Sikh? Crefydd sy'n perthyn i India yw hon. Mae'r stori hon yn sôn am Sundar oedd yn aelod o grefydd y Sikh.

Bob dydd byddai Sundar yn mynd i'r ysgol. Ysgol oedd hon wedi ei chodi gan genhadon Cristnogol. Yn y gwasanaeth bob bore byddai'r athro yn darllen o'r Beibl.

"Rwyf am i chi ddilyn y stori yn eich copi o'r Testament Newydd," meddai'r athro wrth y plant. Darllenodd yntau'r stori a'r plant yn ei ddilyn air am air. Ar ôl i'r gwasanaeth orffen, aeth pob un i'w ddosbarth. Yn ystod amser chwarae fe aeth Sundar â chopi o'r Testament Newydd gydag ef ac meddai wrth y plant,

"Pam y dylwn i ddarllen hwn? Aelodau o grefydd y Sikh ydyn ni a'r Granth ydi'n llyfr sanctaidd ni." Cafodd gymeradwyaeth fawr gan ei ffrindiau i gyd. Torrodd y Testament Newydd yn ddarnau a lluchio'r tudalennau i'r tân. Clywodd tad Sundar am yr hyn a ddigwyddodd yn yr ysgol.

"Ydi'r hyn rydw i wedi'i glywed amdanat ti yn wir, Sundar?" gofynnodd. Ni wyddai Sundar ble i edrych.

"Mae'r Testament Newydd yn llyfr da, wyddost ti. Fe ddylet ti fod wedi ei roi yn ôl i'r athro yn hytrach na'i losgi."

Yn wir, roedd Sundar yn Sikh i'r carn. Roedd yn casáu enw Iesu Grist hyd yn oed. Roedd yn casáu yr athrawon yn yr ysgol am eu bod yn Gristnogion. Un noson, pan oedd Sundar ar ei ben ei hun yn ei ystafell fe ddigwyddodd rhywbeth rhyfedd. Gwelodd Iesu yn sefyll wrth ei ymyl.

"Pam rwyt ti yn f'erbyn i, Sundar?" meddai. "Rydw i wedi marw ar y groes drosot ti." Y munud hwnnw fe ddaeth Sundar yn Gristion. Teimlodd yn hapus iawn o'r munud hwnnw.

Dywedodd y stori wrth ei dad. Roedd o'n gandryll. "Fedri di o bawb ddim bod yn Gristion. Ti ydi Sundar Singh, y llew. Elli di byth fod yn Gristion."

"Mae'n rhaid i mi ddilyn Iesu," atebodd Sundar. Bu'r teulu yn ymbil ar Sundar i aros gyda'u crefydd nhw – crefydd y Sikhiaid. Daeth ewythr cyfoethog i'w weld. Aeth ag ef gydag ef i'w gartref,

"Mae popeth sydd gen i yn y tŷ yma yn eiddo i ti, os gwnei anghofio am yr hen syniad gwirion yna o fod yn Gristion. Fe gei di fy arian a'r dodrefn yma i gyd."

Na, doedd dim yn tycio. Roedd Sundar am ddilyn Iesu Grist. Cafodd ei ddiarddel gan ei deulu. Cafodd ei bryd bwyd olaf gyda nhw ac i ffwrdd ag ef i gael ei fedyddio i ganolfan Gristnogol yr ardal. Pan oedd ar ei ffordd teimlodd yn sâl. Mae'n amlwg fod ei deulu wedi rhoi gwenwyn yn ei fwyd. Doedd ei deulu ddim eisiau iddo ddod yn Gristion, gwell fyddai ganddyn nhw iddo farw na dilyn Iesu Grist.

Trwy garedigrwydd teulu o Gristnogion daeth yn well, a phan oedd yn un ar bymtheg oed fe'i bedyddiwyd. Am weddill ei ddyddiau byddai'n cerdded o bentref i bentref â'r Beibl yn ei law yn sôn am Iesu. Ar ôl bod yn pregethu mewn un pentref, cafodd ei ddal a'i garcharu efo dynion drwg. Cyn pen dim, roedd yn sôn am Iesu wrth ei gyd-garcharorion. Cychwynnodd ar daith i ardaloedd anghysbell yn Tibet i sôn am Iesu. Ond ddaeth o byth yn ôl. Welwyd mohono byth wedyn.

Sadhu Sundar Singh: 1889–1929

"Sut y ceidw llanc ei lwybr yn lân? Trwy gadw dy air di."

Salm 119:9

O Dduw annwyl,
gwna i mi feddwl
am yr hyn yr ydw i'n ei wneud
gyda fy meddwl
gyda fy nghorff
gyda fy arferion
gyda fy astudiaethau
gyda fy ffrindiau
gyda fy ngobeithion
gyda fy rhieni
gyda fy ffydd
gyda bywyd.
Amen.

(Carl Burke)

Beth ddylai agwedd y Cristion fod tuag at grefyddau eraill?

Archesgob yn cael ei saethu

Gofal / gosod esiampl / dewrder

Oscar Romero: 1917-1980

Tybed ydych chi'n berson dewr? Fyddech chi'n mynd i ystafell dywyll yn y nos? Neu tybed fyddech chi'n gafael mewn neidr wenwynig neu bry copyn tarantwla? Na, mae'n siŵr fyddai'r ateb. Mae'r stori hon yn sôn am ddyn oedd yn Archesgob. Fe safodd yn gadarn dros bopeth oedd yn dda. Pethau roedd Iesu Grist wedi eu dweud wrth ei ddisgyblion. Roedd Oscar Romero yn berson dewr iawn. Doedd ganddo ddim ofn y rhai oedd yn elynion iddo.

Roedd Romero yn Archesgob ar ran o wlad El Salvador yn Ne America. Pan oedd yn pregethu byddai bob amser yn rhoi neges fyddai'r bobl yn ei deall. Roedd gan y bobl feddwl y byd o'r Archesgob. Roedd yn ddyn caredig oedd bob amser yn gofalu am bobl mewn angen.

Un noson ym mhrifddinas El Salvador, sef San Salvador, mae'r Archesgob yn cynnal gwasanaeth arbennig. Yr enw ar y gwasanaeth hwn ydi'r Offeren. Gwasanaeth ydoedd i gofio am yr hyn a ddigwyddodd i Iesu Grist yn ystod ei ddyddiau olaf ar y ddaear. Roedd hefyd yn wasanaeth i gofio am fam ei ffrind gorau.

Yn y papurau newydd ac ar y strydoedd roedd posteri i ddweud wrth y bobl am ddod i'r gwasanaeth arbennig hwn. Ond roedd pobl yn amau a oedd yr Archesgob wedi gwneud peth doeth. Roedd ganddo nifer mawr o elynion. Beth petai rhywbeth yn digwydd?

Roedd y gwasanaeth yn cael ei gynnal mewn ysbyty yn y ddinas. Ar ôl darllen Salm 23, "Yr Arglwydd yw fy mugail..." daeth nifer o ddynion i mewn i'r capel. Ar ôl iddo orffen ei bregeth, fe ddechreuodd rhywun saethu. Roedd yr Archesgob yn sefyll wrth yr allor.

Fe syrthiodd i lawr o flaen yr allor. Roedd pawb oedd yn y capel mewn ofn mawr. Rhedodd lleian i fyny at yr allor i geisio helpu'r Archesgob ond roedd hi'n rhy hwyr. Roedd Romero wedi ei saethu'n farw. Am ei fod wedi siarad yn ddewr yn erbyn ei elynion, roedden nhw wedi troi arno a'i ladd.

Er i'r meddygon yn yr ysbyty gael eu galw ar frys i'r capel doedd yna ddim y gallen nhw ei wneud. Roedd Romero wedi ei

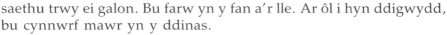
saethu trwy ei galon. Bu farw yn y fan a'r lle. Ar ôl i hyn ddigwydd, bu cynnwrf mawr yn y ddinas.

Mae pobl yn dal i gofio amdano hyd heddiw.

"Er i mi gerdded trwy ddyffryn tywyll, du,
nid ofnaf unrhyw niwed,
oherwydd yr wyt ti gyda mi,
a'th wialen a'th ffon
yn fy nghysuro."

Salm 23:4

Yr atgasedd sy'n gwahanu cenedl oddi wrth genedl,
llwyth oddi wrth lwyth, dosbarth oddi wrth
ddosbarth,
O Dad, maddau.
Awydd trachwantus cenhedloedd
i feddiannu yr hyn nad yw'n eiddo iddynt hwy,
O Dad, maddau.
Amen.

(Gweddi o Eglwys Gadeiriol, Coventry)

Sut y byddech chi'n disgrifio dewrder Oscar Romero?

Oscar Romero: 1917–1980

Y garddwr dewr

Ffyddlondeb / cryfder

Oes gennych chi ardd o gwmpas y tŷ? Mae rhai pobl yn treulio oriau bob dydd yn garddio. Maen nhw'n tyfu blodau, ffrwythau a llysiau. Mae rhai eraill yn tyfu pob math o goed. Fyddwch chi'n helpu yn yr ardd? Mae yna ddigonedd o waith i chi ei wneud yn yr ardd. Tyfu blodau, gofalu am ffrwythau a llysiau neu chwynnu. Dyna i chi waith diflas ydi chwynnu! Mae'r stori hon yn sôn am un oedd yn hoff iawn o arddio.

Mewn bwthyn bach yn ninas Sinope yn Asia Leiaf, amser maith yn ôl, roedd Phocas yn byw. Byddai yn ei ardd bob dydd. Byddai pobl yr ardal yn aros ar y ffordd i edrych ar y planhigion yn yr ardd. Bob adeg o'r flwyddyn roedd yr ardd yn werth ei gweld. Roedd ynddi flodau a choed o bob math. Pan fyddai'r bobl yn aros wrth ymyl yr ardd, byddai Phocas yn dechrau siarad efo nhw.

"Y chi ydi'r garddwr?" gofynnodd un o'r ymwelwyr iddo.

"Ie," meddai yntau, "ac mae gen i feddwl y byd o'r ardd. Rydw i'n treulio llawer o amser bob dydd yn garddio."

"Pa blanhigyn ydi hwnna efo blodau coch arno?" gofynnodd un arall iddo.

Roedd Phocas wrth ei fodd yn cael disgrifio ac enwi'r planhigion. A phob tro y byddai'n sôn am y planhigion byddai'n siŵr o gael cyfle i sôn am Iesu Grist. Roedd Phocas yn Gristion ac yn dilyn Iesu Grist. Byddai'n gwahodd pobl i ddod i'r ardd i orffwyso er mwyn iddo gael sôn am Iesu Grist wrthyn nhw.

Tua'r adeg yma daeth brenin newydd i Rufain. Roedd ef am ladd pob Cristion. Anfonodd ei filwyr i bob rhan o'r wlad i ladd pob un oedd yn dilyn Iesu Grist. Un diwrnod daeth ei filwyr heibio i ardd Phocas. Dechreuodd sgwrsio efo'r milwyr a gofyn pam oedden nhw yno.

"Rydyn ni'n chwilio am ryw Phocas. Mae o yn dilyn Iesu Grist. Ac mae'r brenin newydd wedi rhoi gorchymyn i ni ei ladd."

"O!" meddai Phocas, "rydw i yn ei adnabod yn dda. Dydi o ddim yn byw ymhell oddi yma."

"Diolch," meddai un o'r milwyr.

"Mi wna i ddangos i chi ymhle mae'n byw yn y bore," meddai Phocas wrth y milwyr.

Drwy'r nos bu Phocas yn meddwl beth i'w wneud. Gallai ddianc, ond fe benderfynodd aros. Yn y bore bach dechreuodd palu yn yr ardd. Bu'n palu am oriau a phan gyrhaeddodd y milwyr roedd Phocas wedi palu twll mawr yn yr ardd. Pan ddaeth y milwyr heibio dywedodd Phocas wrthynt,

"Y fi ydi Phocas ac mi rydw i wedi paratoi bedd i mi fy hun yn yr ardd. Fe gewch fy lladd y munud yma."

Roedd y milwyr wedi synnu. Ac meddai Phocas, "Pan oedd Iesu Grist yng ngardd Gethsemane, wnaeth o ddim dianc pan ddaeth y milwyr i'w ddal. Rydw innau am fod fel Iesu Grist."

Lladdwyd Phocas a rhoddwyd ei gorff yn ei fedd ei hun yn yr ardd roedd mor hoff ohoni.

"Yr oedd gardd yno, ac iddi hi yr aeth ef a'i ddisgyblion."

Ioan 18:1

O Dduw, dioddefaist drosof i
trwy farwolaeth Iesu Grist,
beth ydw i yn ei ddioddef drosot ti?
Amen.

Oni fyddai Phocas wedi gwneud mwy o waith da dros Iesu Grist petai wedi dianc?

Phocas: y ganrif gyntaf

Llywiwr y bad achub

Cadernid / ffyddlondeb / dewrder

Richard Evans: 1905–2001

Ydych chi wedi gweld bad achub yn cael ei lansio i'r môr? Fel arfer, bydd y bad achub yn mynd allan pan fo'r tywydd yn ddrwg. Mae'r stori hon yn sôn am brif lywiwr bad achub Moelfre, Ynys Môn. Fe gafodd Richard, neu Dic i'w ffrindiau, ddwy fedal aur.

Deng munud i hanner dydd a dyma gloch y teliffon yn canu. Newydd fod yn sôn am rywbeth i ginio roedd Dic a'i wraig Nansi.

"Pwy sydd yna rŵan?" meddai Dic wrth ei wraig a brasgamodd am y ffôn. Capten Owen Roberts, gwyliwr y glannau oedd ar y ffôn.

"Mae yna long, yr *Hindlea*, yn drifftio tua'r creigiau, Dic, ac er ei bod yn storm enbyd mae'n rhaid i chi fynd allan."

Anghofiodd Dic am y cinio. Ffarweliodd â'i wraig ac aeth i wynebu storm fwya'r ganrif. Pan gyrhaeddodd gwt y bad achub dim ond ychydig o'r hogiau oedd wedi cyrraedd. Doedd un ohonyn nhw, Hugh Jones, erioed wedi bod ar fwrdd y bad achub. Doedd dim amdani ond lansio'r cwch, yr *Edmund and Mary Robinson*, i'r môr.

Rhuai'r gwynt o gyfeiriad y gogledd-ddwyrain. Roedd y tonnau'n lluchio dros y cwch.

"Mae hon yn storm enbyd, Ifan," meddai Dic wrth beiriannydd y cwch. Fedrai Ifan ddim dweud gair. Roedd y tonnau enfawr yn taro'r heli ar ei wyneb. Cydiai gweddill y criw yn dynn yn ochrau'r bad achub.

Ar ôl awr o ddyrnu mynd yn erbyn y tonnau roedd y cwch wedi cyrraedd yr *Hindlea*. Llong fasnach oedd hon ar ei ffordd o Fanceinion i Gasnewydd. Yn ôl pob hanes roedd wyth o griw ar ei bwrdd. Llwyddodd y bad achub i gyrraedd y llong, ond roedd yn cael ei hyrddio fel corcyn ar wyneb y tonnau. Bob hyn a hyn, codai ton oedd yn uwch na'r lleill a tharo ar ddec y cwch.

Doedd dim amser i feddwl. Hyrddiodd Dic y bad achub mor agos ag y medrai at yr *Hindlea*. Llwyddodd y criw i gael gafael ar ddau o'r morwyr. Roedd y tywydd yn gwaethygu. Cydiodd Dic yn llyw y bad achub. Tra oedd yn gafael yn dynn yn y llyw â phob gewyn dechreuodd weddio, "O Dduw, arwain fi..." aeth geiriau ei weddi ar goll yn sŵn y ddrycin.

Deg o weithiau hyrddiodd Dic y bad achub tua dec yr *Hindlea*. Ambell dro roedd y bad achub yn codi'n syth o'r dŵr â'i starn yn yr awyr. Yna'n syrthio'n ôl i'r môr. Llwyddodd rhywsut i achub saith o'r criw. Roedd un ohonyn nhw ar ôl. Penderfyniad anodd i Dic. Beth oedd am ei wneud? Troi'n ôl neu geisio unwaith eto achub yr un dyn oedd ar ôl. Mentrodd unwaith yn rhagor. Gwelai'r dyn ar ddec yr *Hindlea*. Hyrddiodd tuag at y llong ar gyflymder aruthrol. Glaniodd y bad achub ar ddec y llong, "Mae wedi darfod arnom ni," meddyliodd Dic. "Mi ddaw y don nesaf a'n hyrddio ni a chriw'r *Hindlea* i'r môr.

Ond yn wyrthiol taflodd y don nesaf y cwch yn glir oddi ar ddec yr *Hindlea* i'r môr. Am ddeng munud wedi dau roedd criw'r *Hindlea* yn saff ar fwrdd y bad achub. Saff! Roedd rhannau o'r bad achub wedi rhwygo. Tybed a fyddai modd mynd yn ôl i'r cwt? Dyma'r cwestiynau oedd yn poeni Dic ar ei ffordd yn ôl. Roedd y storm yn dal i ruo. Rhywsut, rywffordd cyrhaeddodd y bad achub y cwt. Ni welodd Dic erioed ffasiwn storm.

Ymhen rhai munudau roedd Dic, ei griw a chriw yr *Hindlea* yn cael paned o de a brechdanau yn festri capel Carmel. Roedd merched Moelfre wedi dod at ei gilydd i baratoi gwledd iddyn nhw. Fedrai Dic ddim yfed diferyn am fod y dagrau yn powlio i lawr ei ruddiau. Dagrau o lawenydd oedd dagrau Dic y pnawn hwnnw.

"Cododd tymestl fawr o wynt, ac yr oedd y tonnau'n ymdaflu i'r cwch, nes ei fod erbyn hyn yn llenwi."
Marc 4:37

O Dduw,
arwain fi
i wneud fy ngorau
dros y criw,
ond yn fwy na dim
arwain fi i achub
pawb sydd mewn perygl.
Amen.
(Gweddi Dic Evans)

Ydych chi'n credu bod Dic Evans wedi gwneud y penderfyniad iawn i fynd â dyn dibrofiad ar fwrdd y bad achub?
Oni fyddai hyn wedi achosi mwy o drwbl yn y pen draw?

Richard Evans: 1905–2001

Ffrind yr adeiladwyr

Rhannu / cyfeillgarwch / ffyddlondeb

John Laing: 1879-1978

Pan fyddwch chi'n mynd ar daith ar hyd y ffyrdd a'r traffyrdd fyddwch chi'n gweld yr enw LAING? Cwmni sy'n adeiladu ffyrdd ac adeiladau ydi'r cwmni hwn. Mae'n gwmni mawr iawn erbyn heddiw. Mae'r cwmni yn adeiladu ym Mhrydain a thrwy Ewrop. Yn ystod cyfnod yr Ail Ryfel Byd y dechreuodd y cwmni ar ei waith o ddifri. Enw'r sylfaenydd oedd John Laing.

Byddai John Laing bob amser yn gofalu am ei weithwyr. Un diwrnod aeth John, yn ôl ei arfer, i weld ei weithwyr. Sylwodd fod dreifar y craen mawr yn edrych yn flinedig. Aeth ato am sgwrs.

"Wyt ti'n teimlo'n iawn?" gofynnodd John iddo, "rwyt ti'n edrych yn flinedig iawn."

"Ydw, mi ydw i'n flinedig iawn. Mae fy ngwraig yn wael iawn. Mae'n rhaid i mi wneud popeth cyn dod i'r gwaith yn y bore. Ar ôl mynd adref bydd rhaid i mi ofalu am y plant a'r wraig, glanhau a choginio."

Gwrandawodd John arno ac ymhen ychydig daeth yn ei ôl at y dyn. Roedd wedi bod heibio i'w gartref i weld ei wraig ac meddai wrtho, "Dos adref am bythefnos i ofalu am dy wraig. Paid â phoeni, fe gei di dy gyflog yn llawn."

Dyma sut oedd John yn trin ei weithwyr bob tro. Ef oedd y cyntaf un i helpu'r gweithwyr gyda'u cynilion. Byddai'r gweithwyr yn rhoi swllt (5c) o'u cyflog a byddai cwmni Laing yn rhoi swllt (5c) ato. Ar ddiwedd y flwyddyn byddai'r arian yn talu am wyliau i deulu'r gweithwyr. Hefyd roedd y cwmni yn paratoi'r gweithwyr i gasglu arian tuag at eu pensiwn.

Doedd John Laing a'i wraig, Beatrice, byth yn meddwl amdanyn eu hunain. Pan symudodd y cwmni i Lundain fe adeiladodd John dŷ iddo ef, ei wraig a'i ddau fab. Doedd hwn ddim yn dŷ mawr, crand. Tŷ maint cyffredin oedd hwn ond roedd un peth yn wahanol ynddo i'r tai eraill. Roedd arwydd yn yr ardd yn gwahodd pobl i eistedd yng ngardd y tŷ i fwynhau'r planhigion a'r olygfa o gwmpas.

Ar y 3ydd o Fedi 1939 fe ddaeth llais y Prif Weinidog dros y radio i ddweud fod Prydain a'r Almaen wedi dechrau rhyfela.

Ymhen rhai wythnosau byddai John yn 60 oed. Hwn oedd ei gyfnod prysuraf. Byddai'r awyrennau yn hedfan dros y dinasoedd, dros ddinas Coventry gan ollwng cannoedd o fomiau. Lladdwyd 568 o bobl ac anafwyd llaweroedd. Syrthiodd bomiau ar Eglwys Gadeiriol y ddinas. Y noson honno, roedd twr yr eglwys yn disgleirio yng ngolau'r lleuad. Tybed oedd y peilotiaid wedi camgymryd yr eglwys gan feddwl mai to ffatri oedd yno? Gollyngwyd bom ar ôl bom ar yr adeilad.

Ar ôl i'r awyrennau fynd heibio, a'r wawr yn torri, fe welwyd y difrod a wnaed. Yn ôl un o glerigwyr yr eglwys gadeiriol, fe ddywedodd, "Mi wnawn ni ailadeiladu'r eglwys er gogoniant i Dduw."

Rai blynyddoedd yn ddiweddarach, cychwynnwyd y gwaith o ailadeiladu'r eglwys. Rhoddwyd y gwaith i gwmni Laing. Roedd John erbyn hyn yn 76 oed. Teimlai John a'i ddau fab, Kirby a Maurice, ei bod yn fraint fawr i'r cwmni. Penderfynwyd peidio â gwneud dim elw o'r gwaith. Dewiswyd yr adeiladwyr gorau i wneud y gwaith. Roedd rhaid hefyd defnyddio'r deunydd gorau i godi'r adeilad. Yn 1962 fe gwblhawyd y gwaith.

Pan fu John farw yn 1978 roedd wedi rhannu'r rhan fwyaf o'i eiddo. Dim ond £371 oedd ganddo, llawer llai na'r gweithwyr oedd wedi bod yn gweithio iddo. Roedd ei gariad tuag at bobl eraill yn bwysicach iddo nag arian.

John Laing: 1879–1978

"O achos dy deml yn Jerwsalem daw brenhinoedd ag anrhegion i ti."

Salm 68:29

O Dad, maddau
y trachwant sy'n ymelwa ar lafur
dynion,
ac yn difwyno'r ddaear.
O Dad, maddau.
Amen.

(Gweddi o Eglwys Gadeiriol Coventry)

Pa ansoddeiriau fuasech chi yn eu defnyddio i ddisgrifio John Laing?

Cariad mewn bocs

Dyfalbarhad / dewrder / rhannu

Rwy'n siŵr eich bod wedi clywed am Ymgyrch Plentyn y Nadolig. Efallai eich bod wedi llenwi'r bocsys esgidiau yn llawn o anrhegion i blant mewn gwledydd eraill. Y gŵr tu ôl i'r ymgyrch yma ydi Dave Cook. Dyma dipyn o'i hanes.

"Ys gwn i beth gawn ni i swper gan John a Carol?" gofynnodd Dave i'w wraig Gill. Roedd y ddau wedi edrych ymlaen at swpera yn nhŷ eu ffrindiau John a Carol. Cyn pen dim roedden nhw'n curo'r drws a John yn eu cyfarch a'u gwahodd i'r tŷ. Wrth y bwrdd dyma Dave yn gofyn i John,

"Faset ti'n hoffi dreifio lorri yn llawn o anrhegion i blant yn Romania?"

Gyda'r cwestiwn hwn roedd yr antur fawr wedi cychwyn. Ond doedd Dave ddim ar ei ben ei hun. Roedd o'n teimlo bod Duw yn ei gynorthwyo. Bob hyn a hyn byddai Dave yn gofyn iddo'i hun, "Tybed ydi Duw f'eisiau i o bawb i wneud ei waith yn y byd?"

Pan oedd yn fachgen ysgol, doedd Dave ddim yn gallu cydfyw â gweddill y plant. Yn aml iawn byddai'n gwneud drygau. Byddai ei rieni yn ei gau yn ei ystafell wely ond ymhen dim byddai Dave wedi dianc trwy'r ffenestr i lawr y beipen wast a ffwrdd â fo. Gan fod ei deulu yn perthyn i sect o bobl y *Brodyr Arbennig* doedd Dave ddim yn gallu chwarae gyda gweddill ei ddosbarth. Teimlai Dave mor rhwystredig. Byddai'n ymladd â phlant eraill ond ar ôl ymladd hyd waed, y diwrnod wedyn byddai Dave yn siŵr o geisio gwneud ffrindiau unwaith yn rhagor.

Pan oedd yn bedair ar ddeg oed gadawodd yr ysgol ac roedd Mr Fox, ei brifathro, mor falch. Ei eiriau olaf i Dave oedd, "Wnei di ddim ohoni. Dim ond gwastraffu dy amser, dyna i gyd."

Ar ôl gadael yr ysgol, yr un oedd hanes Dave, mwy o drwbwl. Un pnawn daeth ditectif at ddrws rhieni Dave Cook. "Mae gynnon ni le i gredu bod eich mab wedi bod yn dwyn beics," meddai'r ditectif mewn llais awdurdodol. Roedd Mr Cook, y tad, wedi dychryn. Ei fab ei hun yn lleidr!

Dave Cook : 1954-

"Mae gynnon ni ddigon o dystiolaeth i fynd â'ch mab i'r cwrt, ond y tro yma fe rown rybudd iddo…ond y tro nesaf bydd o flaen ei well."

Dechreuodd Dave feddwl am ei ddyfodol o ddifri. Roedd yn awyddus iawn i ddod yn rhydd o ofal y Brodyr Arbennig. Bu trafodaeth rhyngddo a'i rieni. Gadawodd y Brodyr a daeth yn aelod selog mewn capel yng Nghaer. Rhoddodd ei holl egni i waith y capel. Drwy'r amser roedd Dave yn sicr fod Duw "â'i lygaid arno". Cafodd swydd fel rheolwr i gwmni gwydrau dwbl. Pan oedd yn gweithio gyda'r cwmni hwn y dechreuodd ar y gwaith gydag Ymgyrch Plentyn y Nadolig.

Erbyn hyn mae ei waith gyda'r Ymgyrch wedi cymryd drosodd y cyfan. Bellach dyma ei waith llawn amser. Mynd o gwmpas Prydain ac Ewrop i siarad am ei waith, ond y gwaith pwysicaf ydi llenwi bocs sgidiau yn llawn anrhegion. Yn ôl Dave, mae'n werth y byd gweld wyneb plentyn bach pan fydd yn agor y bocs sy'n llawn o anrhegion.

"Pan laniodd Iesu, gwelodd dyrfa fawr, a thosturiodd wrthynt…"
      (Hoff adnod Dave Cook, Mathew 14:14)

Ein Tad, yr hwn wyt yn y nefoedd
bendithia waith Dave Cook,
bendithia'r bocsys
a rho dy fendith ar y plant
sydd wedi llenwi'r bocsys
ac yn arbennig, rho dy fendith
ar y plant sydd yn derbyn y bocsys.
Amen.

Ydych chi'n credu bod Ymgyrch Plentyn y Nadolig yn rhagori ar ymgyrchoedd eraill am fod y bocsys yn mynd yn uniongyrchol i'r plant?

Dave Cook: 1954–

Gelyn yn troi'n ffrind

Dyfalbarhad / ffyddlondeb / ymddiriedaeth

Paul: y ganrif gyntaf

Mae rhai pobl, weithiau, yn casáu ei gilydd. Maen nhw'n ffraeo ac yn ymladd â'i gilydd. Yna'n sydyn maen nhw'n dod yn ffrindiau mawr. Mae'r stori hon yn sôn am ddyn oedd yn casáu pawb oedd yn ffrindiau i Iesu. Ond yn y diwedd fe ddaeth ef yn ffrind gorau i Iesu.

Roedd pawb yn adnabod Saul yn Jerwsalem. Roedd yn ddyn dysgedig a byddai pobl yn mynd ato i gael cyngor ganddo. Gwyddai am ddisgyblion Iesu. Ar ôl i Iesu gael ei groeshoelio roedd y disgyblion yn ddynion ofnus iawn. Ond roedden nhw'n ddynion gwahanol erbyn hyn. Roedden nhw'n addoli yn y Deml. Yn pregethu ar y strydoedd. Roedden nhw hyd yn oed yn gwella pobl oedd yn sâl.

Doedd Saul ddim yn credu bod Iesu'n Fab Duw. Roedd o'n credu mai dynion drwg oedd ei ddisgyblion. Roedd yn rhaid rhoi stop arnyn nhw. Aeth Saul a'i ffrindiau o gwmpas y ddinas i chwilio am y bobl oedd yn dilyn Iesu. Roedd rhaid eu rhoi yn y carchar. Yn wir, roedd Saul a'i ffrindiau yn gwneud gwaith da iawn.

Un diwrnod, clywodd fod dilynwyr Iesu yn ninas Damascus oedd yn bell iawn o Jerwsalem.

"Mae'n rhaid i ni fynd yno," meddai Saul wrth ei ffrindiau, "mae'n rhaid i ni roi pawb sy'n credu yn Iesu yn y carchar."

Fel yr oedd ef a'i ffrindiau yn cerdded ar hyd y ffordd i gyfeiriad Damascus, dyma olau llachar yn disgleirio. Syrthiodd Saul ac ni fedrai weld dim. Roedd yn ddall. Roedd y goleuni llachar wedi anafu ei lygaid. Yn sydyn clywodd lais yn galw, "Saul, Saul."

"Pwy sydd yna?" gofynnodd Saul.

"Iesu ydw i," oedd yr ateb. "Rwyt ti'n dal i ddweud wrth y bobl nad ydw i yn Fab Duw. Saul, rwyt ti'n anghywir. Mi rydw i yn fyw. Cod ar dy draed a dos i mewn i ddinas Damascus. Aros yno. Yna fe gei di wybod beth i'w wneud."

Roedd Saul wedi rhyfeddu. Roedd y golau llachar wedi diflannu. Roedd pobman yn dywyll fel y fagddu. Roedd Saul yn ddall. Doedd o'n gallu gwneud dim. Roedd yn rhaid i'w ffrindiau ei helpu i godi ar ei draed.

Daeth i mewn i ddinas Damascus. Arhosodd yng nghhartref un o'r bobl gyfoethog. Doedd o ddim eisiau bwyd na diod. Ymhen rhai dyddiau daeth gŵr o'r enw Ananias i weld Saul. Duw oedd wedi ei

anfon. Dywedodd Duw wrth Ananias,

"Dos i weld gŵr o'r enw Saul. Mae o'n aros yn y ddinas."

"Fedra i ddim," atebodd Ananias, "mae'n ddyn peryglus iawn. Mae o wedi dod i Ddamascus i ladd y bobl."

Dywedodd Duw yr hanes i gyd wrth Ananias, "Ti, felly, fydd yn rhoi ei olwg yn ôl i Saul. Paid â phoeni, mae gen i waith arbennig i Saul. Mi fydd hefyd yn newid ei enw o Saul i Paul. Bydd yn sôn amdana i wrth lawer o bobl."

Yn araf, cerddodd Ananias ar hyd y strydoedd i'r tŷ lle'r oedd Saul yn aros. Curodd ar y drws. Daeth un o'r morynion i'r drws. Dywedodd Ananias ei stori wrthi. Aeth hithau ag ef i'r ystafell lle roedd Saul yn eistedd.

"Mae Duw wedi f'anfon yma i roi dy olwg yn ôl i ti," meddai Ananias. Cododd Paul ar ei draed ac yn sydyn roedd yn gweld. Roedd yn gwybod yn sicr bod Iesu yn Fab Duw.

"Mae gan Dduw waith arbennig iawn i ti. Mi fyddi di yn sôn am Iesu wrth bobl tu allan i'r wlad hon."

Roedd geiriau Ananias wedi dychryn Paul. Pan ddaeth allan i'r stryd roedd y bobl wedi synnu. Roedd Paul yn ddyn gwahanol iawn. Roedd ei hen ffrindiau mewn penbleth.

"Sut y gall Saul wneud hyn? Sut y gall ddilyn Iesu?" Ond roedd yn wir, roedd Paul, yn barod, yn dechrau sôn am Iesu wrth bawb yn y ddinas.

Paul: y ganrif gyntaf

"Saul, Saul, pam yr wyt yn fy erlid i?"

Actau 9:4

"Gras ein Harglwydd Iesu Grist
a chariad Duw
a chymdeithas yr Ysbryd Glân,
fyddo gyda chwi oll."
Amen.

(Gweddi Paul, 2 Corinthiaid 13:14)

Fyddech chi'n dweud fod Duw yn dewis pobl ar gyfer gwaith "arbennig"?

Byw bywyd o weddi

Dyfalbarhad / gostyngeiddrwydd

Y Brawd Roger o Taizé: 1915–

Fyddwch chi'n canu "Dyro Dangnefedd, O Arglwydd" yn yr ysgol, y capel neu'r eglwys? Mae'r geiriau hyn wedi eu trosi i'r Gymraeg o'r iaith Ffrangeg. Byddai criw o bobl ifanc yn dod at ei gilydd i bentref o'r enw Taizé, yn Ffrainc. Roedden nhw'n canu a gweddïo efo'i gilydd. Mae'r stori hon yn sôn am y Brawd Roger a sefydlodd y gymuned yn Taizé.

Pump ar hugain mlwydd oed oedd Roger pan adawodd y Swistir, ei wlad enedigol. Roedd o'n awyddus iawn i godi canolfan, lle byddai pobl yn gallu dod at ei gilydd. Fe ddaeth i bentref Taizé pan oedd yr Ail Ryfel Byd yn ei anterth. Roedd wedi gweld yr hyn oedd rhyfel yn gallu ei wneud i bobl. Roedd y rhyfel wedi creu atgasedd rhwng pobl a phobl, rhwng gwlad a gwlad.

Prynodd hen dŷ yn y pentref. Roedd y tŷ yn agored i bawb. Daeth llawer o Iddewon i gyd-fyw â'r Brawd Roger. Roedd y rhain yn cael eu herlid gan y Natsïaid. Byw bywyd syml iawn yr oedd Roger. Roedd o'n byw ar ei ben ei hun – doedd ganddo ddim gwraig. Doedd ganddo chwaith ddim llawer o eiddo. Yn ystod y dydd byddai'n gweddïo llawer iawn. O dipyn i beth, daeth dynion ifanc eraill ato a gofyn,

"Y Brawd Roger, gawn ni ymuno â chi?"

Ateb y Brawd bob tro oedd, "Ydych chi'n barod i fyw bywyd syml ac ydych chi'n barod i weddïo'n gyson yn ystod oriau'r dydd?"

Erbyn 1949 roedd criw o ddynion ifanc wedi dod at ei gilydd i ffurfio cymuned. Nod y gymuned oedd byw er mwyn pobl eraill. Yn araf fe dyfodd y gymuned. Erbyn heddiw, mae yna oddeutu mil o "frodyr" yng nghymuned Taizé. Ond mae'r gymuned hon yn fyd-eang. Bob wythnos bydd pobl ifanc o bob rhan o'r byd yn dod at ei gilydd i Taizé. Dim ond aros dros dro fyddan nhw. Beth sydd yn digwydd yn Taizé heddiw?

Bob dydd bydd y "brodyr" yn arwain y gymuned i gyd mewn gweddi. Bydd hyn yn digwydd dair gwaith y dydd. Fe fyddan nhw yn canu salmau a bydd y Beibl yn cael ei ddarllen mewn gwahanol ieithoedd. Ar ôl darllen rhan o'r Beibl, bydd cyfnod o ddistawrwydd.

Yn y distawrwydd bydd y bobl yn gallu meddwl am yr hyn sydd wedi cael ei ddarllen a hefyd bydd cyfle i weddïo'n ddistaw. Mae Brodyr Taizé wedi ysgrifennu siantiau arbennig. Bydd y rhain yn cael eu canu drosodd a throsodd. Erbyn hyn, mae'r siantiau'n cael eu canu mewn gwahanol ieithoedd ar hyd a lled y byd.

Bob nos Wener bydd gwasanaeth arbennig yn cael ei gynnal o gwmpas y groes. Yn ystod y gwasanaeth hwn bydd pawb yn gweddïo dros y rhai sy'n dioddef tlodi, trais neu anghyfiawnder. Neges fawr y Brawd Roger ydi bod rhaid byw crefydd Iesu yn y gymuned. Er mwyn gwneud hyn, mae'n rhaid i Gristnogion gydweithio a chyd-fyw er mwyn gwella'r byd.

"Gwrando ar lef fy ngweddi pan waeddaf arnat am gymorth."

Salm 28:2

O Arglwydd Grist,
helpa ni i gadw'n hunain mewn symlrwydd
ac mewn llawenydd,
llawenydd y trugarog,
llawenydd cariad brawdol.
Caniatâ, gan wrthod edrych yn ôl,
ac yn llawen mewn diolchgarwch,
na fydd arnom ofn blaenori'r wawr,
i foli,
i fendithio,
ac i ganu i Grist ein Harglwydd.
Amen.

Beth ydi'ch barn chi am gyd-fyw mewn mynachlog neu leiandy?
Onid gwaith Cristnogion ydi byw "yn y byd" yn hytrach nag "o'r byd"?

Y Brawd Roger o Taizé: 1915–

Y gŵr tawel

Heddychiaeth / gwladgarwr

Oes gennych chi arwr? Efallai bod eich arwr chi yn dod o fyd pêl-droed neu o fyd y ffilmiau. Un o arwyr gŵr y stori hon oedd Mahatma Gandhi. Doedd Gandhi ddim yn Gristion ond roedd yn hoff iawn o Iesu Grist. Drwy ei oes bu Waldo Williams yn edmygu'r gŵr hwn o India.

Athro oedd Waldo ac roedd ganddo feddwl y byd o'r plant. Byddai'r plant yn awyddus iawn i Waldo chwarae efo nhw ar y buarth yn ystod amser chwarae. Gyda'r nos byddai plant yr ardal yn cnocio ar ddrws ei dŷ a gofyn, "Ydych chi'n dod i chwarae efo ni?" Yn ddi-feth byddai Waldo yn fwy na pharod i ymuno efo'r plant yn eu chwarae.

Ond nid fel athro yn unig y cofiwn am Waldo. Fel ei arwr, Gandhi, roedd yn casáu rhyfel. Roedd ei rieni, fel yntau, yn heddychwyr. Mae heddychwyr yn erbyn unrhyw fath o ryfela. Yn ystod yr Ail Ryfel Byd gwrthododd Waldo fynd i frwydro a gwrthododd ymuno â'r lluoedd arfog. Yn ystod rhyfel Korea, teimlai Waldo i'r byw fod pobl ddiniwed yn cael eu lladd. Gwrthododd dalu ei dreth incwm. Credai fod arian oedd yn cael ei gasglu ar gyfer y dreth incwm yn cael ei ddefnyddio i hybu rhyfel. Roedd yn benderfynol nad oedd am roi ceiniog goch i'r dreth incwm. Carcharwyd ef am gyfnod. Roedd yn ddyn penderfynol iawn.

Pan oedd yn fyfyriwr yn y Coleg yn Aberystwyth byddai ef a ffrind iddo yn ysgrifennu caneuon ysgafn. Roedd hyn yn fan cychwyn i ddiddordeb a arhosodd efo fo drwy gydol ei oes. Bardd oedd Waldo yn anad dim arall. Ychydig iawn o farddoniaeth a ysgrifennodd ar gyfer plant, er mor hoff yr oedd ohonyn nhw. Roedd yn barddoni am yr hyn oedd yn agos at ei galon. Canodd i Mahatma Gandhi a chanodd hefyd i'w fro ei hun yn Sir Benfro. Roedd Cymru a'i phobl yn agos iawn at ei galon.

Pan oedd Waldo'n saith oed symudodd y teulu o Hwlffordd i Fynachlogddu, Sir Benfro. Dyma'r adeg y dechreuodd ddysgu Cymraeg. Cafodd ei dderbyn ar ei union gan blant a phobl y fro. Tyfodd Waldo gyda phlant yr ardal a daeth yr ardal yn rhan bwysig ohono. Y Preseli oedd ei gynefin a ble bynnag y byddai'n mynd ni fyddai'r Preseli ymhell o'i feddwl.

"Fy Nghymru, a bro brawdoliaeth, fy nghri, fy nghrefydd." meddai yn un o'i gerddi. Roedd yr ardal yn bopeth iddo.

Gwelodd fygythiad i ardal y Preseli. Cyhoeddodd y lluoedd arfog eu bod am ddefnyddio tuag un fil ar bymtheg o aceri o dir yr ardal yn faes ymarfer saethu. Protestiodd yn erbyn hyn a sgwennodd am ei bryder yn ei gerdd i'r Preseli:

"Cadwn y mur rhag y bwystfil,
   cadwn y ffynnon rhag y baw."

Nid gwrthod ymladd mewn rhyfeloedd yn unig a wnaeth Waldo, ond protestiodd yn gyson ar hyd ei oes. Gŵr tawel, heddychlon oedd Waldo. Ond roedd yn ŵr penderfynol fel ei arwr o'r India.

"Yn rhy hir y bûm yn byw gyda'r rhai sy'n casáu heddwch."

Salm 120:6

"Bellach nid oes gan Grist gorff ar y ddaear ond eich corff chwi,
gyda'ch dwylo chwi yn unig y gall wneud ei waith,
â'ch traed chwi yn unig y gall droedio'r byd,
trwy eich llygaid chwi yn unig y gall ei dosturi lewyrchu ar fyd cythryblus.
Bellach nid oes gan Grist gorff ar y ddaear ond eich corff chwi."
Amen.

(Gweddi Teresa o Avila)

Ydych chi'n credu bod bardd yn edrych ar ei fyd trwy lygaid gwahanol i ni?

Waldo Williams: 1904–1971

Trywanu i farwolaeth

| Goddefgarwch / hiliaeth |

Stephen Lawrence: 1975-1993

Bachgen ifanc, tywyll ei groen oedd Stephen Lawrence. Roedd o'n byw yn ne-ddwyrain Llundain. Roedd wrth ei fodd gyda chwaraeon, yn enwedig mabolgampau. Ar Ebrill 23, 1993, fe gafodd ei ladd. Dim ond deunaw oed oedd Stephen.

Tua hanner awr wedi deg yn y nos oedd hi. Roedd Stephen a'i ffrind, Duwayne, wedi cael noson dda. Roedd y ddau wedi bod yng nghartref ewythr Stephen yn gwylio'r teledu a chwarae gêmau ar y cyfrifiadur. Ar eu ffordd adref roedd y ddau yn trafod y ffilm roedden nhw wedi ei gweld.

Ar ôl cerdded am ryw ychydig, penderfynodd y ddau aros i ddal y bws. Arhosodd Duwayne wrth yr arhosfan. Aeth Stephen i lawr y ffordd i edrych oedd yna fws ar ei ffordd.

"Oes yna fws yn dod?" gwaeddodd Duwayne

Ond doedd Stephen ddim yn ateb. Gwaeddodd unwaith eto. Yr unig lais oedd yn ei glywed oedd lleisiau criw o fechgyn gwyn yn gweiddi'n groch. Aeth Duwayne i lawr y ffordd i gyfeiriad y bechgyn. Roedden nhw'n dal i weiddi pethau annymunol iawn. Roedden nhw'n gwneud sbort am ben Stephen am ei fod yn dywyll ei groen.

Gwaeddodd Duwayne ar Stephen. "Tyrd, rhed y ffordd yma. Os doi di'r ffordd yma fe wnei di eu hosgoi nhw."

Ond roedd hi'n rhy hwyr. Roedd criw o fechgyn gwyn wedi amgylchynu Stephen. Dyma nhw'n ymosod arno ac yna'n rhedeg i'r cyfeiriad arall. Dim ond ychydig eiliadau oedd y cyfan.

Cododd Stephen ar ei draed a dechreuodd redeg tuag at Duwayne. Ar eu ffordd adref o'r capel roedd Mr a Mrs Taaffe. Fel yr oedd Stephen yn eu cyrraedd dyma fo'n syrthio ar y pafin. Roedd o'n gafael yn ei frest. Roedd ei ddillad yn waed i gyd.

Ceisiodd Duwayne stopio'r ceir oedd yn mynd heibio, ond mynd yn eu blaenau wnaethon nhw. Rhedodd i'r bwth teliffon a ffoniodd am ambiwlans. Arhosodd Mr a Mrs Taaffe efo Stephen. Ymhen dim roedd yr ambiwlans wedi cyrraedd. Helpodd Mr Taaffe i godi Stephen i mewn i'r ambiwlans. Fe glywodd un o'r dynion yn dweud ei fod wedi colli llawer iawn o waed. Roedd wedi ei drywanu â chyllell ddwy waith yn ei gorff a'i fraich. Roedd y gyllell wedi torri trwy'r brif wythïen oedd yn mynd i'w galon. Roedd Stephen wedi marw.

Aeth Mr a Mrs Taaffe yn ôl i'r capel i weddïo dros Stephen a'i ffrind Duwayne.

Fe ddywedodd y patholegydd, Dr Sheperd, ei fod yn rhyfeddol fod Stephen wedi gallu rhedeg ar ôl iddo gael ei drywanu.

"Mae'n rhaid ei fod yn fachgen ffit iawn," meddai.

Doedd Stephen ddim yn adnabod y bechgyn oedd wedi ei drywanu. Doedd y bechgyn hwythau ddim yn adnabod Stephen. Ar eu ffordd adref oedd ef a'i ffrind. Doedd o ddim yn gwneud drwg i neb. Yr unig reswm bod Stephen wedi ei drywanu oedd am ei fod yn fachgen tywyll ei groen. Dyna i gyd.

"Clywsoch fel y dywedwyd wrth y rhai gynt, 'Na ladd; pwy bynnag sy'n lladd, bydd yn atebol i farn.' Ond rwyf fi'n dweud wrthych y bydd pob un sy'n ddig wrth ei frawd yn atebol i farn."

Mathew 5:21-22

Helpa ni, O Dduw,
i beidio byth ag edrych i lawr
ar neb.
Mae pob unigolyn yn
arbennig i ti.
Amen.

Sut mae mynd ati i drafod problem hiliaeth yn ein gwlad?
Pa gamau fuasech chi yn eu cymryd?

Stephen Lawrence: 1975-1993

Pregeth i warws wag?

| Dyfalbarhad / ffyddlondeb |

Fyddwch chi'n siarad efo chi eich hun weithiau? Maen nhw'n dweud eich bod chi'n siarad efo chi eich hun pan fyddwch chi'n mynd yn hŷn. Mae'r stori hon yn sôn am un a fu'n pregethu iddo fo'i hun. Ond tybed oedd hyn yn wir. Darllenwch y stori.

Mae rhai pobl yn credu bod Duw yn eu galw i bregethu. Un o'r rhain oedd Stephen Grellet. Ffrancwr oedd Grellet yn byw yn Limoges, yn Ffrainc. Roedd o'n hanu o deulu cyfoethog. Er pan oedd o'n ddim o beth roedd wedi teimlo bod Duw yn ei alw i fod yn bregethwr. Yn yr ysgol byddai'r athrawon yn gofyn i'r plant,

"A beth ydych chi am fod ar ôl tyfu i fyny?"

Byddai'r atebion yn amrywio. Ambell ddiwrnod byddai un o'r plant eisiau bod yn ffermwr ond y diwrnod wedyn byddai eisiau bod yn adeiladydd. Ond roedd Grellet yn bendant. Yr un fyddai'r ateb bob tro. Pregethwr!

Ar ôl astudio am gyfnod, aeth drosodd i America. Daeth yn bregethwr gyda'r Cyfeillion neu'r Crynwyr. Yn aml iawn yn ystod gwasanaethau'r Cyfeillion ni fyddai neb yn dweud yr un gair. Byddai pob aelod yn eistedd yn y distawrwydd yn meddwl am Dduw. O dro i dro os byddai rhywun yn teimlo ar ei galon fel dweud gair byddai'n sefyll ar ei draed, dweud yr hyn oedd ganddo i'w ddweud ac yna eistedd. Bob tro y câi gyfle byddai Grellet yn siŵr o ddweud gair.

Un diwrnod, ar un o'i deithiau, fe ddaeth ar draws warws oedd yn llawn o goed ar gwr coedwig fawr. "Dyma fy nghyfle," meddai Grellet. "Caf bregethu i'r gweithwyr yn y warws. Rwy'n siŵr y byddan nhw'n barod i wrando ar yr hyn sydd gen i i'w ddweud."

Agorodd ddrysau trymion y warws. Cerddodd i mewn yn hamddenol. Doedd yr un enaid byw yno. Cerddodd o un pen i'r llall. Teimlai'n ddigon trist. Doedd neb yno i wrando arno. Fel roedd yn mynd allan drwy'r drysau, clywodd lais yn galw arno. Roedd yn sicr mai llais Duw oedd yno. Yr unig air a glywai oedd "Pregetha". Roedd y gair yn diasbedain yn ei glustiau. Aeth yn ôl i'r warws a dechreuodd bregethu.

Bu'n pregethu am hanner awr dda. Caeodd y Beibl a'i roi yn ei boced, caeodd ddrws y warws ac aeth adref. Ar ei ffordd adref meddyliodd, "Mae'n siŵr mai dyna'r peth gwirionaf a wnes i erioed. Pregethu i ystafell wag!"

Ymhen blynyddoedd wedyn fe'i hatgoffwyd o'r digwyddiad hwn. Ond pwy oedd yn gwybod? Doedd dim enaid byw yn y warws. Un o'r gweithwyr oedd wedi dod yn ôl i'r warws gan fod un o'i gyd-weithwyr wedi anghofio dod â rhai o'r celfi efo fo. Pan gyrhaeddodd y gweithiwr ddrws y warws, clywodd lais y pregethwr. Arhosodd y tu allan i wrando. Bu'n gwrando am hanner awr. Y noson honno aeth y gweithiwr adref a dywedodd wrth ei wraig ei fod am ddarllen y Beibl. Ar yr aelwyd honno, daeth rhai o bobl y pentref at ei gilydd i ddysgu mwy am y Beibl. Roedd yn syndod mawr i Grellet pan glywodd y stori gan y gweithiwr.

"Ewch i'r holl fyd a phregethwch yr Efengyl i'r greadigaeth i gyd."

Marc 16:15

"O Dduw, dyro inni'r serenedd
i dderbyn yr hyn na ellir mo'i newid
y dewrder i newid yr hyn y gellir ei newid,
a'r doethineb i fedru gwahaniaethu rhyngddynt."
Amen.

(Gweddi Reinhold Niebuhr)
(1892–1971)

Oes yna le i "bregethu" heddiw?
Fyddwch chi yn hoffi gwrando ar bregeth yn y capel neu'r eglwys?

Stephen Grellet: 1773–1855

Y ferch oedd yn fud, dall a byddar

| Dyfalbarhad / cadernid |

Helen Keller: 1880-1968

Ym 1880 yn Alabama, yr Unol Daleithiau, ganed merch i Capten a Mrs Keller. Roedd hi fel pob merch fach yn fywiog a byrlymus. Ond fe ddigwyddodd rhywbeth rhyfedd iawn iddi.

Dwyflwydd oed oedd Helen pan gafodd ei tharo'n wael. Roedd y meddygon yn ofni am y gwaethaf.

"Mae'n ddrwg gen i, Capten a Mrs Keller," meddai'r meddyg, "ond dydw i ddim yn credu y bydd hi'n gwella. Mae'n ddrwg iawn gen i." Cofleidiodd Capten a Mrs Keller ei gilydd. Erbyn bore drannoeth gwelwyd bod y ferch fach yn troi ar wella. Galwyd ar y meddyg unwaith eto.

"Mae'n obeithiol iawn y bore 'ma," meddai. Yn wir, dyna fu hanes Helen. Roedd hi'n gwella o ddydd i ddydd. Ond, un diwrnod, pan oedd hi yn yr ardd gyda'i rhieni, fe sylweddolodd ei mam nad oedd hi'n ei chlywed yn gweiddi arni, "Helen, tyrd yma." Ond dal i chwarae yr oedd Helen heb gymryd dim sylw o'r llais oedd yn galw.

"Rwy'n siŵr nad ydi Helen yn clywed," meddai'r fam.

"Na, ddim eisiau clywed mae hi, fel mae llawer iawn o blant yr oed yma," atebodd y tad.

Yn ystod yr wythnosau dilynol fe sylwodd hefyd nad oedd hi'n gweld. Doedd hi chwaith ddim yn gallu siarad. Roedd hyn yn benbleth fawr i'w rhieni. Dechreuodd Helen gamymddwyn. Byddai'n rhedeg o amgylch yr ardd yn sgrechian a gwneud pob math o synau. Pan fyddai ei mam yn mynd i chwilio amdani, byddai Helen yn troi arni ac yn ei brathu. Roedd yn rhaid i'w rhieni wneud rhywbeth i helpu Helen.

Clywsant fod ysgol i blant mud a byddar wedi ei hagor gan Doctor Howe. Aeth ei mam i weld y Doctor ac fe lwyddwyd i gael athrawes i helpu Helen. Anne Sullivan oedd ei henw. Merch ifanc bedair ar bymtheg oed oedd Anne. Doedd hi ddim yn hawdd trin Helen. Yn ystod pryd bwyd byddai'n taflu'r bwyd i bob man a dechrau ymosod ar bawb oedd o gwmpas y bwrdd. Ymosododd fwy nag unwaith ar ei hathrawes. Un waith dyrnodd hi yn ei cheg a chollodd Anne un o'i dannedd.

Yn araf deg daeth Anne a hithau'n ffrindiau. Rhoddodd ddol iddi ac yna sillafu d-o-l ar ei llaw. Taenodd ddŵr dros ei dwylo ac yna sillafu d-ŵ-r ar ei dwylo. Deallodd Helen fod gan bopeth enw. Yn fuan iawn daeth i ddysgu geiriau trwy ddarllen *braille*. Cyfres o ddotiau oedd y rhain ac o gyffwrdd yn y dotiau â'i bysedd roedd hi'n gallu darllen.

Daeth Helen yn ei thro'n ferch annwyl a dymunol. Roedd hi'n eiddgar iawn i ddysgu. Pan oedd hi'n ddeg oed dechreuodd ddysgu siarad. Byddai'n teimlo ceg a gwddf ei hathrawes. Bu wrthi'n dysgu fel hyn am rai blynyddoedd. Bu'n fyfyriwr a llwyddodd yn ei harholiadau.

Ar ôl cyfnod yn y coleg, aeth Helen ac Anne, ei hathrawes, i fyw ar fferm. Treuliai'r ddwy oriau yn cerdded o gwmpas y fferm a mynd am dro efo'r ci. Roedd Helen yn awyddus iawn i helpu pobl eraill oedd yn fud, byddar a dall. Teithiai o gwmpas y wlad yn sôn am yr hyn oedd wedi digwydd iddi. Byddai'r arian roedd hi'n ei gael yn mynd yn syth i helpu cartrefi ac ysgolion ar gyfer y deillion a'r byddariaid.

Aeth y sôn amdani ar hyd a lled y byd. Hon oedd y ferch, er gwaethaf ei hanawsterau, a wnaeth gymaint i helpu pobl debyg iddi hi ei hun.

"A allodd hi, fe'i gwnaeth."

Marc 14:8

Mae tywyllwch ynof i
Ond gyda thi y mae goleuni.
Yr wyf fi'n unig, ond nid wyt ti'n fy ngadael.
Yr wyf fi'n wangalon, ond nid wyt ti'n fy ngadael.
Yr wyf fi'n aflonydd, ond gyda thi fe geir tangnefedd.
Ynof fi y mae chwerwder, ond gyda thi fe geir amynedd.
Y mae dy ffyrdd di y tu hwnt i ddeall, ond gwyddost beth yw'r ffordd i mi.
Amen.

(Gweddi Bonhoeffer)

Dall, mud a byddar.
Trafodwch yr anawsterau hyn.

Helen Keller: 1880–1968

Maddau i'w elynion

Maddeuant / cadernid

Pan fyddwch chi'n clywed am Ogledd Iwerddon am beth fyddwch chi'n meddwl? Dwi'n siŵr mai un o'r pethau fydd yn dod i'ch meddwl fydd y brwydro sydd wedi digwydd yno. Mae gweld milwyr a thanciau ar y strydoedd wedi bod yn olygfa gyffredin yno. Mae'r stori hon yn sôn am fan yn ffrwydro yn nhref Enniskillen, yng Ngogledd Iwerddon.

Roedd Gordon Wilson a'i ferch Marie yn sefyll o gwmpas y gof-golofn yng nghanol Enniskillen. Sul y Cadoediad oedd hi. Roedd tyrfa dda yn sefyll yno i gofio'r rhai oedd wedi'u lladd yn ystod y ddau ryfel byd. Yn ystod y gwasanaeth fe ffrwydrodd bom enfawr. Bu farw 11 o bobl ac anafwyd llawer mwy. O dan y rwbel gorweddai Gordon a'i ferch Marie.

"Dad," sgrechiodd Marie, "wyt ti'n iawn?" Cydiodd ei thad yn ei llaw, "Ydw, 'mach i, wyt ti'n iawn?"

"Ydw," meddai hithau mewn llais uchel, clir. Wrth iddi geisio symud o dan y rwbel, dechreuodd weiddi mewn poen. Cydiodd unwaith eto yn llaw ei thad.

"Dad," meddai "dwi'n dy garu di'n annwyl iawn." Dyna ei geiriau olaf. Daeth y dynion ambiwlans o hyd iddi hi a'i thad. Rhoddwyd nhw yn yr ambiwlans a'u rhuthro i'r ysbyty. Pan gyrhaeddwyd yr ysbyty roedd Marie wedi marw. Roedd ei thad, Gordon, yn fyw ond wedi ei anafu'n ddirfawr. Y diwrnod wedyn fe ddaeth un o ohebwyr y teledu at wely Gordon. Erbyn hyn roedd o'n teimlo'n well ac roedd yn siarad.

"Sut ydach chi'n teimlo erbyn hyn?" gofynnodd y gohebydd.

"O, mi rydw i'n teimlo'n well o lawer, ond mae gen i boen yn fy nwy goes."

"Sut ydych chi'n teimlo o golli eich merch Marie?" holodd y gohebydd.

"Yn drist iawn, iawn. Marie oedd cannwyll fy llygad. Y peth olaf ddywedodd hi wrtha i yng nghanol y rwbel yna oedd ei bod hi'n fy ngharu."

Roedd dagrau yn llenwi ei lygaid. Ond aeth y gohebydd ymlaen i'w holi.

"Beth ydi'ch teimladau chi tuag at y rhai osododd y bom?"

holodd y gohebydd unwaith eto.

Cododd Gordon yn uwch yn y gwely. Edrychodd i fyw llygaid y gohebydd ac meddai,

"Dydw i ddim yn meddwl dim drwg tuag atyn nhw, pwy bynnag oedden nhw. Rydw i 'n maddau iddyn nhw. Dydw i ddim yn deall o gwbl beth yw pwrpas Duw. Pam mae o wedi cymryd Marie oddi wrtha i. Ond mi rydw i'n ei dderbyn fel rhan o gynllun mawr Duw. Wn i ddim beth fydd hwnnw. Ond..." cododd yn uwch unwaith eto yn y gwely.

"Ond mi rydw i'n credu y caf i weld Marie eto ryw ddydd. Rydw i'n credu mewn bywyd ar ôl marw."

Roedd y gohebydd wedi ei syfrdanu o glywed geiriau Gordon Wilson. Pan ddarlledwyd yr eitem ar y newyddion y noson honno, roedd llawer iawn o bobl wedi rhyfeddu clywed yr hyn oedd ganddo i'w ddweud. Dyma'r dyn oedd wedi maddau i'r rhai oedd wedi lladd ei ferch. Doedd o ddim yn teimlo'n ddig nac yn gas tuag at ei elynion.

Daeth Gordon Wilson yn "Llais Enniskillen". Hwn oedd y llais oedd yn awyddus i bobl garu ei gilydd. Am ddeng mlynedd cyn ei farw, bu Gordon Wilson yn ceisio dweud wrth ei bobl ei hun a phobl y byd i gyd mai'r ffordd orau oedd ffordd Iesu Grist – ffordd cariad.

"Y mae'n ein diddanu ym mhob gorthrymder, er mwyn i ninnau, trwy'r diddanwch a gawn ganddo ef, allu diddanu'r rhai sydd dan bob math o orthrymder."

2 Corinthiaid 1:4

O Dduw,
rwyt ti'n gwybod yn iawn
beth ydi cael dy frifo oddi mewn.
Rwyt ti'n deall yn iawn.
Helpa ni i dderbyn dy gysur
fel y gallwn ni gysuro pobl eraill.
Amen.

Sut y byddech chi'n disgrifio agwedd Gordon Wilson tuag at y rhai a osododd y bom? Lluniwch frawddegau i'w ddisgrifio.

Gordon Wilson: 1929–1995

Clust i wrando

Dyfalbarhad / goddefgarwch

Chad Varah : 1911 -

Yn y Beibl, yn Efengyl Luc, mae dameg am y Samariad Trugarog. Rwy'n siŵr eich bod yn cofio'r ddameg. Roedd gŵr ar ei ffordd o Jerwsalem i Jericho. Ffordd beryglus iawn oedd hon. Byddai lladron yn ymosod ar y teithwyr. Ac felly y bu. Ymosodwyd ar y teithiwr. Daeth offeiriad heibio ond wnaeth o ddim helpu'r teithiwr. Daeth Lefiad heibio ond gwrthod helpu wnaeth yntau hefyd. O'r diwedd daeth gŵr o Samaria heibio. Fe welodd o'r teithiwr ac fe'i helpodd. Erbyn heddiw, mae yna fudiad o'r enw 'Y Samariaid'. Pobl ydi'r rhain sy'n barod i wrando a helpu pobl eraill. Dyma stori am y gŵr a gychwynnodd fudiad y Samariaid.

Offeiriad yn Eglwys Loegr oedd Chad Varah. Roedd yn ficer ar eglwys ar gyrion Llundain. Roedd wrth ei fodd yn gweithio gyda'i bobl yn Battersea ond daeth llythyr iddo gan yr Esgob. Yn y llythyr roedd yr Esgob yn ei wahodd i fod yn ficer ar eglwys Stephen Walbrook. Doedd o ddim yn sicr iawn beth i'w wneud. Roedd o mor hapus efo'r bobl yn Battersea. Ond ar ôl meddwl yn ofalus, mynd wnaeth o. Ond yr wythnos cyn iddo fynd, bu farw merch ifanc ddeunaw oed. Roedd hi wedi cyflawni hunan-laddiad. Roedd hwn yn mynd i fod yn angladd trist iawn. Bu Chad Varah yn holi'r teulu. Beth oedd wedi digwydd? Pam oedd hi wedi ei lladd ei hun? Ond doedd neb yn gallu ateb y cwestiynau. Roedd llawer o bobl yn dweud y byddai wedi byw petai wedi cael rhywun i wrando arni.

Roedd Chad Varah yn bendant beth fyddai'n ei wneud yn ei eglwys newydd. Byddai drws yr eglwys yn agored bob dydd. Byddai aelodau'r eglwys yno bob awr o'r dydd i wrando ac i geisio helpu pobl yr ardal. Mynnodd gael ffôn yn ei swyddfa yn yr eglwys. Rhoddodd hysbyseb yn y papur lleol yn gwahodd pobl unig i gysylltu ag ef ar y ffôn neu ddod i'w weld i'r eglwys. Yn ystod yr wythnos gyntaf un fe gysylltodd saith ar hugain o bobl. Yn eu plith roedd merch ifanc yr un oed â'r ferch a fu farw. Roedd hi'n welw ac yn denau a dillad carpiog amdani.

"Dewch i mewn i'r swyddfa," meddai Chad Varah, "Eisteddwch." Roedd y ferch ifanc yn crynu. Yn araf, dechreuodd ddweud ei stori. O'r diwrnod cyntaf roedd wedi mynd i'r ysgol roedd wedi cael ei bwlio. Trwy'r ysgol gynradd roedd y plant i gyd yn gas efo hi. Fe ddigwyddodd yr un peth yn yr ysgol uwchradd hefyd.

Ar ôl iddi adael yr ysgol, fe ddechreuodd chwilio am waith. Ond doedd yna ddim gwaith i'w gael. Doedd ganddi neb i droi ato. Ond yn swyddfa'r eglwys y bore hwnnw fe gafodd glust. Gwrandawodd Chad Varah arni ac ymhen rhai wythnosau roedd wedi llwyddo i gael gwaith iddi.

Roedd y gwaith o wrando a chynghori yn digwydd ddydd a nos yn yr eglwys. Roedd pawb oedd yn dod i mewn i'r eglwys am gyngor yn teimlo'n well wrth fynd allan. Felly, yn yr eglwys hon yn Llundain y ganed Cymdeithas y Samariaid. Erbyn heddiw, mae yna ganolfannau i'r Samariaid trwy wledydd Prydain i gyd.

"O Dduw, tro dy glust ataf, gwrando fy ngeiriau."
Salm 17:6

O Dduw,
rydw i yn ei chael hi'n anodd iawn i wrando.
Fedra i ddim gwrando ar fy rhieni,
fedra i ddim gwrando ar fy athrawon,
fedra i ddim gwrando ar fy ffrindiau,
fedra i ddim gwrando ar neb na dim.
Helpa fi i ddysgu gwrando ar eraill,
ar bawb.
Amen.

Pa mor hawdd ydi dysgu "gwrando" ar bobl eraill?
Oes yna bwrpas mewn gwrando?

Chad Varah : 1911–